신주사기 5

진시황본기

이 책은 롯데장학재단의 지원을 받아 번역, 출간되었습니다.

신주사기 5/ 진시황본기

초판 1쇄 인쇄 2020년 3월 1일
초판 1쇄 발행 2020년 3월 16일

지은이 (본문) 사마천
      (삼가주석) 배인·사마정·장수절
번역 및 신주 한가람역사문화연구소 사기연구실

펴낸이 이덕일
펴낸곳 한가람역사문화연구소

등록번호 제2019-000147호
주소 서울특별시 마포구 마포대로라길 8 2층
전화 02) 711-1379
팩스 02) 704-1390
이메일 hgr4012@naver.com

ISBN 979-11-969482-5-2 93910

이 도서의 국립중앙도서관 출판시도서목록(CIP)은
서지정보유통지원시스템 홈페이지(http://seoji.nl.go.kr)와
국가자료공동목록시스템(http://www.nl.go.kr/kolisnet)에서 이용하실 수 있습니다.
(CIP제어번호: CIP2020005177)

세계 최초
**삼가주석
완역!**

신주
사기

⑤

진시황본기

지은이
본문_ 사마천
삼가주석_ 배인·사마정·장수절
번역 및 신주
한가람역사문화연구소 사기연구실

한가람역사문화연구소

차
례

진시황본기 秦始皇本紀

사기 제6권 史記卷六

제3장 2세 황제의 즉위

제4장 진秦나라 군주들의 성쇠

사기 제6권 史記卷六

진시황본기 秦始皇本紀

제1장

장양왕의 아들
시황제

시황제 출생의 비밀

진시황제秦始皇帝는 진秦나라 장양왕莊襄王의 아들이다.[①] 장양왕
은 진나라를 위해 왕자로서 조趙나라에 인질로[②] 잡혀 있을 때,
여불위呂不韋의 첩을 만나보고 기뻐하며 장가를 들어서[③] 시황始
皇을 낳았다. 그는 진나라 소왕昭王 48년[④] 정월에 한단에서 출
생했는데, 태어나자 이름을 정政이라하고 성을 조씨로 삼았다.[⑤]

秦始皇帝者 秦莊襄王子也[①] 莊襄王爲秦質子[②]於趙 見呂不韋姬 悅
而取之[③] 生始皇 以秦昭王四十八年[④]正月生於邯鄲 及生 名爲政 姓
趙氏[⑤]

① 莊襄王子장양왕자

색은 장양왕莊襄王은 효문왕孝文王의 중자中子(셋 중 가운데 아들)이며

소양왕昭襄王의 손자이다. 이름은 자초子楚이다. 상고해보니 《전국책》에는 "본명이 자이子異인데 뒤에 화양부인華陽夫人의 아들이 되면서 부인이 초楚나라 사람이라 이름을 고쳐 자초子楚라고 한다."고 했다.

【索隱】 莊襄王者 孝文王之中子 昭襄王之孫也 名子楚 按 戰國策本名子異 後爲華陽夫人嗣 夫人楚人 因改名子楚也

신주 앞의 〈진본기〉는 진秦의 선조를 제帝 전욱顓頊의 후예 여수女修인데, 현조玄鳥가 떨어뜨린 알을 삼키고 임신을 해서 대업大業을 낳았다고 서술했다. 이는 동이족 난생사화卵生史話라는 점에서 진의 선조도 동이족인 것이다. 진나라에서 동이족 소호의 제사를 지내는 것은 선조이기 때문이다. 소양왕昭襄王 직稷이 왕위에 오른 지 56년 만에 죽고, 그 해 태자 안국군安國君 주柱가 왕위에 올라 이듬해 즉위하였는데, 즉위한 지 3일 만에 죽으니 그가 효문왕이다. 화양華陽부인은 그의 정실부인으로 왕후가 되었으며, 자초가 왕이 된 이후 태후가 되었다.

② 質子치자

정의 質는 '치致'로 발음한다. 국가가 강성하면 약한 자들이 와서 서로 섬기려고 한다. 그래서 자식이나 높은 신하를 보내서 인질이 되게 하는데 이때의 발음은 '치'다. 국가가 약하면 침략당하거나 정벌될까 두려워서 자식이나 높은 신하를 보내서 인질이 되게 하는데 이때의 발음은 '질[直實反]'이다. 또 두 나라가 적이 되면 또한 인질을 교환하는데 이때의 발음은 '치'다. 〈좌전〉에 "주周와 정鄭이 치를 교환했으며, 왕자 호王

子狐가 정鄭나라에 치가 되고 정공자鄭公子 홀忽이 주周나라에 치가 된 것이 이를 말한다."고 했다.

【正義】 質音致 國彊欲待弱之來相事 故遣子及貴臣爲質 如上音 國弱懼其侵伐 令子及貴臣往爲質 音直實反 又二國敵亦爲交質 音致 左傳云周鄭交質 王子狐爲質於鄭 鄭公子忽爲質於周是也

③ 呂不韋姬悦而取之여불위희열이취지

색은 상고해보니 〈여불위전〉에 이르기를 "여불위는 양적陽翟 땅의 큰 장사치였다. 그의 첩 희姬는 한단邯鄲의 호족豪族 집안 딸로서 노래와 춤을 잘 추었는데 임신하자 자초(장양왕)에게 바쳤다."고 했다.

【索隱】 按 不韋傳云不韋 陽翟大賈也 其姬邯鄲豪家女 善歌舞 有娠而獻於子楚

④ 秦昭王四十八年진소왕사십팔년

신주 진시황은 소양왕 48년인 서기전 259년에 태어나 서기전 210년에 사망했다.

⑤ 名爲政姓趙氏명위정성조씨

집해 서광은 "다른 판본에는 '정政'이 '정正'으로 되어 있다."고 했다. 송충宋忠은 "정월 초하룻날 태어났으므로 이름이 정正이다."라고 했다.

【集解】 徐廣曰 一作正 宋忠云 以正月旦生 故名正

색은 《계본》에는 "정政으로 되어 있고 또 조趙나라에서 태어났기에 조정趙政이라 했다. 일설에는 진秦과 조趙가 조상이 같기에 조성趙姓을 영예로 여겼다. 그래서 성이 조씨趙氏이다."라고 했다.

【索隱】 系本作政 又生於趙 故曰趙政 一曰秦與趙同祖 以趙城爲榮 故姓
趙氏

정의 正의 발음은 '정政'이다. "주나라의 정월은 건자建子(11월)를 정월로 한다. 시황이 정월 초하룻날 조나라에서 태어나 '정政'이라고 했으며 후에는 시황의 휘諱로 사용하여서 '정征'으로 발음한다."고 했다.

【正義】 正音政 周正建子之正也 始皇以正月旦生於趙 因爲政 後以始皇諱
故音征

열세 살 때 장양왕이 죽자 정政이 자리를 계승하여① 진왕秦王이 되었다. 이때에 진秦나라의 땅은 이미 파巴와 촉蜀과 한중漢中과 완宛을 넘어서 영郢 땅을 병합해② 남군南郡을 설치했다. 북쪽으로 상군上郡의 동쪽을 침탈하여 하동河東과③ 태원太原과④ 상당군上黨郡을⑤ 소유했다. 동쪽으로 형양滎陽에⑥ 이르러 이주二周를⑦ 멸망시키고 삼천군三川郡을 설치했다.

年十三歲 莊襄王死 政代立①爲秦王 當是之時 秦地已幷巴 蜀 漢中 越宛有郢② 置南郡矣 北收上郡以東 有河東③ 太原④ 上黨郡⑤ 東至滎陽⑥ 滅二周⑦ 置三川郡

① 代立대립

신주 대를 이어 옹립하다. 즉 제위를 계승한다는 뜻이다. 구사舊史에서는 '입立'(서다)은 전왕의 초상初喪 때 옹립함을 이르고, '즉위'는 초상을 치르고 1년 후에 등극하는 것을 말한다. 《자치통감강목資治通鑑綱目》 경술庚戌(서기전 251년, 진 소양왕 56년)에 "가을에 진 양왕이 세상을 떠나고 아들 효문왕 주가 즉위했다."라고 하였고, 다음 해인 신해辛亥(서기전 250년, 진 효문왕 원년)에 "10월에 진왕 주가 즉위 3일 만에 세상을 떠나고 자초가 섰는데, 이이가 장양왕이다."라고 했다. 진왕 주는 진 양왕이 세상 떠난 직후 섰지만 즉위는 이듬해에 했다가 곧 세상을 떠났다는 것이다.

② 并巴蜀漢中越宛有郢 병파촉한중월완유영

진나라 혜문왕(26대)은 대신 사마착司馬錯의 의견을 들어 파 땅을 정복하고 촉 땅을 점거했으며, 초나라가 침입했을 때 남전藍田싸 움에서 승리하여 한중漢中을 병합하고 그 이듬해 사망했다. 그 후 완 땅과 영 땅도 점거하였다.

③ 河東하동

지금의 산서성山西省 하현 서북쪽이다.

④ 太原태원

지금의 산서성 태원시太原市 서남쪽이다.

⑤ 上黨상당

지금의 산서성 장치시長治市이다.

⑥ 滎陽형양

지금의 하남성河南省 형양현 동북쪽이다.

⑦ 二周이주

신주 동주東周와 서주西周를 말한다. 주나라는 난왕赧王(주나라 36
대, 서기전 314년~서기전 256년) 때 이미 나라가 완전히 기울어져 작은 땅
만 소유하고 있는 상황이었고, 또 그 휘하의 두 귀족이 작은 땅을 나누
어 다스렸는데, 동주는 군도君都가 공공鞏으로 지금의 하남성河南省 공현
의 서쪽에 위치하였고, 서주는 군도君都가 왕성王城으로 지금의 낙양시
洛陽市 동북쪽에 있었다.

여불위를 재상으로 삼아서 10만 호에 봉하고 문신후文信侯라 칭
했으며, 빈객들과 떠도는 유세객들을 초청해 천하를 병합하고자
했다. 이사李斯가[1] 사인舍人이[2] 되고, 몽오蒙驁와 왕의王齮와[3]
표공麃公[4] 등이 장군이 되었다. 진왕의 나이가 어려서 처음 즉위
했을 때, 국사를 대신들에게 맡겼다.

呂不韋爲相 封十萬戶 號曰文信侯 招致賓客游士 欲以幷天下 李斯[1]
爲舍人[2] 蒙驁 王齮[3] 麃公[4]等爲將軍 王年少 初卽位 委國事大臣

---

① 李斯이사

신주 이사(?~서기전 208년)는 초나라 사람으로 진나라로 들어온 후
여불위의 사인으로 있었다가 진나라의 승상이 되었다. 한비韓非(한비자)

와 더불어 대표적인 법가사상가이다.

② 舍人사인

집해 문영文穎은 "마구간 안을 주관하는 소리小吏로 관직 이름이다. 어떤 이는 빈객을 따라 모시는 자를 사인이라고 이른다."고 했다.
【集解】 文穎曰 主廏內小吏官名 或曰待從賓客謂之舍人也

③ 蒙驁王齮몽오왕의

집해 서광은 "의齮는 다른 판본에는 흘齕로 되어 있다."고 했다.
【集解】 徐廣曰 一作齕

색은 몽오는 제齊나라 사람이고 몽무蒙武의 아버지이며 몽염蒙恬의 할아버지이다. 왕의는 곧 왕흘王齕이고 소왕昭王 49년에 대부 릉陵을 대신해 조趙나라를 정벌한 자이다.
【索隱】 蒙驁 齊人 蒙武之父 蒙恬之祖 王齮卽王齕 昭王四十九年代大夫 陵伐趙者

정의 齮는 '이[魚綺反]로 발음한다. 유백장劉伯莊은 "齮는 '기綺'로 발음하는데 뒤에도 동일하다."고 했다.
【正義】 齮 魚綺反 劉伯莊云音綺 後同

④ 麃公표공

집해　응소는 "표麃는 진秦나라 읍이다."라고 했다.
【集解】　應劭曰 麃 秦邑

색은　표공은 대개 표읍공麃邑公인데 사서에서 그 성명을 잃어버렸다.
【索隱】　麃公蓋麃邑公 史失其姓名

정의　麃는 '표[彼苗反]'로 발음한다. 표는 대개 진나라의 현읍縣邑이
다. 대부를 공公으로 칭하는 것은 초楚나라의 제도와 같다.
【正義】　麃 彼苗反 蓋秦之縣邑 大夫稱公 若楚制

진양晉陽에서① 반란이 일어나자 진왕 원년에 장군 몽오가 공격해 평정했다. 2년(서기전 245년), 표공이 군사를 거느리고 권卷을 공격해② 머리를 벤 것이 3만이었다. 3년, 몽오가 한韓나라를 공격해 13개의 성을 빼앗았다. 왕의가 죽었다. 10월, 장군 몽오가 위씨魏氏(위나라)의 창暢과③ 유궤有詭를 공격했다. 이 해에 크게 흉년이 들었다. 4년, 창과 유궤를④ 함락시키고 3월에 군대를 후퇴했다. 진秦나라의 인질들이 조나라에서 돌아오자 조나라의 태자도 출국하여 조나라로 귀국했다.⑤ 10월 경인庚寅일에 메뚜기 떼가 동쪽으로부터 날아와 하늘을 덮었다. 천하에 전염병이 돌았다. 백성 중에서 1,000섬의 곡식을 바치면 1계급씩 작위를 올려 제수했다.

晉陽①反 元年 將軍蒙驁擊定之 二年 麃公將卒攻卷② 斬首三萬 三年 蒙驁攻韓 取十三城 王齮死 十月 將軍蒙驁攻魏氏暘③ 有詭 歲大饑 四年 拔暘 有詭④ 三月 軍罷 秦質子歸自趙 趙太子出歸國⑤ 十月庚 寅 蝗蟲從東方來 蔽天 天下疫 百姓內粟千石 拜爵一級

① 晉陽진양

신주　태원군의 군치로 지금의 산서성 태원시 서남쪽에 위치한다.

② 將장

정의 將은 '장[子匠反]'으로 발음하고 卒은 '질[子必反]'로 발음하며, 卷은 '권[丘員反]'으로 발음한다.

【正義】 將 子匠反 卒 子必反 卷 丘員反

③ 暘창

집해 서광은 "'장場'으로 발음한다."고 했다.

【集解】 徐廣曰 暘音場

색은 '창暢'으로 발음하고 위魏나라의 읍명邑名이라고 했다.

【索隱】 音暢 魏之邑名

④ 有詭유궤

신주 위魏나라의 읍명으로 그 위치는 자세히 알 수 없다.

⑤ 趙太子出歸國조태자출귀국

신주 조나라가 진나라에 인질로 파견했던 태자를 말한다. 태자의 이름은 자세하지 않다.

5년, 장군 몽오가 위나라를 공격해 산조酸棗,[1] 연燕, 허虛, 장평
長平,[2] 옹구雍丘, 산양성山陽城을 공격해 모두 함락시키고 20개
의 성을 빼앗았다. 처음으로 동군東郡을 설치했다. 겨울에 천둥
이 쳤다. 6년, 한韓, 위魏, 조趙, 위衛, 초楚 등이 함께 진秦나라
를 공격해 수릉壽陵을[4] 빼앗았다. 진나라에서 군사를 출병시키
자 다섯 나라의 군사들이 물러났다. 진나라가 위衛나라를 공략
하여 동군을 압박하자[5] 그 임금 각角이 그의 가솔들을 인솔하
여 야왕野王으로 옮겨 살면서[6] 험준한 산에 의지해 위魏나라 땅
인 하내河內에서 보호했다.

五年 將軍驁攻魏 定酸棗[1] 燕 虛 長平[2] 雍丘 山陽城[3] 皆拔之 取二十
城 初置東郡 冬雷 六年 韓 魏 趙 衛 楚共擊秦 取壽陵[4] 秦出兵 五國兵
罷 拔衛 迫[5]東郡 其君角率其支屬徙居野王[6] 阻其山以保魏之河內

① 酸棗산조

[집해] 〈지리지〉에 "진류陳留에 산조현酸棗縣이 있다."고 했다.
【集解】 地理志陳留有酸棗縣

[정의] 《괄지지》에는 "산조의 고성은 활주滑州 산조현 북쪽 15리의 옛
산조현 남쪽에 있다."고 했다.
【正義】 括地志云 酸棗故城在滑州酸棗縣北十五里古酸棗縣南

② 燕虚長平·연허장평

집해 서광은 "평平이 다른 판본에는 '천千'으로 되어 있다."고 했다. 나 배인이 상고해보니 〈지리지〉에 "여남汝南에 장평현이 있다."고 했다.

【集解】 徐廣曰 一作千 駰案 地理志汝南有長平縣也

색은 허虛 땅과 장평長平은 2개의 읍邑 이름이다. 《춘추》 환공桓公 12년 조에 "허 땅에서 회합했다."고 했다. 또 《전국책》에는 "연燕나라의 산조와 허 땅과 도인桃人을 함락시켰다."고 했다. 도인은 또한 위읍魏邑이고 허 땅이 지금은 없어졌는데 대개 여러 현과 서로 가까이 있었다. 상고해보니 지금 동군東郡 연현燕縣 동쪽 30리에 옛 도성桃城이 있어 또한 먼 곳이 아니다.

【索隱】 二邑名 春秋桓十二年 會于虛 又戰國策曰 拔燕酸棗 虛 桃人 桃人亦魏邑 虛地今闕 蓋與諸縣相近 按 今東郡燕縣東三十里有故桃城 則亦非遠

정의 燕의 발음은 '언[烏田反]'이다. 《괄지지》에는 "남연성南燕城은 옛 연국燕國인데 활주의 조성현胙城縣이 이곳이다. 요허姚虛는 복주濮州의 노택현雷澤縣 동쪽 13리에 있다."고 했다. 《효경원신계孝經援神契》에는 "제순帝舜이 요허姚墟에서 태어났는데 곧 동군이다. 장평의 고성은 진주陳州 완구현宛丘縣 서쪽 66리에 있다."고 했다.

【正義】 燕 烏田反 括地志云 南燕城 古燕國也 滑州胙城縣是也 姚虛在濮州雷澤縣東十三里 孝經援神契云 帝舜生於姚墟 卽東郡也 長平故城在陳州宛丘縣西六十六里

③ 雍丘山陽城용구산양성

집해　〈지리지〉에는 "진류에 옹구현雍丘縣이 있고 하내河內에 산양성 山陽城이 있다."고 했다.

【集解】　地理志陳留有雍丘縣 河內有山陽縣

정의　雍의 발음은 '용[於用反]'이다. 옹雍은 변주汴州의 현縣이다.

【正義】　雍 於用反 汴州縣

④ 壽陵수릉

정의　서광은 "상산常山에 있다."고 했다. 상고해보니 본래 조趙나라 읍이었다.

【正義】　徐廣云 在常山 按 本趙邑也

⑤ 迫박

신주　박迫은 '다그치다'는 뜻이다.

⑥ 君角率其支屬徙居野王군각솔기지속사거야왕

신주　야왕野王은 춘추시대에는 진晉나라, 전국시대에는 한韓나라 땅 에 속했다. 〈춘신군열전〉에 "진秦이 위衛를 야왕으로 옮겼다[秦徙衛野

王]"는 기록과 위나라를 공략하고 동군을 압박했다는 것으로 보아 야왕으로 강제 이주시켰을 것으로 여겨진다. 그 후 진 2세 때 각角은 위군衛君에서 폐위되어 서인이 되었다. 야왕은 지금의 하남성河南省 초작시焦作市 남서쪽으로 비정한다.

7년, 혜성이 처음 동쪽에 나타났다가① 북쪽에서도 나타났고 5월에는 서쪽에서도 나타났다. 장군 몽오가 죽자 용龍과 고孤와 경도慶都를 공격하다가② 군사를 돌려 급汲을③ 공격했다. 혜성이 다시 서쪽에 16일 동안 나타났다.④ 하태후夏太后가⑤ 죽었다.

七年 彗星先出東方① 見北方 五月見西方 將軍驁死以攻龍 孤 慶都② 還兵攻汲③ 彗星復見④西方十六日 夏太后⑤死

---

① 彗星先出東方見北方혜성선출동방현북방

정의　彗는 '세[似歲反]'로 발음하고, 見은 '현[行練反]'으로 발음한다. 《효경내기孝經內記》에는 "혜성이 북두北斗에 있으면 군사가 크게 일어난다. 혜성이 삼태三台에 있으면 신하가 군주를 해친다. 혜성이 태미太微에 있으면 군주가 신하를 해친다. 혜성이 천옥天獄에 있으면 제후가 난을 일으킨다. 가리키는 그 곳은 크게 나쁜 것들이다. 혜성이 태양의 곁에 있으면 자식이 아버지를 죽이려고 한다."고 했다.

【正義】 彗音似歲反 見 並音行練反 孝經內記云 彗在北斗 兵大起 彗在三

台 臣害君 彗在太微 君害臣 彗在天獄 諸侯作亂 所指其處大惡 彗在日旁 子
欲殺父

② 龍孤慶都용고경도

집해 서광은 "慶경은 다른 판본에는 麃표로 되어 있다."고 했다.
【集解】 徐廣曰 慶 一作麃

정의 《괄지지》에는 "정주定州 항양현恒陽縣 서남쪽 40리에 백룡수
白龍水가 있고 또 협룡산挾龍山이 있다. 또 정주 당현唐縣 동북쪽 54리
에 고산孤山이 있는데 대개 도산都山이다."라고 했다. 《제왕기帝王紀》에
는 "요임금의 어머니가 경도를 바라보면서 살았다."라고 했다. 장안張
晏은 "요산堯山이 북쪽에 있고, 요임금의 어머니가 경도산 남쪽에 있어
서 서로의 거리가 50리인데 북쪽으로 요산에 오르면 남쪽 경도산을 바
라볼 수가 있다."고 했다. 《주수경注水經》에는 "망도望都의 고성 동쪽에
산이 있어 언덕과 연결되지 않아서 이름해 고孤라고 했다. 고와 도都는
발음이 서로 비슷하니 곧 도산과 고산과 망도 고성 세 곳은 서로 가까
웠던 것으로 생각된다."고 했다.
【正義】 括地志云 定州恆陽縣西南四十里有白龍水 又有挾龍山 又定州唐
縣東北五十四里有孤山 蓋都山也 帝王紀云望堯母慶都所居 張晏云堯山在
北 堯母慶都山在南 相去五十里 北登堯山 南望慶都山也 注水經云 望都故
城東有山 不連陵 名之曰孤 孤都聲相近 疑卽都山 孤山及望都故城三處相近

③ 汲급

지금의 하남성河南省 급현汲縣 서남쪽으로 비정한다.

④ 復見부현

정의 復는 발음이 '부[扶富反]'이다. 見은 '현[行見反]'으로 발음한다.
【正義】 復 扶富反 見 行見反

⑤ 夏太后하태후

색은 장양왕의 생모이다.
【索隱】 莊襄王所生母

정의 자초의 어머니이다.
【正義】 子楚母也

8년 진왕의 아우 장안군 성교成蟜가[1] 군사를 거느리고[2] 조나라를 공격하다가 반란을 일으켜 둔류屯留에서[3] 전사했고 군리軍吏들도 다 목이 베어졌다. 그곳의 백성들을 임조臨洮로[4] 옮겼다. 성교 장군은 성루에서 자살했고[5] 둔류와 포고에서[6] 반란에 가담했던 군졸들의 시신도 육시戮屍했다. 하수가 범람해 물고기가 땅으로 올라오자[7] 진나라 사람들이 경거와 중마를 타고[8] 동쪽으로 먹을 것을 찾아갔다.[9]

八年 王弟長安君成蟜[1]將[2]軍擊趙 反 死屯留[3] 軍吏皆斬死 遷其民於臨洮[4] 將軍壁死[5] 卒屯留 蒲鶮[6]反 戮其屍 河魚大上[7] 輕車重馬[8] 東就食[9]

① 長安君成蟜장안군성교

정의 蟜는 '고[紀兆反]'로 발음한다. 성교는 장안군의 이름이다. 장안군은 호가 된다.

【正義】 蟜音紀兆反 成蟜者 長安君名也 號爲長安君

② 將장

정의 將은 글자대로 발음한다. 將은 '거느리다[領]'와 같은 뜻이다. 또 '장[子匠反]'으로 발음한다.

【正義】 將 如字 將猶領也 又子匠反

③ 屯留둔류

【정의】 《괄지지》에는 "둔류의 고성은 노주潞州 장자현長子縣 동북쪽 30리에 있는데 한漢나라의 둔류이고 유우국留吁國이다."라고 했다.
【正義】 括地志云 屯留故城在潞州長子縣東北三十里 漢屯留 留吁國也

④ 臨洮임조

【색은】 임조는 농서隴西에 있다.
【索隱】 臨洮在隴西

【정의】 임조수臨洮水가 있어서 이름이 임조이다. 조주洮州는 농우隴右에 있고 경성과의 거리는 1,551리이다. 둔류 백성들은 성교에게 침략 당했을 때 함께 배반했다. 그래서 임조군으로 옮긴 것을 말한다.
【正義】 臨洮水 故名臨洮 洮州在隴右 去京千五百五十一里 言屯留之民被成蟜略衆共反 故遷之於臨洮郡也

⑤ 壁死벽사

【정의】 壁은 '벽[邊覓反]'으로 발음한다. 성교成蟜가 성벽의 보루 안에서 자살한 것을 말한 것이다.

【正義】 壁 邊覓反 言成蟜自殺壁壘之內

신주 전대흔錢大昕은 "벽壁과 포고蒲鶮는 모두 인명인 것 같다 [皆似人名]"고 하여 벽과 포고를 인명으로 본 견해도 있다. 전대흔 (1728~1804)은 청나라 때의 사학자이자 한한자漢學者로서 '일대유종一代儒宗'으로 불렸다.

⑥ 蒲鶮포고

집해 서광은 "고鶮는 다른 판본에는 '갈鶮' 자로 되어 있다. 둔류와 포갈蒲鶮은 모두 땅 이름이다. 이 때 이곳 성벽에서 사졸로 죽은 자들의 시체도 모두 찢었다."고 했다.
【集解】 徐廣曰 鶮 一作鶮 屯留 蒲鶮 皆地名也 壁于此地時 士卒死者皆戮其屍

색은 고유는 말하기를 "둔류는 상당上黨의 현 이름인데, 성교가 장군이 되어 반역하자 진秦나라 군사가 공격해서 성교가 둔류 성벽에서 죽었다. 둔류와 포고의 두 읍이 반역하자 비록 죽었지만 그 시신을 다 찢었다. '고鶮(두루미)'는 옛날의 '학鸖=鶴' 자이다."라고 했다.
【索隱】 高誘云屯留 上黨之縣名 謂成蟜爲將軍而反 秦兵擊之 而蟜壁於屯留而死 屯留 蒲鶮二邑之反卒雖死 猶皆戮其屍 鶮 古鸖字

정의 卒은 '졸[子忽反]'로 발음한다. 鶮은 '고高'로 발음하는데, 주석도 같다. '포蒲'와 '고鵠'는 모두 지명이다.

【正義】 卒 子忽反 鵠音高 注同 蒲 鵠 皆地名

⑦ 河魚大上하어대상

색은   하수河水가 넘쳐서 큰 물고기들이 평지로 올라왔다고 이른 것
이며 또한 수해를 입었다고 말한 것이다. 곧《한서》〈오행지五行志〉에 유
향劉向이 이른바 '시충지얼豕蟲之孽'이다. 다음 해에 노애嫪毐가 처형되
었다. 물고기는 음陰의 종류이며 소인을 상징한다.

【索隱】 謂河水溢 魚大上平地 亦言遭水害也 卽漢書五行志劉向所謂 豕蟲
之孽 明年 嫪毐誅 魚 陰類 小人象

정의   시황 8년에 황하의 물고기가 서쪽으로 올라와 위渭로 들어갔
다. 위는 위수渭水이다.《한서》〈오행지〉에는 "어魚란 음류陰類이고 신
민臣民의 상象이다."라고 했다. 17년에 한韓나라가 멸망했다. 26년 천하
를 모두 겸병했다. 한나라를 멸망시키고 천하를 겸병하기까지 대략 10
년이었다. 〈주본기〉에는 '10년은 수數의 기紀이다. 하늘이 버리는 바는
그 기에 지나지 않는다.'고 했다. 관동關東이 이후에 진秦나라에 소속되는
데 이를 상징하는 종류가 앞에 먼저 나타났다고 밝힌 것이다.

【正義】 始皇八年 黃河之魚西上入渭 渭 渭水也 漢書五行志云 魚者陰類
臣民之象也 十七年 滅韓 二十六年 盡幷天下 自滅韓至幷天下 蓋十年矣 周
本紀云 十年 數之紀也 天之所棄 不過其紀 明關東後屬秦 其象類先見也

[집해] 서광은 "한 곳에는 이 '중重' 자가 없다."고 했다.

【集解】 徐廣曰 一無此重字

⑨ 東就食동취식

[색은] 하수河水의 큰 물고기가 올라오자 진秦나라 사람들이 모두 가벼운 수레와 좋은 말을 타고 가서 함께 동쪽으로 먹을 것을 찾아갔다는 것은 하수가에 가서 물고기를 먹었다는 말이다. 혹은 하수의 큰 물고기가 올라온 것은 재앙인데도 사람들은 동쪽으로 먹을 것을 찾으려 모두 가벼운 수레와 좋은 말을 타고 갔다는 것이라고 말했다.

【索隱】 言河魚大上 秦人皆輕車重馬 並就食於東 言往河旁食魚也 一云 河魚大上爲災 人逐東就食 皆輕車重馬而去

노애嫪毐를① 장신후長信侯로 봉했다. 산양山陽의 땅을② 주어 노애에게 거주하게 했다. 또 궁실, 거마, 의복, 원유苑囿(임금의 정원)나 말 달리며 사냥하는 일들을 노애 마음대로 하게 했다. 크고 작은 일들을 모두 노애가 결정했다. 또 하서河西의③ 태원군太原郡을 애국毐國으로 바꾸어 다스렸다.

嫪毐① 封爲長信侯 予之山陽地② 令毐居之 宮室車馬衣服苑囿馳獵 恣毐 事無小大皆決於毐 又以河西③太原郡更爲毐國

① 嫪毐노애

색은 노嫪는 성姓이다. 애毐는 자字이다. 상고해보니 《한서》에는 노씨가 한단邯鄲을 나갔다고 했다. 왕소王劭는 "가시중賈侍中이 진시황을 설득해서 어머니와 노애를 음란죄에 연좌시켜 (노애를) 죽였다. 그래서 세상 사람들이 음란함을 꾸짖을 때 노애嫪毐라고 한다."고 했다.
【索隱】 嫪 姓 毐 字 按 漢書嫪氏出邯鄲 王劭云 賈侍中說秦始皇 母予嫪毐 淫坐誅 故世人罵淫曰 嫪毐也

정의 앞의 글자(嫪)는 '규[躬虬反]'로 읽고, 뒤의 글자(毐)는 '해[酷改反]'로 읽는다.
【正義】 上躬虬反 下酷改反

신주 노애(?~서기전 238年)는 장양왕의 부인趙姬이 총애하던 이로 《사기》〈여불위열전〉에 그의 행적이 자세히 기록되어 있다.

② 予之山陽地여지산양지

정의 予는 '여與'로 발음한다. 《괄지지》에는 "산양山陽의 고성은 회주懷州 수무현修武縣 서북쪽 태행산太行山의 동남쪽에 있다."고 했다.
【正義】 予音與 括地志云 山陽故城在懷州修武縣西北太行山東南

신주 이 문장의 予(여)는 '주다與'의 뜻이다.

③ 河西하서

集해　서광은 "하河는 다른 판본에는 '분汾'으로 되어 있다."고 했다.
【集解】　徐廣曰 河 一作汾

9년, 혜성이 나타나 간혹 하늘을 가로질렀다. 위魏나라의 원垣
과 포양蒲陽을① 공격했다. 4월에 진왕이 옹雍에서 머물렀다.② 기
유己酉일에 진왕秦王이 관례를 올리고 검을 찼다.③ 장신후 노애
가 난을 일으키려다 발각되었는데, 이때 왕의 옥새玉璽와④ 태후
의 인장을 위조해 현縣의 군사, 위나라 군사, 관청의 기병, 융적
군공戎翟君公과⑤ 사인舍人들을 발병하여 장차 기년궁蘄年宮을⑥
공격하려고 난을 일으키고자 했다. 진왕秦王이 이를 알고 상국
相國 창평군昌平君과 창문군昌文君에게⑦ 군사를 출동시켜 노애
를 공격했다. 함양에서 싸워 수백여 명의 머리를 벤 모두에게 작
위를 제수하고 환자宦者(환관)들 중에서도 전투에 참가한 자들
에게 또한 모두 일 계급씩 올려 작위를 하사했다.

九年 彗星見 或竟天 攻魏垣 蒲陽① 四月 上宿雍② 己酉 王冠 帶劍③
長信侯毐作亂而覺 矯王御璽④及太后璽以發縣卒及衞卒 官騎 戎翟
君公⑤ 舍人 將欲攻蘄年宮⑥爲亂 王知之 令相國昌平君 昌文君⑦發
卒攻毐 戰咸陽 斬首數百 皆拜爵 及宦者皆在戰中 亦拜爵一級

① 垣蒲陽원포양

[정의] 垣은 坦인데 坦은 '원袁'으로 발음한다. 《괄지지》에는 "옛 원성垣城은 한漢나라에서 현縣으로 다스렸던 곳인데 본래는 위魏나라 왕원王垣이었다. 강주絳州 원현垣縣 서북쪽 20리에 있다. 포읍蒲邑의 고성은 습주현濕主縣 북쪽 45리에 있다. 포수蒲水의 북쪽에 있으므로 포양蒲陽이라고 말했다. 곧 진晉나라 공자公子 중이重耳가 거처했던 읍이다."라고 했다.

【正義】 垣 作土旦, 土旦 音袁 括地志云 故垣城 漢縣治 本魏王垣也 在絳州垣縣西北二十里 蒲邑故城在隰州縣北四十五里 在蒲水之北 故言蒲陽 卽晉公子重耳所居邑也

② 上宿雍상숙옹

[집해] 채옹은 "상上이란 높은 자리에 있는 것이다."라고 했다. 나 배인이 상고해보니 사마천이 기사記事에 마땅히 '제帝'라고 어긋나게 말하지 않고 다만 '상上'이라고 한 것은 감히 멋대로 말하지 않으면서도 높은 이를 높이려는 뜻이었다.

【集解】 蔡邕曰 上者 尊位所在也 駰案 司馬遷記事 當言帝則依違但言上 不敢媟言 尊尊之意也

③ 王冠帶劍왕관대검

서광은 "나이 22세였다."라고 했다.

【集解】 徐廣曰 年二十二

《예기》에는 "20세에 관례를 한다."고 했다. 상고해보니 21세였다.

【正義】 冠音灌 禮記云 年二十而冠 按 年二十一也

④ 矯王御璽교왕어새

집해 채옹은 "어御는 '진進'이다. 무릇 몸에 의복을 입는 것과 입에 음식을 넣는 것과 침실에서 비첩을 접하는 것, 모두를 어御라고 한다. 어御가 친하게 하는 것을 행幸(총애)이라 한다. 새璽는 인장이다. 천자의 새는 백옥白玉에 용과 호랑이를 새긴 꼭지가 있다. 옛날에는 높은 자나 낮은 자가 함께 썼다. 《월령月令》에 '굳게 관인으로 봉한다.'라고 했다. 《좌전》에는 '계무자季武子가 새에 글을 써서 주었다'고 했다. 이것은 제후나 대부의 도장을 새라고 칭한 것이다."라고 했다.

위굉衛宏은 "진秦나라 이전에는 백성들도 모두 금金이나 옥玉으로 도장으로 새겼고, 용이나 호랑이의 꼭지가 있는 것을 좋아했다. 진나라 이래로 천자의 도장만을 홀로 새라고 일컬었고, 동시에 혼자 옥을 사용함으로써 여러 신하들은 감히 사용할 수 없었다."고 했다.

【集解】 蔡邕曰 御者 進也 凡衣服加於身 飲食入於口 妃妾接於寢 皆曰御 御之親愛者曰幸 璽者 印信也 天子璽白玉螭虎鈕 古者尊卑共之 月令曰 固封璽 左傳曰 季武子璽書追而與之 此諸侯大夫印稱璽也 衛宏曰 秦以前 民皆以金玉爲印 龍虎鈕 唯其所好 秦以來 天子獨以印稱璽 又獨以玉 羣臣莫敢用

정의 최호崔浩는 이르기를 "이사李斯가 화벽和璧을 갈아서 (옥새를) 만들었는데 한漢나라의 여러 제왕이 대대로 물려받아 사용해서 '전국새傳國璽'라고 일렀다."고 했다. 위요韋曜의 《오서吳書》에는 "새는 사방이 사치四寸인데, 상구上句에는 오룡五龍이 서로 교차하게 하고 글에는 '수명우천受命于天(천명을 받아 천자의 자리에 올랐으니) 기수영창其壽永昌(그 수명이 영원하리라)'이라."고 했다. 《한서》에는 그 문장이 "호천지명昊天之命(하늘의 명으로 천자의 자리에 올랐으니) 황제수창皇帝壽昌(황제의 수명이 창성하리라)'이라."고 했다. 상고해보니 두 문장이 같지 않았다.

《한서》〈원후전元后傳〉에는 "왕망王莽이 왕순王舜을 시켜 태후를 핍박해서 새를 빼앗으려 하자 왕태후王太后가 화가 나서 땅에 던졌는데 그 모서리가 조금 이지러졌다."고 했다. 〈오지吳志〉에는 "손견孫堅이 낙양에 들어가 한나라의 능묘陵廟를 청소하고 견관정甄官井에 주둔할 때 새를 얻고 뒤에 위魏나라로 돌아갔다."고 했다.

서진西晉 회제懷帝 영가永嘉 5년(서기 311) 6월 제帝가 평양平陽으로 몽진할 때 새璽는 전조前趙의 유총劉聰에게 들어갔다. 동진東晉 성제成帝 함화咸和 4년(서기 329)에 이르러 석륵石勒이 전조를 멸망시키고 새를 얻었다. 목제穆帝 영화永和 8년(서기 352)에 석륵이 모용준慕容俊에게 멸망당하자 복양濮陽 태수 대시戴施가 업鄴으로 들어가 새를 얻고 하융何融을 시켜 진晉나라에 보냈다. 이것이 송나라에 전해졌고 송나라에서는 남제南齊에 전했다. 남제에서는 양梁나라에 전했다. 양나라에 전해졌는데 양 무릉왕武陵王 천정天正 2년(서기 553)에 이르러 후경候景이 양나라를 쳐부수고 광릉廣陵에 이르렀다. 북제北齊 장수 신술辛術이 광릉을 평정시키고 새를 얻어 북제에 보냈다. 북주北周 무제武帝 건덕建德 6년

(서기 577) 정월에 북제를 평정하고 새가 주나라로 들어갔다. 주나라에서 수隋나라에 전했고 수나라에서는 당唐나라에 전했다.

【正義】 崔浩云 李斯磨和璧作之 漢諸帝世傳服之 謂傳國璽 韋曜吳書云璽方四寸 上句交五龍 文曰 受命于天旣壽永昌 漢書云文曰 昊天之命皇帝壽昌 按 二文不同 漢書元后傳云王莽令王舜逼太后取璽 王太后怒 投地 其角小缺 吳志云 孫堅入洛 埽除漢陵廟 軍於甄官井得璽 後歸魏 晉懷帝永嘉五年六月 帝蒙塵平陽 璽入前趙劉聰 至東晉成帝咸和四年 石勒滅前趙 得璽 穆帝永和八年 石勒爲慕容俊滅 濮陽太守戴施入鄴 得璽 使何融送晉 傳宋 宋傳南齊 南齊傳梁 梁傳至天正二年 侯景破梁 至廣陵 北齊將辛術定廣陵 得璽 送北齊 至周建德六年正月 平北齊 璽入周 周傳隋 隋傳唐也

⑤ 戎翟君公융적군공

신주 융적戎翟은 융적戎狄이라고도 한다. 서방 이夷였던 주나라가 스스로 천하의 중심인 중국으로 자칭하면서 사방의 민족들을 방위별로 분류하기 시작했다. 이후 동방 민족을 이夷, 서방 민족을 융戎, 북방 민족을 적狄, 남방 민족을 만蠻으로 불러서 이른바 하화夏華와 사이四夷를 구분하기 시작했다. 그러나 이·융·만·적은 서로 다른 민족들이 아니었다. 주나라는 섬서성과 하남성 일부를 차지한 소국이었고, 나머지 강역은 모두 이夷의 강역이었다. 춘추 전국시기에 서쪽의 융과 북쪽의 적이 '융적'처럼 뒤섞여 기록된 것은 이 시기에도 방위개념으로 이족夷族을 나누는 것이 불가능했다는 뜻이다. 융과 적 모두 중원 내륙 깊숙이 들어와서 활동했기 때문이다. 《춘추》장공莊公 32년(서기전 662) 조경經에 "적이 형을 정벌했다狄伐邢"라고 쓴 것이 《춘추》에 적狄이 나오는 첫 사례이다. 노애가 적과 손잡고 기년궁을 공격하려 했다는 이 사례에도 적이 진秦과 뒤섞여 살았음을 알 수 있다.

⑥ 蘄年宮기년궁

집해　〈지리지〉에 "기년궁蘄年宮은 옹 땅에 있다."고 했다.
【集解】　地理志蘄年宮在雍

정의　蘄는 '긔[巨衣反]'로 발음한다. 《괄지지》에는 "기년궁은 기주성岐州城 서쪽 옛 성내에 있다."고 했다.
【正義】　蘄 巨衣反 括地志云 蘄年宮在岐州城西故城內

⑦ 昌平君昌文君창평군창문군

색은　창평군昌平君은 초楚의 공자公子인데 재상으로 세웠고, 후에는 영 땅으로 옮겨서 항연項燕을 형왕荊王으로 세웠는데 사史에서 그 이름을 잃어 버렸다. 창문군昌文君의 이름 또한 알지 못한다.
【索隱】　昌平君 楚之公子 立以爲相 後徙於郢 項燕立爲荊王 史失其名 昌文君名亦不知也

⑧ 咸陽함양

《괄지지》에 "함양 고성은 또한 이름이 위성渭城인데 옹주 북쪽 5리에 있다. 지금 함양현 동쪽 15리이다. 진효공秦孝公 이하가 모두 이 성을 도읍으로 삼았다. 시황이 함양에서 금인金人 12개를 주조했다는 곳이 곧 이곳이다."라고 했다.

【正義】 括地志云 咸陽故城亦名渭城 在雍州北五里 今咸陽縣東十五里 秦孝公已下並都此城 始皇鑄金人十二於咸陽 卽此也

노애 등이 패배해 달아났다. 즉시 나라 안에 영을 내려 노애를 생포하는 자는 100만 전을 내리고, 죽인 자에게는 50만 전을 하사하겠다고 했다. 노애 등이 모두 체포되었다. 위위衛尉[①] 갈갈, 내사內史[②] 사肆, 좌익佐弋[③] 갈갈, 중대부령中大夫令 제齊[④] 등 모두 20여 명의 머리를 베어 내걸었다.[⑤] 노애는 사지를 찢는 거열車裂을 해서 돌려 보이고 그 종족들을 멸했다.[⑥] 그의 사인에 이르러서도 죄가 가벼운 자는 귀신鬼薪으로[⑦] 삼았다. 또 작위를 빼앗고 촉 땅으로 옮긴 4,000여 가구는 방릉房陵에[⑧] 살게 했다. 이 달에는 춥고 얼음이 얼어 동사한 자가 있었다.[⑨]

毒等敗走 卽令國中 有生得毒 賜錢百萬 殺之 五十萬 盡得毒等 衛尉[①]竭 內史[②]肆 佐弋[③]竭 中大夫令齊[④]等二十人皆梟首[⑤] 車裂以徇 滅其宗[⑥] 及其舍人 輕者爲鬼薪[⑦] 及奪爵遷蜀四千餘家 家房陵[⑧] (四)[是]月寒凍 有死者[⑨]

① 衛尉위위

집해 《한서》〈백관표〉에는 "위위衛尉는 진秦나라 관직이다."고 했다.
【集解】 漢書百官表曰 衞尉 秦官

신주 궁문宮門의 위둔병衛屯兵을 관장하는 직책이다.

② 內史내사

신주 나라 도읍의 행정을 담당하는 장관長官이다. 후에 경조윤京兆尹이라 했다.

③ 佐弋좌익

집해 《한서》〈백관표〉에는 "진秦나라 때 소부少府에 좌익佐弋을 두었는데 한무제漢武帝가 차비佽飛라고 고쳤으며 익사弋射를 관장한다."고 했다.
【集解】 漢書百官表曰 秦時少府有佐弋 漢武帝改爲佽飛 掌弋射者

정의 弋은 '익翊'으로 발음한다.
【正義】 弋音翊

④ 中大夫令齊중대부령제

정의 슈은 '령[力政反]'으로 발음한다. 중대부령中大夫令은 진秦나라의 관직이다. 제齊는 이름이다.

【正義】 令 力政反 中大夫令 秦官也 齊 名也。

⑤ 梟首효수

집해 머리를 나무 위에 달아매는 것은 효梟라고 한다.

【集解】 縣首於木上曰梟

정의 梟는 '교[古堯反]'로 발음한다. 머리를 나무 위에 매다는 것을 효梟라고 한다.

【正義】 梟 古堯反 懸首於木上曰梟

⑥ 車裂以徇滅其宗거열이순멸기종

정의 《설원說苑》에는 "진시황의 태후太后는 조신하지 못하고 사내인 노애를 총애했다. 시황이 노애의 사지四支를 잡아서 거열형車裂刑에 처하고 두 명의 아우를 잡아서 때려죽이고, 태후를 함양궁으로 옮겼다. 명령을 내려서 말하기를 '태후의 일로써 간쟁하는 자는 찢어 죽이고 그의 척추는 질려蒺藜(남가새 풀)로 삼을 것이다.'라고 했다. 간쟁하다 죽은 자가 27명이었다. 모초茅焦가 이에 말을 올려서, '제나라 객인 모초茅焦가 태후의 일로써 간쟁하기 원합니다.'라고 했다. 황제가 말하기를 '달려가 "대궐 아래 쌓여 있는 죽은 사람들이 보이지 않는가?"라고 말해주라'고 했다. 사신이 모초에게 묻자 모초가 이르기를 '폐하께서 가부假父를 거열형에 처했으니 질투하는 마음이 있는 것입니다. 두 아우를 때려 죽였으니 자애롭지 못하다는 이름이 있는 것입니다. 어머니를 함양으로 옮긴 것은 불효의 행동이 있는 것입니다. 간쟁하는 선비를 질려蒺藜로 만드는 것은 걸주桀紂와 같이 다스리는 것입니다. 천하에 이 사실이 알려지면 모두 흩어져서 진나라로 향하는 자가 없을 것입니다'라고 했다. 왕이 이에 스스로 태후를 맞이해 함양에서 돌아오게 하고 모초를 스승으로 세우고 또 상경의 작위를 주었다."고 했다. 《괄지지》에는 "모초는 창주사람이다."라고 했다.

【正義】 說苑云 秦始皇太后不謹 幸郎嫪毐 始皇取毐四支車裂之 取兩弟撲殺之 取太后遷之咸陽宮 下令曰 以太后事諫者 戮而殺之 蒺藜其脊 諫而死者二十七人 茅焦乃上說曰 齊客茅焦 願以太后事諫 皇帝曰 走告若 不見闕下積死人耶 使者問焦 焦曰 陛下車裂假父 有嫉妬之心 囊撲兩弟 有不慈之名 遷母咸陽 有不孝之行 蒺藜諫士 有桀紂之治 天下聞之 盡瓦解 無向秦者 王乃自迎太后歸咸陽 立茅焦爲傅 又爵之上卿 括地志云 茅焦 滄州人也

⑦ 鬼薪귀신

집해 응소는 "땔나무를 취해 종묘에 공급하는 자가 귀신이다."라고 했다. 여순은 "《율설律說》에 귀신은 3년을 일한다."고 했다.

【集解】 應劭曰 取薪給宗廟爲鬼薪也 如淳曰 律說鬼薪作三歲

정의 노애 사인 중에 죄질이 무거운 자는 이미 사형시키고 가벼운 자는 벌로 도역徒役을 3년을 시켰다.

【正義】 言毒舍人罪重者已刑戮 輕者罰徒役三歲

⑧ 房陵방릉

정의 《괄지지》에는 "방릉은 곧 지금의 방주房州 방릉현이다. 옛날
초나라 한중군漢中郡 땅이고 파 땅과 촉 땅의 경계이다."라고 했다. 〈지
리지〉에는 "방릉현은 한중군에 소속되었는데, 익주부益州部에 있으며
동남쪽으로 1,310리가 이어져 있다."고 했다.

【正義】 括地志云 房陵即今房州房陵縣 古楚漢中郡地也 是巴蜀之境 地理
志云房陵縣屬漢中郡 在益州部 接東南一千三百一十里也

⑨ 寒凍有死者한동유사자

정의 4월은 건사월建巳月(음력 4월)인데 맹하孟夏(음력 4월)에도 춥고
얼음이 얼어 백성들이 죽은 자가 있다는 것은 진나라의 법이 가혹해서
곧 하늘이 감응한 것으로 역사에 기록되어 있다. 그래서 《상서》의 〈홍
범〉 편에는 "엄하게 처리하면 항상 춥기만 하다."라고 했다. 공안국의 주
석에는 "군주가 행동이 엄하면 항상 추위가 뒤 따른다."라고 했다.

【正義】 四月建巳之月 孟夏寒凍 民有死者 以秦法酷急 則天應之而史書之
故尙書洪範 急常寒若 孔注云 君行急則常寒順之

양단화楊端和가 연씨衍氏를 공격했다.① 혜성이 서쪽에 나타났다가 다시 북쪽에도 나타나고 북두성을 따라 남쪽으로 80일간 나타났다. 10년② 상국 여불위가 노애 사건에 연좌되어 파면되었다.③ 환의桓齮가④ 장군이 되었다. 제나라와 조나라에서 사신이 와서 주연을 베풀었다. 제나라 사람 모초가⑤ 진왕을 설득해 말했다.

"진나라는 장차 천하를 취하려 하는데 대왕께서 모태후母太后를 유배시켰다는 소문이 있습니다. 제후들이 이 소문을 듣고 이 때문에 진나라를 배반할까 두렵습니다."

진왕이 이에 태후를 옹 땅에서 맞이해 함양으로 들어오게 하고⑥ 다시 감천궁甘泉宮에서⑦ 살도록 했다.

楊端和攻衍氏① 彗星見西方 又見北方 從斗以南八十日 十年② 相國 呂不韋坐嫪毒免③ 桓齮④爲將軍 齊 趙來置酒 齊人茅焦⑤說秦王曰 秦方以天下爲事 而大王有遷母太后之名 恐諸侯聞之 由此倍秦也 秦王乃迎太后於雍而入咸陽⑥ 復居甘泉宮⑦

① 楊端和攻衍氏양단화공연씨

색은　단화는 진秦나라의 장수이다. 연씨衍氏는 위魏나라의 읍邑이다.

【索隱】　端和 秦將 衍氏 魏邑

정의 衍은 '언[羊善反]'으로 발음한다. 연씨衍氏는 정주鄭州에 있다.
【正義】 衍 羊善反 在鄭州

신주 명조明朝 때 학자인 진직陳直은 "진나라 때 무장 몽씨蒙氏, 왕씨王氏의 외척으로는 양씨楊氏가 있다. 《사기》에 보이는 사람으로는 양단화, 양규楊樛, 양비楊羆, 양희楊熹가 있다."고 했다.

② 十年십년

집해 서광은 "갑자甲子이다."라고 했다.
【集解】 徐廣曰 甲子

③ 相國呂不韋坐嫪毐免상국여불위좌노애면

신주 시황은 노애의 사건에 연좌된 여불위를 하남으로 유배를 보냈는데, 그 지역의 제후들과 접촉하고 있음을 알고 다시 촉 땅으로 유배하였다. 여불위는 촉 땅에서도 감시를 당한다는 압박과 공포를 이기지 못해 자살했다. 태후太后(조희趙姬) 또한 옹雍 땅으로 유배되었다.

④ 桓齮환의

신주 환의는 시황을 도와 6국을 통일하는데, 큰 공을 세운 장수이다. 시황 10년(서기전 237)에 위魏나라의 도읍 업鄴과 안양安陽 등을 공격하여 9개의 성을 빼앗았고, 13년에 조趙나라의 평양平陽을 공격해서 호첩扈輒을 죽이고 10만 명의 목을 베었으며, 14년에 조나라의 적려赤麗, 의안宜安 등을 공격하여 의안, 평양, 무성武城 등을 평정했다. 이후《전국책戰國策》에 조나라 장수 이목李牧에게 살해당했다는 기록이 보인다.

⑤ 茅焦모초

신주 제나라 사람. 진나라에 와서 상경上卿이 되었다.

⑥ 迎太后於雍入而咸陽영태후어옹입이함양

집해 《설원說苑》에는 "시황제가 모초를 세워 스승으로 삼고 또 상경의 작위로 삼자 태후가 크게 기뻐하면서, '천하의 높은 강직함으로 무너진 것을 다시 일으켜서 진秦나라의 사직을 편안하게 하고 첩의 모자母子를 다시 서로 만나게 한 것은 모군茅君의 힘이다.'"라고 말했다.
【集解】 說苑曰 始皇帝立茅焦爲傅 又爵之上卿 太后大喜 曰 天下尤直 使敗復成 安秦社稷 使妾母子復相見者 茅君之力也

⑦ 甘泉宮감천궁

집해 서광은 "〈표表〉에는 함양궁이라고 일렀다."고 했다.
【集解】 徐廣曰 表云咸陽南宮也

크게 나라를 수색해 유세객들을 쫓아내려 했다. 이사李斯가 글을 올려 설득하자 이에 축객령逐客令을[1] 중지시켰다. 이사가 연이어 진왕에게 먼저 한韓나라를 취해서 다른 나라를 두렵게 해야 한다고 청하니 이사에게 한나라를 함락시키라고 명했다. 한나라 왕이 이것을 근심하여 한비韓非와[2] 진秦나라를 약하게 하려고 도모했다. 대량大梁 사람 울요尉繚가[3] 와서 진왕을 설득해서 말했다.

"진나라가 강력해지니 비유하면 제후들은 군현郡縣의 군주와 같습니다. 신은 다만 제후들이 합종책合從策으로 뜻밖에 한꺼번에 나올까 걱정됩니다. 이것이 바로 지백智白,[4] 부차夫差,[5] 민왕湣王이[6] 망한 까닭입니다. 원컨대 대왕께서는 재물을 아끼지 마시고 그 나라의 호신豪臣들에게 뇌물로 주어 그 계책을 어지럽히십시오. 불과 30만금만 없앤다면 제후들을 진멸하실 수 있을 것입니다."

大索 逐客 李斯上書說 乃止逐客令[1] 李斯因說秦王 請先取韓以恐他國 於是使斯下韓 韓王患之 與韓非[2]謀弱秦 大梁人尉繚[3]來 說秦王曰 以秦之彊 諸侯譬如郡縣之君 臣但恐諸侯合從 翕而出不意 此乃智伯[4] 夫差[5] 湣王[6]之所以亡也 願大王毋愛財物 賂其豪臣 以亂其謀 不過亡三十萬金 則諸侯可盡

① 逐客令축객령

진나라 출신이 아닌 타국 출신의 모든 유세객들을 쫓아내라는 명령을 말한다. 그러나 이사가 〈간축객서諫逐客書〉를 올리고 진왕을 설득하여 이를 철회하게 했다.

② 韓非한비

신주 한나라의 공자公子 한비자이다. 저서 《한비자韓非子》가 있다.

③ 尉繚울요

신주 전국시대 병법가로 성姓과 생몰연대가 분명하지 않다. 무경칠서 중 하나인 《울요자尉繚子》를 지었다.

④ 智伯지백

신주 춘추 말기 진晉나라의 사경四卿 중의 한 명으로 지요知瑤, 순요荀瑤, 지백요知伯瑤라고도 한다. 한韓·위魏·조趙 세 나라의 공격을 받아 그 자신을 포함한 전 가족이 주살당했다. 이로써 진晉나라는 한, 위, 조의 세 나라로 나뉘어졌다.

⑤ 夫差부차

신주 춘추 말기 오吳나라 임금(?~서기전 473년)이다. 부왕 합려闔閭가

월나라 왕 구천句踐에게 패하여 죽자 와신臥薪하다가 서기전 494년 복
수에 성공했으나 훗날 다시 월 왕 구천에게 패해 자살했다.

⑥ 湣王민왕

신주 제齊나라 민왕湣王(재위 서기전 300~서기전 284)을 말한다. 초기
에는 진秦을 파하고 연燕과 초楚를 제압하고 송宋을 멸망시켰다. 서기전
284년에 오국五國 연합군에 의해 공격당하자 도주했지만 초나라 장수
요치淖齒에게 피살당했다.

진왕이 그의 계책을 따르기로 하고 울요를 만나볼 때는 예를 극진하게 하여 의복이나 음식도 울요와 같게 했다. 울요가 (혹자에게) 말했다.

"진왕秦王의 사람됨은 높은 콧등에[1] 긴 눈, 사나운 새의 가슴,[2] 이리 같은 목소리여서 은혜는 적은 반면 호랑이나 이리의 마음을 가져서 어려울 때는 쉽게 다른 사람의 아래에 거居하지만[3] 뜻을 얻으면 또한 가볍게 남을 잡아먹을 것입니다.[4] 나는 포의布衣 (벼슬 없는 선비)이지만 나를 보면 늘 자신을 내 아래에 두고 있습니다. 진실로 진왕으로 하여금 천하에 뜻을 얻게 한다면 천하는 모두 그의 노예가 될 것입니다. (그래서 진왕과) 더불어 오래 교유할 수 없을 것입니다."

이에 곧 도망하여 떠나려고 했다. 진왕이 알고서 진실로 만류하며 진秦나라의 국위國尉로[5] 삼고 마침내 그의 계책을 시행했다. 이때 이사가[6] 정권을 장악했다.

秦王從其計 見尉繚亢禮 衣服食飮與繚同 繚曰 秦王爲人 蜂準[1] 長目 摯鳥膺[2] 豺聲 少恩而虎狼心 居約易出人下[3] 得志亦輕食人[4] 我布衣 然見我常身自下我 誠使秦王得志於天下 天下皆爲虜矣 不可與久游 乃亡去 秦王覺 固止 以爲秦國尉[5] 卒用其計策 而李斯[6]用事

[1] 蜂準봉준

집해　서광은 "봉蜂은 다른 판본에는 '융隆' 자로 되어 있다."고 했다.

【集解】　徐廣曰 蜂 一作隆

정의　蜂은 '봉[孚逢反]'으로, 準은 '준[章允反]'으로 발음한다. 봉蜂은
채蠆(전갈)이다. 문영文穎은 "준準은 코다."라고 했다.

【正義】　蜂 孚逢反 準 章允反 蜂 蠆也 高鼻也 文穎曰 準 鼻也

신주　벌의 허리모양으로 콧등 가운데가 낮은 코를 말한다.

② 鷙鳥膺집조응

정의　집조鷙鳥는 할鶡(할단새)이다. 가슴이 앞으로 튀어나와서 그의
성질이 사납고 용맹스럽다.

【正義】　鷙鳥 鶡 膺突向前 其性悍勇

③ 居約易出入下거약이출입하

정의　易는 '이[以豉反]'로 발음한다. 시황제가 어려움[儉約]에 처했을
때는 쉽게 겸손해 하며 낮추었다고 말한 것이다.

【正義】　易 以豉反 言始皇居儉約之時易以謙卑

④ 得志亦輕食入득지역경식입

시황제가 천하에 뜻을 얻으면, 또한 쉽게 사람을 씹고 먹는다고 말한 것이다.

【正義】 言始皇得天下之志 亦輕易而啗食於人

⑤ 尉위

정의 한漢나라의 태위와 같고 대장군에 비유된다.

【正義】 若漢太尉 大將軍之比也

⑥ 李斯이사

신주 전국시대 초나라 상채上蔡 사람이다. 진秦나라에 들어가 객경客卿이 되었으며, 시황이 천하를 평정하자 승상이 되었다. 군현제를 제정하고 분서령焚書令을 내리게 하는 등 시황을 도왔고, 조고趙高와 함께 2세를 황제로 옹립했으나 나중 조고와 사이가 갈라져 2세의 미움을 받아 함양의 저자에서 죽임을 당했다.

여불위가 죽자 몰래 장사하다

11년, 왕전王翦,[①] 환의桓齮, 양단화 등이 업鄴을 공격해 9개의 성을 빼앗았다. 왕전이 알여閼與와 노양橑陽을[②] 공격하고, 모두 병합하여 1군一軍으로 만들었다. 왕전이 18일간 인솔하면서 군사 중에 봉록이 두식斗食 이하는[③] 집으로 돌아가게 하고 10명 중에 2명만 가려 뽑아 종군하게 했다.[④] 업과 안양安陽을 취했는데 환의가 군사를 거느렸다.

十一年 王翦[①] 桓齮 楊端和攻鄴 取九城 王翦攻閼與 橑楊[②] 皆并爲一軍 翦將十八日 軍歸斗食以下[③] 什推二人從軍[④] 取鄴安陽 桓齮將

① 王翦왕전

신주 왕전(생몰년 미상)은 진秦의 장군으로 빈양頻陽의 동향東鄕 출신이다. 왕분王賁의 아버지, 왕리王離의 할아버지이다.

② 橑楊노양

집해 서광은 "橑는 '노老'로 발음한다. 병주并州에 있다."고 했다.
【集解】 徐廣曰 橑音老 在并州

정의 《한서》〈표〉에는 청하淸河에 있다.《십삼주지十三州志》에는 "노양은 상당의 서북쪽 180리에 있다."고 했다.
【正義】 漢表在淸河 十三州志云 橑陽 上黨西北百八十里也

신주 현재 노양은 산서성 태원시太原市, 대동시大同市와 하북성 보정시保定市 일대로 비정한다.

③ 斗食以下두식이하

집해 《한서》〈백관표〉에는 "백석百石 이하의 두식斗食이 있는데, 좌사의 녹봉이다."라고 했다.
【集解】 漢書百官表曰 百石以下 有斗食 佐史之秩

정의 하루에 두속斗粟을 얻는 녹봉이다.
【正義】 一日得斗粟爲料

④ 什推二人從軍십추이인종군

색은 왕전이 장수가 되어 여러 군중에서 두식 이하의 공이 없는 좌
사는 다 돌아가게 하고, 열에서 오직 두 사람을 가려 뽑아 종군從軍하
게 한 것을 말한다.

【索隱】 言王翦爲將 諸軍中皆歸斗食以下 無功佐史 什中唯推擇二人令從
軍耳

12년, 문신후 여불위가 죽어서 몰래 장례를 치렀다.[①] 그의 사인舍人으로 장례에 참석한 자들 중에서 진晉나라 사람들은 모두 추방시켰다.[②] 진秦나라 사람으로 600석 이상의 관직을 가진 자들은 장례에 곡했으면 작위를 빼앗고 (방릉으로) 옮겨 살게 했다.[③] 500석 이하의 관직을 가진 자들은 장례에 임하지 않았으면 (방릉으로) 옮기게 하였으나 관직을 빼앗지는 않았다.[④] 이때부터 국사를 장악해서 노애나 여불위처럼 부도한 자는 일족을 몰수해서 노예로 삼는 법을 정해[⑤] 이를 살피게 했다. 가을에 노애 사인들의 죄를 사면해 주고[⑥] 촉 땅으로 옮겨 살게 했다. 이때 천하가 6월에 크게 가뭄이 들었는데 8월에 이르러서야 비가 내렸다.

十二年 文信侯不韋死 竊葬[①] 其舍人臨者 晉人也逐出之[②] 秦人六百石以上奪爵 遷[③] 五百石以下不臨 遷 勿奪爵[④] 自今以來 操國事不道 如嫪毐 不韋者籍其門[⑤] 視此 秋 復嫪毐舍人[⑥] 遷蜀者 當是之時 天下大旱 六月至八月乃雨

① 文信侯不韋死竊葬문신후불위사절장

| 색은 | 상고해보니 여불위가 짐사鴆死(짐새의 독으로 만든 술을 마시고 죽음)하자 그의 빈객 수천 명이 몰래 낙양 북망산에서 함께 장사지냈다.

【索隱】 按 不韋飲鴆死 其賓客數千人竊共葬於洛陽北芒山

② 舍人臨者晉人也逐出之사인임자진인야축출지

臨은 '름[力禁反]'으로 발음한다. 곡하는데 임한 것이다. 만약 삼진三晉(魏, 韓, 趙) 사람이라면 축출해 돌아가라고 명령했다.

【正義】 臨 力禁反 臨哭也 若是三晉之人 逐出令歸也

삼진三晉은 주周 위열왕威烈王 23년(서기전 403) 진晉의 삼경三卿인 위사魏斯·조적趙籍·한건韓虔이 진晉의 지백智伯을 죽인 후 진晉을 분할分割해 세운 위魏·조趙·한韓나라를 뜻한다.

③ 秦人六百石以上奪爵遷진인육백석이상탈작천

上의 발음은 '상[時掌反]'이다. 이와 같이 진나라 사람 중 (장례에) 임하여 곡哭한 자는 그 관직을 빼앗고 방릉으로 옮겼다.

【正義】 上音時掌反 若是秦人哭臨者 奪其官爵 遷移於房陵

여불위의 사인 출신들 중 600석 이상의 녹을 받는 관리이다.

④ 五百石以下不臨遷勿奪爵오백석이하불림천물탈작

이와 같이 진秦나라 사람 중 여불위의 장례에 임하여 곡하지 않은 자는 관직을 빼앗지 않았지만 또한 방릉으로 옮겼다.

【正義】 若是秦人不哭臨不韋者 不奪官爵 亦遷移於房陵

여불위의 사인 출신들 중 500석 이하의 녹을 받는 관리이다.

《신역사기》에 "(본문의) 불임不臨은 아마 덧붙여진 글자다."고 했다.

⑤ 籍其門적기문

집해 서광은 "문門은 다른 판본에는 '문文'으로 되어 있다."고 했다.
【集解】 徐廣曰 一作文

색은 가령 그 일문一門을 적몰籍沒(재산을 몰수하다)하고 모두 도예徒
隷로 삼았는데 그 후에 이를 살펴서 상례로 삼았다고 이른 것이다.
【索隱】 謂藉沒其一門皆爲徒隷 後並視此爲常故也

정의 가령 그의 자손들을 문서에 기록해서 벼슬을 얻지 못하게 금
지했다.
【正義】 籍錄其子孫 禁不得仕宦

⑥ 復嫪毒舍人복노애사인

신주 복復은 '사면하다[赦]'의 뜻이다.

13년, 환의가 조나라 평양平陽을① 침공해 조나라 장수 호첩을②
죽이고 10만의 목을 베었다. 진왕이 하남으로 갔다. 정월에 혜성
이 동쪽에 나타났다. 10월에 환의가 조나라를 공격했다. 14년,
조나라 군사를 평양에서 공격하고 의안宜安을③ 빼앗았다. 또 군
사들을 쳐부수고 그의 장군을 살해했다. 환의가 평양과 무성을④
평정했다. 한비韓非가 진秦나라에 사신으로 갔는데 진나라는 이
사의 계략을 써서 한비를 억류시키니 한비가 운양雲陽에서⑤ 죽
었다. 한왕韓王이 신하되기를 청했다.

十三年 桓齮攻趙平陽① 殺趙將扈輒② 斬首十萬 王之河南 正月 彗星
見東方 十月 桓齮攻趙 十四年 攻趙軍於平陽 取宜安③ 破之 殺其將
軍 桓齮定平陽 武城④ 韓非使秦 秦用李斯謀 留非 非死雲陽⑤ 韓王
請爲臣

① 平陽평양

정의 《괄지지》에는 "평양의 고성은 상주相州 임장현臨漳縣 서쪽 25
리에 있다."라고 했다. 또 이르기를 "평양은 전국시대에는 한韓나라에
속했다가 뒤에 조趙나라에 소속되었다."
【正義】 括地志云 平陽故城在相州臨漳縣西二十五里 又云 平陽 戰國時屬
韓 後屬趙

② 扈輒호첩

정의 扈의 음은 '호[戶]'이고, 輒은 '첩[張獵反]'으로 발음한다. 조趙나
라 장군將軍이다.
【正義】 扈音戶 輒 張獵反 趙之將軍

③ 宜安의안

정의 《괄지지》에는 "의안의 고성은 상산常山 고성현藁城縣 서남쪽
25리에 있다."고 했다.
【正義】 括地志云 宜安故城在常山藁城縣西南二十五里也

신주 조나라 현의 이름인데, 현재 하북성 고성藁城 서남쪽에 있는 것
으로 비정하고 있다.

④ 武城무성

정의 곧 패주貝州 무성현武城縣 외성이 이곳이다. 전국戰國 칠국七國
시대에는 조趙나라의 읍邑이었다.
【正義】 卽貝州武城縣外城是也 七國時趙邑

⑤ 雲陽운양

《괄지지》에는 "운양성雲陽城은 옹주雍州 운양현雲陽縣 서쪽 80
리에 있으며 진시황의 감천궁甘泉宮이 있던 곳이다."라고 했다.
【正義】 括地志云 雲陽城在雍州雲陽縣西八十里 秦始皇甘泉宮在焉

15년, 크게 군사를 일으켜서 한 군대는 업에 이르렀고 한 군대
는 태원에 이르러 낭맹狼孟을[1] 빼앗았다. 지진이 발생했다. 16년
9월, 군사를 발동하여 마침내 한나라 남양 땅을 접수하고 등騰
을 임시 태수로 삼았다.[2] 처음으로 남자 나이를 기록하도록 명
했다. 위魏나라에서 진秦나라에 땅을 바쳤다. 진秦나라는 여읍
麗邑을[3] 설치했다. 17년, 내사 등騰이 한나라를 공격해서 한왕
韓王 안安을[4] 사로잡고 그의 국토를 모두 받아 들여서 그 땅으
로 군郡을 설치하고 영천潁川이라 명명했다. 지진이 있었다. 화양
태후華陽太后가 죽었다. 백성에게 큰 흉년이 있었다.
十五年 大興兵 一軍至鄴 一軍至太原 取狼孟[1] 地動 十六年九月 發
卒受地韓南陽假守[2]騰 初令男子書年 魏獻地於秦 秦置麗邑[3] 十七
年 內史騰攻韓 得韓王安[4] 盡納其地 以其地爲郡 命曰潁川 地動 華
陽太后卒 民大饑

[1] 狼孟낭맹

〈지리지〉에는 태원太原에 낭맹현狼孟縣이 있다고 했다.

【集解】 地理志太原有狼孟縣

② 假守가수

정의 假는 '가[格雅反]'로, 守는 '수狩'로 발음한다.
【正義】 正義假 格雅反 守音狩

신주 임시로 지키다. 즉 임시로 관직에 임명했다는 뜻이다. 양옥승梁玉繩은 "남양은 진나라의 군명으로서 이때 진나라가 남양의 대부분을 차지하고 있었으므로 이 구절은 의문이다."라고 했다.

③ 麗邑여읍

정의 麗는 '리[力知反]'으로 발음한다. 《괄지지》에는 "옹주 신풍현新豊縣은 본래 주나라 때 여융驪戎의 읍이다. 《좌전》에 진헌공晉獻公이 여융을 정벌했다고 일렀다. 두예杜預의 주석에는 경조京兆 신풍현에 있었는데 그 후 진秦나라에서 멸망시키고 읍邑으로 삼았다."고 했다.
【正義】 麗 力知反 括地志云 雍州新豐縣 本周時驪戎邑 左傳云晉獻公伐驪戎 杜注云在京兆新豐縣 其後秦滅之以爲邑

④ 韓王安한왕안

정의 한왕 안韓王安의 9년에 진秦나라에서 아주 멸망시켰다.

【正義】 韓王安之九年 秦盡滅之

18년,[1] 크게 군사를 일으켜 조나라를 공격했는데 왕전이 상지上
地의[2] 군사를 거느리고 정형井陘을[3] 함락시켰다. 양단화는 하내
의 군사를 거느렸다. 강외羌瘣가[4] 조나라를 정벌하고 양단화가
한단성邯鄲城을 포위했다. 19년, 왕전과 강외가 조나라 땅 동양
東陽을 모두 평정하고 조왕趙王을[5] 사로잡았다. 군사를 이끌고
연나라를 공격하고자 중산中山에 주둔했다. 진왕이 한단으로 가
서 일찍이 왕이 조나라에서 태어났을 때 외가와 원한이 있던 자
들을 모두 생매장 시켜 버렸다. 진왕이 돌아올 때 태원과 상군上
郡을 거쳐서 돌아왔다. 시황제의 어머니인 태후太后가 죽었다. 조
나라 공자公子 가嘉가[6] 그의 종친 수백여 명을 데리고 대代로[7]
가서 스스로 나라를 세우고 대국代國의 왕이 되어 동쪽의 연나라
와 연합으로 군사를 상곡上谷에 주둔했다. 크게 흉년이 들었다.
十八年[1] 大興兵攻趙 王翦將上地[2] 下井陘[3] 端和將河內 羌瘣[4]伐趙
端和圍邯鄲城 十九年 王翦 羌瘣盡定取趙地東陽 得趙王[5] 引兵欲
攻燕 屯中山 秦王之邯鄲 諸嘗與王生趙時母家有仇怨 皆阬之 秦王
還 從太原 上郡歸 始皇帝母太后崩 趙公子嘉[6]率其宗數百人之代[7]
自立爲代王 東與燕合兵 軍上谷 大饑

① 十八年십팔년

【집해】 서광은 "파군巴郡에서 대인大人이 나왔는데 길이가 25장二十五丈 6척六尺이다."라고 했다.

【集解】 徐廣曰 巴郡出大人 長二十五丈六尺

② 上地상지

【정의】 상군, 상현은 지금의 수주綏州 등이 이곳이다.

【正義】 上郡上縣 今綏州等是也

③ 井陘정형

【집해】 복건은 "산 이름으로 상산常山에 있다. 지금은 현縣이 되었다."고 했다. 陘은 '형刑'으로 발음한다.

【集解】 服虔曰 山名 在常山 今爲縣 音刑

④ 羌瘣강외

【정의】 瘣는 '회[胡罪反]'로 발음한다.

【正義】 胡罪反

신주 진대秦代의 무장武將이다. 생몰연대生沒年代가 분명치 않다.

⑤ 趙王조왕

조왕趙王 천천遷이다.

【索隱】 趙王遷也

조나라 유류왕幽繆王 천천遷 8년에 진秦나라에서 조나라 땅을 빼앗아 평양平陽까지 이르렀다. 평양은 패주貝州 역정현歷亭縣 경계에 있다. 왕을 방릉으로 옮겼다.

【正義】 趙幽繆王遷八年 秦取趙地至平陽 平陽在貝州歷亭縣界 遷王於房陵

⑥ 嘉가

신주 조나라 도양왕의 적자이다. 그러나 도양왕의 부인 창후倡后의 중상모략으로 피폐被廢하고 그의 아들 천천遷이 태자가 되어 왕위를 물려받았다. 그 후 조나라가 망하자 따르는 종친을 이끌고 대군代郡으로 가서 나라를 세우고 왕이 되었다.

⑦ 대代

신주 지금의 중국 하북성 울현의 동북쪽에 위치한 땅이다.

전국시대 후기(전국칠웅)

하수河水
임호林胡
누번樓煩
동호東胡
요수遼水(나하)
조선朝鮮
연장성燕長城
계薊
대代
연燕
갈석碣石
발해渤海
이수易水
중산中山
호타수滹沱河
하수河水
진양晉陽
조趙
한단邯鄲
임치臨淄
즉묵即墨
업鄴
제齊
위魏
여莒
제수濟水
안읍安邑
조가朝歌
위衛
노魯
진秦
송宋
함양咸陽
주周
낙양洛陽
정鄭
위수渭水
낙수洛水
한韓
진陳
사수泗水
동해東海
한중漢中
채蔡
한수漢水
회수淮水
구이九夷
촉蜀
초楚
오吳
파巴
영郢
강수江水
회계會稽
금중黔中
백월百越

【참고문헌】

島崎晋,《史記》, 2009, PHP

譚其驤,《中國歷史地圖集》, 1982, 中國社會科學院

司馬遷,《史記》<秦始皇本紀><貨殖列傳><蘇秦列傳><匈奴列傳><蒙恬列傳>

劉安,《淮南子》<人間訓>

천하를 병합하고
시황제라 부르다

20년(서기전 227), 연나라 태자 단丹은[①] 진나라 군사들이 연나라로 쳐들어올 것을 근심하고 두려워해 자객刺客인 형가荊軻를 시켜 진왕秦王을 찔러 죽이라고 했다. 진나라 왕이 이를 알아차리고 형가의 신체를 찢어서[②] 백성에게 돌리고 왕전王翦과 신승辛勝을 시켜 연나라를 공격했다. 연나라와 대代나라는 군사들을 발병하여 진나라 군사들을 공격했으나 진나라 군사들이 연나라를 이수易水[③] 서쪽에서 쳐부수었다.

二十年 燕太子丹[①]患秦兵至國 恐 使荊軻刺秦王 秦王覺之 體解[②]軻 以徇 而使王翦 辛勝攻燕 燕 代發兵擊秦軍 秦軍破燕易水[③]之西

① 燕太子丹연태자단

신주 연태자 단(?~서기전 226)은 진秦나라에 인질로 있다가 연왕 희 燕王喜 23년(서기전 232) 귀국해 이수易水를 경계로 진나라 군사와 대치 했다. 서기전 227년 전광田光의 추천을 받은 형가荊軻를 자객으로 보내 진왕을 암살하려다가 실패했다. 연왕 희 29년(서기전 226) 진나라 군사 에게 국도 계薊(현 북경 서남쪽)을 빼앗기고 죽고 말았다.

② 體解체해

신주 신체를 찢다, 해체하다는 뜻이다.

③ 易水이수

신주 태행산太行山에서 시작하여 동쪽으로 흘러 지금의 하북성 역 현의 남쪽을 지나 협수淶水로 흘러들어가는 하수의 이름이다. 그 일대 가 당시 연나라 땅이었다.

21년, 왕분王賁은① 형荊(楚)나라를② 공격했다. 또 더욱 군사들을 징발해 왕전의 군대에 보내서 마침내 연나라 태자의 군대를 격파하여 연나라 계성薊城을 빼앗았고 태자 단의 머리를 얻었다. 연나라 왕은 동쪽 요동遼東을③ 수습하고 그곳의 왕이 되었다. 왕전이 병들고 늙었다는 핑계로 관직을 사양하고 고향으로 돌아갔다. 신정新鄭에서 반역을 일으켰다. 창평군昌平君을 영郢으로 옮겨 살게 했다. 큰 눈이 내렸는데④ 그 깊이가 두 자 다섯 치였다.

二十一年 王賁①攻(薊)[荊]②乃益發卒詣王翦軍 遂破燕太子軍 取燕薊城 得太子丹之首 燕王東收遼東③而王之 王翦謝病老歸 新鄭反 昌平君徙於郢 大雨④雪 深二尺五寸

① 王賁왕분

정의　賁은 '분奔'으로 발음한다.

【正義】　音奔

신주　왕전의 아들이다.

② 荊형

정의　진秦나라는 초나라를 형荊이라고 불렀는데, 진 장양왕莊襄王의 이름이 자초了楚이므로 휘諱(이름을 쓰지 않는 것)한 것이다. 그래서 형荊이라고 말했다.

【正義】 秦號楚爲荊者 以莊襄王名子楚 諱之 故言荊也

신주 형은 초를 대신한 말이다. 춘추시대에는 그곳을 형만荊蠻이라고 하여 오랑캐로 치부置簿하였고, 전국시대에도 《맹자》에서 볼 수 있듯이 초나라를 별명으로 형나라, 또는 형만이라고 하였다.

③ 遼東요동

신주 이 당시 연나라 주 강역은 북경 남쪽이었으니 이때의 요동은 지금의 요하遼河 동쪽이 아니라 지금의 북경 부근이었을 것이다.

④ 雨우

신주 우雨는 '강降'과 같다. 동사로 '내리다'의 뜻이다.

22년, 왕분이 위나라를 공격했는데, 하수의 도랑을 끌어서 대량大梁으로 물을 흐르게 하자 대량성이 무너졌다. 그 왕이① 항복을 청했고 그 땅을 모두 빼앗았다.

二十二年 王賁攻魏 引河溝灌大梁 大梁城壞 其王①請降 盡取其地

① 王請降왕청강

신주 위왕 가假가 항복을 청했다는 뜻이다.

23년, 진왕이 다시 왕전을 불러 억지로 기용해서① 장수로 삼아 형荊(楚)나라를 공격했다. 진陳을 빼앗고 남쪽으로 평여平輿에② 이르러 형왕荊王(초나라 왕)을③ 사로잡았다. 진왕秦王이 유람하여 영 땅과 진陳에 이르렀다. 형[초]나라 장수 항연項燕이 창평군을 세워 형 왕으로 삼고 회수淮水④ 남쪽에서 진나라에 반기를 들었다. 24년, 왕전과 몽무蒙武가 형나라를 공격해 형나라의 군사들을 쳐부수자 창평군이 죽고 항연도 마침내 자살했다.

二十三年 秦王復召王翦 彊起①之 使將擊荊 取陳以南至平輿② 虜荊王③ 秦王游至郢陳 荊將項燕立昌平君爲荊王 反秦於淮④南 二十四年 王翦 蒙武攻荊 破荊軍 昌平君死 項燕遂自殺

---

① 彊起강기

신주 벼슬에서 물러난 관리의 의지와는 상관없이 그를 재기용한다는 뜻이다.

② 平輿평여

집해 〈지리지〉에는 "여남汝南에 평여현平輿縣이 있다."고 했다.

【集解】 地理志汝南有平輿縣

정의 輿는 '여餘'로 발음한다. 평여는 예주현豫州縣이다.

【正義】 輿音餘 平輿 豫州縣也

③ 荊王형왕

색은 초나라 왕 부추負芻이다. 초楚나라를 형荊이라고 칭한 것은 장
양왕莊襄王의 諱휘를 피하기 위해서 바꾼 것이다.

【索隱】 荊王負芻也 楚稱荊者 以避莊襄王諱 故易之也

④ 淮회

집해 서광은 "회淮는 다른 판본에는 강江으로 되어 있다."라고 했다.

【集解】 徐廣曰 淮 一作江

정의 창평昌平이다. 초楚의 회수 북쪽 땅이 모두 진秦나라로 들어갔다.

【正義】 昌平也 楚淮北之地盡入於秦

25년, 크게 군사를 일으켜 왕분에게 연나라 요동을 공격하게
해서 연나라 왕 희喜를[1] 사로잡았다. 돌아오면서 대나라를 공격
해서 대왕代王 가嘉를 포로로 잡았다. 왕전이 마침내 형나라의
강남땅을[2] 평정했다. 월越나라 군주가 항복해[3] 회계군會稽郡을
설치했다. 5월에 천하에 대연회大宴會를 베풀었다.[4]

二十五年 大興兵 使王賁將 攻燕遼東 得燕王喜[1] 還攻代 虜代王嘉
王翦遂定荊江南地[2] 降越君[3] 置會稽郡 五月 天下大酺[4]

① 燕王喜연왕희

정의 연왕燕王 희喜 53년에 연나라가 망했다.
【正義】 燕王喜之五十三年 燕亡

신주 서기전 222년의 일이다.

② 王翦遂定荊江南地왕전수정형강남지

정의 왕전이 드디어 초나라와 강남지역을 평정했으며, 월나라 군주
가 항복해서 회계군을 설치했다고 말한 것이다.
【正義】 言王翦逐平定楚及江南地 降越君 置爲會稽郡

③ 降越君항월군

【정의】 降은 '항[閑江反]'으로 발음한다. 초나라 위왕威王이 이미 월나라를 멸망시켰는데 그 나머지가 스스로 군장君長이라고 일컬었으나 지금 진秦나라에 항복했다.

【正義】 降 閑江反 楚威王已滅越 其餘自稱君長 今降秦

④ 天下大酺천하대포

【집해】 복건은 "酺는 '포蒲'로 발음한다."고 했다. 문영은 포酺란 《주례》〈족사族師〉에 "봄과 가을에 지내는 제사가 포인데, 사람과 사물에 재해를 내리는 귀신이다."라고 했다. 소림은 "진류陳留 풍속에는 3월 상사上巳(음력 3월 3일)일에 물가에서 포를 위해 음식을 올리는 것이다."라고 했다.

【集解】 服虔曰 酺音蒲 文穎曰 酺 周禮族師掌春秋祭酺 爲人物災害之神 蘇林曰 陳留俗 三月上巳水上飮食爲酺

【정의】 천하에서 기쁘게 즐기면서 크게 술을 마시는 것이다. 진秦나라에서 한韓, 조趙, 위魏, 연燕, 초楚의 5개국을 평정했다. 그래서 천하에 큰 잔치를 베풀었다.

【正義】 天下歡樂大飮酒也 秦既平韓 趙 魏 燕 楚五國 故天下大酺也

26년(서기전 221년), 제왕齊王 건建이 그 재상 후승后勝과① 함께 군사를 발병하여 그 서쪽 경계를 지키면서 진秦나라와 통교하지 않았다. 진나라에서는 장군 왕분에게 연나라의 남쪽을 따라서 제나라를 공격하게 해서 제나라 왕 건을 사로잡았다.②

二十六年 齊王建與其相后勝①發兵守其西界 不通秦 秦使將軍王賁 從燕南攻齊 得齊王建②

① 后勝후승

[정의] 勝의 발음은 '승升'이다. 제齊나라 재상의 성명이다.
【正義】 音升 齊相姓名

② 齊王建제왕건

[색은] 6개국이 모두 멸망했다. 17년에 한왕 안安을 잡았고 19년에 조왕 천遷을 잡았으며, 22년에 위왕 가假가 항복했고 23년에 형왕荊王 부추負芻를 포로로 잡았으며, 25년에 연왕 희喜를 잡았고 26년에 제왕 건建을 잡았다.
【索隱】 六國皆滅也 十七年得韓王安 十九年得趙王遷 二十二年魏王假降 二十三年虜荊王負芻 二十五年得燕王喜 二十六年得齊王建

| 정의 | 제왕 건 34년에 제나라가 멸망했다. |

【正義】 齊王建之三十四年 齊國亡

| 신주 | 제왕 건(서기전 283~서기전 221년)의 성명은 전건田建이다. 5국이 진秦과 항쟁할 때 진나라에 뇌물을 주면서 5국이 망하는 것을 수수방관하다가 끝내 자신도 망하고 말았으니 순망치한脣亡齒寒의 교훈을 몰랐다고 할 수 있다.

진왕秦王이 비로소 천하를 병합하고 승상과 어사에게 명령을① 내려 말했다.

"지난날 한왕韓王이 나라 땅과 옥새를② 바치면서 번신藩臣이③ 되기를 청했다가 얼마 후에 약속을 어기고 조나라, 위나라와 합종해서 진나라를 배반했다. 이 때문에 군사를 일으켜 주벌하고 그 왕을 포로로 잡았다. 과인은 이를 잘했다고 여기고 전쟁이 멈추기를 바랐다. 조왕이 재상인 이목李牧을 보내서 맹약하고 오게 하니 그의 인질들을④ 돌려보냈다.

秦初幷天下 令① 丞相 御史曰 異日韓王納地效璽② 請爲藩臣③ 已而 倍約 與趙 魏合從畔秦 故興兵誅之 虜其王 寡人以爲善 庶幾息兵革 趙王使其相李牧來約盟 故歸其質④子

---

① 令령

정의   슈은 '렁[力政反]'으로 발음한다. 지금의 사령赦令(사면령)으로써 사면의 글이다.

【正義】 令 力政反 乃今之赦令 赦書

② 效璽효새

정의   효效란 이르러 보는 것과 같다.

【正義】 效猶至見

③ 藩臣번신

신주   봉지를 하사 받은 제후국의 왕친 혹은 군왕을 일컫는다.

④ 質치

정의   質의 발음은 '치致'이다.

【正義】 質音致

얼마 있다가 그들도 맹약을 어기고 우리 태원 땅에서 반역을 했다. 그래서 군사들을 일으켜 주벌하고 조왕을 사로잡았다. 조공자 가嘉가 이에 스스로 나라를 세우고 대왕代王이 되었다. 그래서 군사를 일으켜 공격해 멸망시켰다. 위魏왕은 처음에 진나라에 들어와 복종하겠다고 약속했는데 얼마 있다가 한나라, 조나라와 함께 진나라를 습격하려 모의했기에 진나라 군사와 관리들이 주살하고 끝내 쳐부수었다. 형왕[초왕]은 청양靑陽의① 서쪽 땅을 바쳤는데 얼마 있다가 약속을 어기고 우리의 남군南郡을 공격했다. 이런 연고로 군사들을 일으켜 주벌하고 형왕을 사로잡아 마침내는 그 형 땅을 평정했다.

已而倍盟 反我太原 故興兵誅之 得其王 趙公子嘉乃自立爲代王 故舉兵擊滅之 魏王始約服入秦 已而與韓 趙謀襲秦 秦兵吏誅 逐破之 荊王獻靑陽①以西 已而畔約 擊我南郡 故發兵誅 得其王 遂定其荊地

① 靑陽청양

집해 《한서》〈추양전〉에는 "월나라는 장사長沙의 물을 이용해서 배로 청양靑陽에 돌아왔다."라고 했다. 장안은 "청양은 지명이다."라고 했다. 소림은 "청양은 장사현長沙縣이 이곳이다."라고 했다.

【集解】 漢書鄒陽傳曰 越水長沙 還舟靑陽 張晏曰 靑陽 地名 蘇林曰 靑陽 長沙縣是也

연왕燕王은 마음이 어둡고 어지러워져서 그의 태자 단이 몰래 형가를 시켜 나를 해치도록 하여 군사들과 관리들이 주벌하고 그의 나라도 멸망시켰다. 제왕齊王은 재상 후승后勝(황후의 족제) 의 계책을 써서 진나라의 사신을 거절하고 난을 일으키려 했기에 군사들과 관리들이 주벌하고 그 왕을 사로잡아 제나라 땅을 평정했다. 과인이 하찮은 몸으로 군사들을 일으켜 폭란을 주벌할 수 있었던 것은 종묘의 신령들이 돌보아주셨기 때문이고, 6 국의 왕들이 모두 그 죄를 인정함으로써 천하가 크게 안정되었다. 이제 명호名號를 바꾸지 않는다면 공을 이룬 것을 일컬을 수 없고 후세에 전할 수도 없을 것이다. 그대들은 제帝의 호칭을 의논하라."

燕王昏亂 其太子丹乃陰令荊軻爲賊 兵吏誅 滅其國 齊王用后勝計 絶秦使 欲爲亂 兵吏誅 虜其王 平齊地 寡人以眇眇之身 興兵誅暴亂 賴宗廟之靈 六王咸伏其辜 天下大定 今名號不更 無以稱成功 傳後 世 其議帝號

이에 승상 왕관王綰과 어사대부 풍겁馮劫과[①] 정위廷尉[②] 이사 등이 모두 말했다.

"옛날 오제五帝는 땅이 사방 천리였고 그 밖의 지역에는 후복侯服, 이복夷服 같은 제후들이 있었는데,[③] 혹은 조회에 들어오고 혹은 들어오지 않았어도 천자께서 제재하지 못했습니다. 지금 폐하께서는[④] 의로운 군사를 일으켜 잔적殘賊을 처벌하고 천하를 평정했습니다. 온 천하를 군현으로[⑤] 삼으시고 법령을 하나로 통일하셨으니 상고 이래로 일찍이 없었던 것으로 오제五帝께서도 미치지 못했던 일입니다. 신 등이 삼가 박사들과[⑥] 함께 의논했는데 '옛날에는 천황天皇, 지황地皇, 태황泰皇이[⑦] 있어 그 중 태황泰皇이 가장 존귀했다.'라고 했습니다. 신 등이 죽기를 각오하고 존호尊號를 올리니 왕은 '태황'이라고 하고 명命은 '제制'라고 하고 영令은 '조詔'라고 하고[⑧] 천자께서 자신을 칭함은 '짐朕'[⑨]이라고 하소서."

丞相綰 御史大夫劫[①] 廷尉[②]斯等皆曰 昔者五帝地方千里 其外侯服 夷服諸侯[③]或朝或否 天子不能制 今陛下[④]興義兵 誅殘賊 平定天下 海內爲郡縣[⑤] 法令由一統 自上古以來未嘗有 五帝所不及 臣等謹與 博士[⑥]議曰 古有天皇 有地皇 有泰皇[⑦] 泰皇最貴 臣等昧死上尊號 王 爲泰皇 命爲制 令爲詔[⑧] 天子自稱曰 朕[⑨]

① 承相綰御史大夫劫승상관어사대부겁

《한서》〈백관표〉에는 "어사대부는 진秦나라 관직이다."라고 했다. 응소는 "시어사를 거느리므로 대부라고 칭한다."라고 했다.

【集解】 漢書百官表曰 御史大夫 秦官 應劭曰 侍御史之率 故稱大夫也

색은 관료의 성은 왕王이고, 겁의 성은 풍馮이다.

【索隱】 綰姓王 劫姓馮

② 廷尉정위

집해 《한서》〈백관표〉에는 "정위廷尉는 진秦나라 관직이다."라고 했다. 응소는 "옥사獄事를 들으면 반드시 조정에서 질정해 모든 이와 함께 하고 병옥兵獄도 같이 제재하므로 정위廷尉라고 칭한다."고 했다.

【集解】 漢書百官表曰 廷尉 秦官 應劭曰 聽獄必質諸朝廷 與衆共之 兵獄 同制 故稱廷尉

③ 侯服夷服諸侯후복이복제후

신주 구복九服은 지방을 뜻한다. 《주례周禮》〈하관夏官 직방씨職方氏〉에 따르면, 왕기王畿는 경도京都 사방 500리이고, 후복侯服은 왕기 외방外方 500리이고, 전복甸服은 후복 외방 500리, 남복男服은 전복 외방 500리, 채복采服은 남복 외방 500리, 위복衛服은 채복 외방 500리, 만복蠻服은 위복 외방 500리, 이복夷服은 만복 외방 500리, 진복鎭服은 이복 외방 500리, 번복藩服은 진복 외방 500리이다.

④ 陛下폐하

집해 채옹은 "폐陛는 섬돌[階]이니 당堂에 오르는데 쓰인다. 천자는 반드시 근신近臣이 계단 옆에 서서 헤아리지 못하는 일이 일어날 것을 경계했다. 이를 '폐하'라고 이른 것인데, 여러 신하가 천자와 말할 때 감히 지적해 말할 수 없어서 섬돌 아래 있는 자를 불러서 말했는데, 낮은 자가 존귀한 자에게 진달한다는 뜻이다. 글을 올리는 것 또한 이와 같다."라고 했다.

【集解】 蔡邕曰 陛 階也 所由升堂也 天子必有近臣立於陛側 以戒不虞 謂之陛下者 羣臣與天子言 不敢指斥 故呼在陛下者與之言 因卑達尊之意也 上書亦如之

⑤ 郡縣군현

정의 군郡은 사람들이 무리지어 있는 곳이다.

【正義】 郡 人所羣聚也

⑥ 博士박사

집해 《한서》〈백관표〉에 이르기를 "박사는 진秦나라의 관직이고 고금古今에 통하는 일을 관장한다."고 했다.

【集解】 漢書百官表曰 博士 秦官 掌通古今

⑦ 古有天皇有地皇有泰皇고유천황유지황유태황

상고해보니 천황과 지황 아래를 곧 태황이라고 이르니 인황人皇이 이에 해당한다. 그러나 〈봉선서〉에는 "옛날 태제太帝가 소녀素女를 시켜 비파를 타게 했는데 슬펐다."고 했다. 대개 삼황三皇을 이전에는 태황泰皇이라고 일컬었다. 일설에 태황泰皇은 태호太昊라고 했다.

【索隱】 按 天皇 地皇之下卽云泰皇 當人皇也 而封禪書云 昔者太帝使素女鼓瑟而悲 蓋三皇已前稱泰皇 一云泰皇 太昊也

⑧ 命爲制令爲詔명위제령위조

집해 채옹은 "제서制書는 제왕이 법규를 제정制度하는 명命으로 그 문文(글)을 '제制'라고 한다. 조詔는 조서이다. 조는 고하는 것이다."라고 했다.

【集解】 蔡邕曰 制書 帝者制度之命也 其文曰 制 詔 詔書 詔 告也

정의 令은 '령[力政反]'으로 발음한다. 제조制詔란 삼대三代(夏, 殷, 周)에는 없던 글로써 진나라 때 시작되었다.

【正義】 令音力政反 制詔三代無文 秦始有之

⑨ 朕짐

집해 채옹은 "짐朕은 '나'다. 옛날에 상하上下가 함께 짐이라고 일컬으면서 귀하고 천하고 간에 꺼리지 않았으니 곧 모두 부를 수 있는 것이었다. 고요皐陶가 순舜과 함께 말할 때 짐의 말은 순리이니 실행해 볼 수 있다."고 했다. 굴원屈原이 말하기를 "짐의 황고皇考(돌아가신 아버지)라고 했다. 진秦나라에 이르러 천자가 혼자 사용하는 칭호가 되었다. 한漢나라도 이를 따르고 바꾸지 않았다."고 했다.

【集解】 蔡邕曰 朕 我也 古者上下共稱之 貴賤不嫌 則可以同號之義也 皋陶與舜言 朕言惠 可底行 屈原曰 朕皇考 至秦 然後天子獨以爲稱 漢因而不改

진왕이 말했다.

"태泰자를 버리고① 황皇자만을 드러내고 상고上古의 '제帝'자를 채택해서 위호位號로 '황제'라고 부르고, 다른 것들은 그대들이 의논한대로 하라."

그래서 관리가 제制를 만들어 올리자 "가可하다."②라고 하며 장양왕莊襄王을 추존해 태상황太上皇으로③ 삼고 제制를 내려서 말했다.

"짐이 듣기에 상고에는 호號는 있었지만 시호는 없었고 중고中古에는 호가 있었는데 죽으면 그 행적으로 시호를 만들었다고 했다. 이와 같이 하면 아들이 아버지를 의논하고 신하가 군주를 의논하는 것으로 참으로 일컬을 것이 없으니 짐은 취하지 않겠노라. 지금부터는 시호법을④ 없애겠노라. 짐을 시황제라고 하라. 후세들은 그 수로써 계산해 2세, 3세로부터 만세萬世에 이르도록 전하는데 다함이 없게 하라."

王曰 去①泰 著皇 采上古帝位號 號曰皇帝 他如議 制曰可② 追尊莊襄王爲太上皇③ 制曰 朕聞太古有號毋謐 中古有號 死而以行爲謐 如此 則子議父 臣議君也 甚無謂 朕弗取焉 自今已來 除謐法④ 朕爲始皇帝 後世以計數 二世三世至于萬世 傳之無窮

① 去거

| 정의 | 去는 '겨[丘呂反]'로 발음한다. |

【正義】 去音丘呂反

② 可가

| 집해 | 채옹이 이르기를 "여러 신하가 아뢸 바가 있으면 상서령尙書令 (관직)에게 청해서 아뢰게 하는데 유사有司(담당 관리)에게 내리는 것을 '제制'라고 하고 천자가 답하는 것을 '가可'라고 한다."고 했다. |

【集解】 蔡邕曰 羣臣有所奏 請尚書令奏之 下有司曰 制 天子答之曰 可

③ 太上皇태상황

| 집해 | 한고조가 아버지를 높여서 '태상황'이라고 한 것도 이를 본받은 것이다. |

【集解】 漢高祖尊父曰太上皇 亦放此也

④ 諡法시법

| 집해 | 시법은 주공周公 단旦이 만든 것이다. |

【集解】 諡法 周公所作

시황은 오덕五德(木, 金, 火, 水, 土)이 끝마치고 시작하는 순서를 헤아려서① 주나라는 화덕火德으로 나라를 얻었는데 진秦나라는 주나라의 덕을 대신했으니 주나라가 이기지 못하는 바를 따라야 한다고 여겼다.② 지금부터는 수덕水德의 시작이니③ 해의 시작도 바꾸어 조정의 하례식도 모두 10월 초하루부터 하게 했다.④ 의복이나 깃발이나 부절符節의 기도⑤ 모두 흑색黑色을⑥ 숭상했다. 숫자는 6을 법도로 삼아서 부절이나 법관法冠도 모두 6치로 했으며 수레는 6척으로 하고 여섯 자로 1보를 삼고 6마六馬를 타게 했다.⑦

始皇推終始五德之傳① 以爲周得火德 秦代周德 從所不勝② 方今水德之始③ 改年始 朝賀皆自十月朔④ 衣服旄旌節旗⑤皆上黑⑥ 數以六爲紀 符 法冠皆六寸 而輿六尺 六尺爲步 乘六馬⑦

① 終始五德之傳종시오덕지전

집해 정현은 "傳을 '정亭'으로 발음한다."고 했다.

【集解】 鄭玄曰 音亭傳

색은 '전[張戀反]'으로 발음한다. 전傳은 차례이다. 오행五行의 덕이 끝마치고 시작하는 것이 서로 차례가 있다고 이른 것이다. 《한서》〈교사지郊祀志〉에는 '제齊나라 사람 추연鄒衍의 무리들이 《종시오덕終始五德

진나라 영역

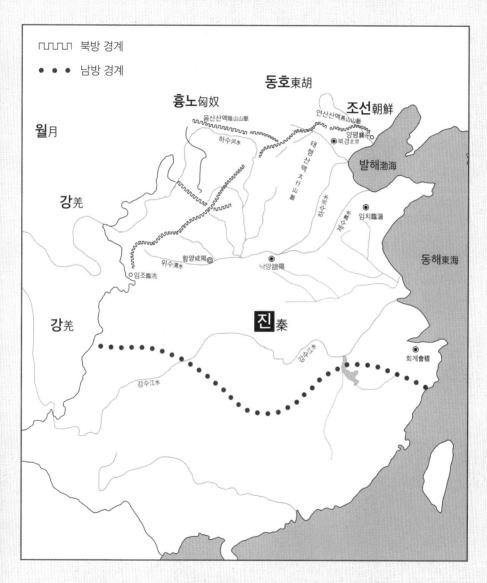

【참고문헌】

司馬遷,《史記》〈秦始皇本紀〉

의 운행》을 저술했는데 시황이 채용했다'고 했다.

【索隱】 音張戀反 傳 次也 謂五行之德始終相次也 漢書郊祀志曰 齊人鄒
子之徒論著終始五德之運 始皇采用

② 周得火德秦代周德從所不勝주득화덕진대주덕종소불승

[정의] 勝은 '승[申證反]'으로 발음한다. 진秦나라는 주나라를 화덕으
로 삼았다. 화火를 없애는 것은 수水이니 이에 따라서 진나라를 이길
수 없다고 일컬은 것이다.

【正義】 勝 申證反 秦以周爲火德 能滅火者水也 故稱從其所不勝於秦

③ 水德之始수덕지시

[색은] 〈봉선서〉에는 진 문공秦文公이 흑룡黑龍을 얻고 수서水瑞(물의
상서로움)로 삼았는데 진시황제가 이를 따라서 스스로 수덕이라고 이른
것이다.

【索隱】 封禪書曰 秦文公獲黑龍 以爲水瑞 秦始皇帝因自謂爲水德也

④ 十月朔시월삭

[정의] 주나라는 자월子月(음력 12월)을 세워서 정월을 삼았고 진나라
에서는 해월亥月(음력 10월)을 세워서 정월을 삼았다. 그래서 그 해의 시
작을 10월로 사용하고 조정에서 하례했다.

【正義】 周以建子之月爲正 秦以建亥之月爲正 故其年始用十月而朝賀

⑤ 衣服旄旌節旗의복모정절기

정의 旌의 발음은 '정精'이고, 旄는 '모毛'로, 旗는 '기其'로 발음한다. 《주례》에는 "깃을 나누어 정旌(깃발)으로 만들고 곰과 호랑이를 그린 기를 만들었다."고 했다. 모절旄節은 털을 엮어서 만들고 대나무의 마디를 본떴는데 《한서》에 이르기를 "소무蘇武가 절節을 가지고 흉노에 있으면서 양을 길러 절節의 털이 다 떨어졌다."고 한 것이 이것이다. 위소韋昭는 "절節이란 산국山國에서는 인절人節을 사용하고 택국澤國에서는 용절龍節을 사용하는데 모두 금金으로 만들었다. 도로에는 정절을 사용하고 문관門關에는 부절을 사용하고 도비都鄙(서울과 시골)에도 부절符節을 사용하는데 모두 대나무로 만들었다."고 했다.

【正義】 旌音精 旄音毛 旗音其 周禮云 析羽爲旌 熊虎爲旗 旄節者 編毛爲之 以象竹節 漢書云 蘇武執節在匈奴牧羊 節毛盡落 是也 韋昭云 節者 山國用人節 澤國用龍節 皆以金爲之 道路以旌節 門關用符節 都鄙用管節 皆用竹爲之

⑥ 黑흑

정의 흑은 수덕으로 북방에 소속된 것이다. 그래서 흑黑을 숭상했다.
【正義】 以水德屬北方 故上黑

신주 〈봉선서〉에 "황제黃帝씨는 오행 중에 토덕土德을 얻어 황룡과 큰 지렁이가 나타났고, 하夏나라는 목덕木德을 얻어 청룡靑龍이 교외에 머물고 초목이 무성하였다. 은殷나라는 금덕金德을 얻어 산 속에서 은이 흘러나왔으며, 주나라는 화덕火德을 얻어 적색 까마귀의 상서로운 조짐이 있었다. 지금 진나라가 주나라의 천하를 변혁하였으니 수덕을 얻은 시기다. 옛날 진문공秦文公이 사냥을 나갔다가 일찍이 한 마리의 흑룡黑龍을 얻었는데, 이것이 바로 수덕의 상서로움이다."라고 하여 때가 수덕에 이르렀음을 말하고 수덕의 상징으로 흑룡, 방향으로는 북쪽, 빛으로는 흑색, 숫자로는 6을 나타내었다.

⑦ 數以六爲紀~乘六馬수이육위기~승육마

집해 장안은 "수水는 북방이다. 흑黑은 끝수가 6이다. 그래서 6치로 부符를 만들고 6척으로 1보를 삼았다."고 했다. 신찬은 "수水의 수는 6이다. 그래서 6으로써 명칭을 만들었다."고 했다. 초주譙周는 "보步는 사람의 발로써 수치를 삼는 것이지 유독 진秦나라 제도만이 그런 것은 아니었다."고 했다.

【集解】 張晏曰 水 北方 黑 終數六 故以六寸爲符 六尺爲步 瓚曰 水數六 故以六爲名 譙周曰 步以人足爲數 非獨秦制然

색은 《관자》와 《사마법》에는 모두 6척으로 1보를 삼았다. 초주는 보步는 사람의 발로써 하는 것인데 유독 진나라의 제도만은 아니었다고 했다. 또 상고해보니 《예기》〈왕제〉 편에는 "옛날에는 8척으로 1보

를 삼았다. 지금 주나라의 자는 6척 4치를 보로 삼았으니 보의 자수는
또한 동일하지 않다."고 했다.

【索隱】 管子司馬法皆云六尺爲步 譙周以爲步以人足 非獨秦制 又按 禮記
王制曰 古者八尺爲步 今以周尺六尺四寸爲步 步之尺數亦不同

하수河水(황하)의 이름을 다시 고쳐 덕수德水라 하고 수덕의 시
작으로 삼았다. 강하고 굳세며 세차고 깊이 있게 모든 일을 법
으로 결정했는데, 엄혹하게[1] 법을 집행해서 인자함과 은혜와 화
의和義 따위를 없게 한 후에야 오덕五德의 수와 합치한다고 여겼
다.[2] 이에 법을 엄하게 하여 법을 어긴 자는 오래도록 사면하지 않
았다.

更名河曰德水 以爲水德之始 剛毅戾深 事皆決於法 刻削[1]毋仁恩和
義 然後合五德之數[2] 於是急法 久者不赦

① 刻削각삭

신주 '꾸짖고 모질게 한다.'는 뜻으로 법을 엄혹하게 집행함을 말한다.

② 合五德之數합오덕지수

색은 수水는 음陰을 주관하는데 음은 형살刑殺이다. 그래서 가혹한

법으로 심하게 하는 것이 오덕의 수에 합해진다고 여겼다.

【索隱】 水主陰 陰刑殺 故急法刻削 以合五德之數

승상 왕관 등이 말했다.

"제후들을 처음으로 무너뜨렸지만 연, 제, 형[초]나라 땅은 멀어서 왕을 두지 않게 되면 진정시킬 수가 없습니다. 여러 아들들을 세울 것을 청하오니 허락해 주시면 다행이겠습니다."

시황이 그 논의를 여러 신하들에게 내려 보내자 여러 신하들이 모두 편리할 것이라고 여겼다.

丞相綰等言 諸侯初破 燕 齊 荊地遠 不爲置王 毋以塡之 請立諸子
唯上幸許 始皇下其議於羣臣 羣臣皆以爲便

정위廷尉 이사가 의논해서 말했다.

"주나라의 문왕과 무왕은 자제들과 동성同姓을 봉한 바가 매우 많았습니다. 그러나 뒤에는 친족들이 소원해지니 서로 공격하는 것이 원수와 같았습니다. 또한 제후들이 번갈아 서로 주벌하는데도 주나라 천자는 금지시킬 수 없었습니다. 이제 온 천하는 폐하의 신령함에 힘입어 하나로 통일되어 모두 군현이 되었으니, 여러 아들이나 공신들에게 공적인 부세賦稅로 두터운 상을 내리시면 매우 만족할 것이고 다스리기도 쉬울 것입니다. 천하에 다른 뜻이 없게 하는 것이 곧 안녕하는 술책입니다. 제후들을 두면 편안하지 못할 것입니다."

시황이 말했다.

"천하가 함께 고통을 겪은 것은 전쟁이 끊이지 않아서였는데 그것은 제후나 왕이 있었기 때문이다. 종묘의 힘을 입어 천하가 비로소 평정되었지만 또다시 국가의 기강을 세우고 병진兵陣을 두어야 하니 그 안녕과 휴식을 구하는 것이 어찌 어렵지 않겠는가? 정위의 의논이 옳다."

廷尉李斯議曰 周文武所封子弟同姓甚衆 然後屬疏遠 相攻擊如仇讎 諸侯更相誅伐 周天子弗能禁止 今海內賴陛下神靈一統 皆爲郡縣 諸子功臣以公賦稅重賞賜之 甚足易制 天下無異意 則安寧之術也 置諸侯不便 始皇曰 天下共苦戰鬪不休 以有侯王 賴宗廟 天下初定 又復立國 是樹兵也 而求其寧息 豈不難哉 廷尉議是

36군으로 나누고
고조선과 국경을 맞대다

천하를 나누어 36개 군으로① 만들어서 군에는 수守, 위尉, 감監의② 직책을 두었다. 백성을 이름하는 말로 '검수黔首'라고③ 바꾸었다. 크게 연회를 베풀었다.

分天下以爲三十六郡① 郡置守 尉 監② 更名民曰 黔首③ 大酺

① 三十六郡삼십육군

集解 36군이란 삼천三川, 하동河東, 남양南陽, 남군南郡, 구강九江, 장군鄣郡, 회계會稽, 영천潁川, 탕군碭郡, 사수泗水, 설군薛郡, 동군東郡, 낭야琅邪, 제군齊郡, 상곡上谷, 어양漁陽, 우북평右北平, 요서遼西, 요동遼東, 대군代郡, 거록鉅鹿, 한단邯鄲, 상당上黨, 태원太原, 운중雲中, 구원九原, 안문雁門, 상군上郡, 농서隴西, 북지北地, 한중漢中, 파군巴郡, 촉군

蜀郡, 검중黔中, 장사長沙 총 35군과 내사內史를 같이하여 36개 군이 되었다.

【集解】 三十六郡者 三川 河東 南陽 南郡 九江 鄣郡 會稽 潁川 碭郡 泗水 薛郡 東郡 琅邪 齊郡 上谷 漁陽 右北平 遼西 遼東 代郡 鉅鹿 邯鄲 上黨 太原 雲中 九原 鴈門 上郡 隴西 北地 漢中 巴郡 蜀郡 黔中 長沙凡三十五 與內史爲三十六郡

정의 《풍속통風俗通》에는 "주나라는 천자가 사방 1,000리를 나누어 100개의 현縣으로 만들고 현에는 4개의 군을 두었다. 그래서 《좌전》에는 상대부는 현을 받고 하대부는 군郡을 받는다고 했다. 진시황이 처음에 36개 군을 설치하고 현을 감독하게 했다."고 했다.

【正義】 風俗通云 周制天子方千里 分爲百縣 縣有四郡 故左傳云上大夫受縣 下大夫受郡 秦始皇初置三十六郡以監縣也

② 守尉監수위감

집해 《한서》〈백관표〉에는 "진秦의 군수郡守는 그 군을 다스려 관장한다. 승丞과 위尉를 두어 군수를 받들어 보좌하고 무직武職과 갑졸甲卒을 관장한다. 감어사監御史는 군郡을 감독하는 것을 관장한다."고 했다.

【集解】 漢書百官表曰 秦郡守掌治其郡 有丞 尉 掌佐守典武職甲卒 監御史掌監郡

③ 黔首검수

천하의 병장기를① 거두어 함양에 그것을 모아놓고 녹여서 종거
鍾鐻와 금인金人(銅人) 12개를 만들었다.② 무게가 각각 1,000석
이었으며 이를 궁 안의 뜰에 설치했다. 법도와 형석衡石(무게의 단
위)과 장척丈尺(길이의 단위)을 하나로 통일했다.④ 수레의 궤폭軌幅
도 통일시켰다.⑤ 서체와 문자도 같게 했다.⑥

收天下兵① 聚之咸陽 銷以爲鍾鐻 金人十二② 重各千石③ 置廷宮中
一法度衡石丈尺④ 車同軌⑤ 書同文字⑥

---

① 兵병

② 收天下兵~金人十二수천하병~금인십이

신주 　진시황이 병장기를 거두어 거대한 종거와 금인을 주조한 것은

㉠ 거대한 상징물을 세움으로써 힘이 강함을 보여주기 위한 것이었고
㉡ 제후국의 병장기를 거두어 없앰으로써 반란의 소지를 제거하기 위함이었다.

③ 金人十二重各千石금인십이중각천석

색은 상고해보니 진시황 26년에 장인長人(거인)이 임조臨洮에 나타난 일이 있었다. 그래서 병기를 녹여서 그 형상을 주조했다. 사승謝承의 《후한서》에는 "동인銅人은 옹중翁仲(무덤 앞 등에 세우는 형상)이고 옹중은 그의 이름이다."라고 했다. 《삼보구사三輔舊事》에는 "동인 12개는 각각 무게가 34만근이었다. 한漢나라 때 장락궁長樂宮 문 앞에 있었다."고 했다. 동탁董卓이 그중 10개를 파괴하여 돈을 만들어서 나머지 2개만 남았다. 석계룡石季龍이 업鄴으로 옮겼고 부견苻堅이 또 장안으로 옮겨서 녹였다.

【索隱】 按 二十六年 有長人見于臨洮 故銷兵器 鑄而象之 謝承後漢書 銅人 翁仲 翁仲其名也 三輔舊事 銅人十二 各重三十四萬斤 漢代在長樂宮門前 董卓壞其十爲錢 餘二猶在 石季龍徙之鄴 苻堅又徙長安而銷之也

정의 《한서》〈오행지〉에는 "26년에 대인大人이 있었는데 키는 5장五丈(50자)에 발의 신은 6척으로 모두 이적夷狄의 옷을 입었는데 모두 12인이 임조에 나타났다. 그래서 병기를 녹여서 그 형상을 본떠 주조했다."고 했다. 사승의 《후한서》에는 "동인은 옹중이며 그의 이름이다."라고 했다. 《삼보구사》에는 "천하의 병기를 모아 동인 12개를 주조했는데

각각 무게는 24만근이었다. 한漢나라 때에는 장락궁 문에 있었다."고 했다.《삼국지 위지》〈동탁전董卓傳〉에는 "쇠뭉치로 동인 10개와 종거를 부수어 소전小錢을 주조했다."고 했다.《관중기關中記》에는 "동탁이 동인을 부수고 나머지 2개는 청문淸門 안으로 옮겼다. 위명제魏明帝 때 장차 낙洛으로 이르게 하려고 실어서 패성霸城에 도착했으나 무거워서 옮길 수 없었다. 뒤에 석계룡이 업으로 옮겼고 부견이 또 장안으로 옮겨 들여와서 녹였다."고 했다.《영웅기》에는 "옛날 대인이 임조에 나타나자 동인을 주조했는데 동탁 때 이르러서 동인이 훼손되었다."고 했다.

【正義】 漢書五行志云 二十六年 有大人長五丈 足履六尺 皆夷狄服 凡十二人 見于臨洮 故銷兵器 鑄而象之 謝承後漢書云 銅人 翁仲其名也 三輔舊事云 聚天下兵器 鑄銅人十二 各重二十四萬斤 漢世在長樂宮門 魏志董卓傳云 椎破銅人十及鍾鐻 以鑄小錢 關中記云 董卓壞銅人 餘二枚 徙清門裏 魏明帝欲將詣洛 載到霸城 重不可致 後石季龍徙之鄴 苻堅又徙入長安而銷之 英雄記云 昔大人見臨洮而銅人鑄 至董卓而銅人毀也

④ 一法度衡石丈尺일법도형석장척

신주 시황은 진나라 효공 18년에 상앙商鞅이 제정한 상앙량을 표준으로 삼아 도량형을 통일했다. 그런데 상앙이 만든 방승기方升器에 "제나라 경대부가 만들었다."는 기록이 있어 시황이 통일한 도량형도 6치를 한 자, 6자를 1보로 하여 수水에 해당되는 숫자 6으로 정한 것 외에는 제나라의 도량형과 큰 차이가 없을 것으로 추측된다. 그의 도량형 통일은 기록으로만 전해오다 1973년 진시황릉에서 대철권大鐵權, 24

근권二十四斤權, 20근권 등의 진권秦權이 발견됨으로써 그 기록이 사실로 입증되었다. 특히 조서철권에는 '28년 황제께서 모두 병합하여[皇帝盡幷] 천하의 제후들을 아우르니[兼天下諸侯] 백성들이 크게 안정되었다.[黔首大安] …… 도량형이 일정하지 않아[法度量則不壹歉] 정해지지 않은 것은 모두 명료하게 하나로 정해 놓았다.[疑者皆明壹之]'고 하여 도량형을 통일한 의도를 알 수 있다.

⑤ 車同軌거동궤

신주 모든 수레의 양 바퀴 사이를 6척으로 일치시켰음을 이르는 것이다.

⑥ 書同文字서동문자

신주 전국 시대에는 각국마다 문자가 같지 않아서 대전大篆, 고문古文, 소전小篆, 예서隷書 등을 섞어 썼다. 선진역사문학연구가인 양관楊寬(1914~2005)은 각석刻石에 소전, 공문서에 예서를 사용하도록 통일했다고 보았다.

진秦나라의 영토는 동쪽으로 바다에 이르러 조선朝鮮에 닿았고,[①]
서쪽으로 임조와 강중羌中에 이르렀으며,[②] 남쪽으로 북향호北嚮
戶에 이르렀고,[③] 북쪽으로 하수河水(황하)에 의지해 요새로 삼고
음산陰山과 나란히 하여 요동까지 이르렀다.[④]
地東至海暨朝鮮[①] 西至臨洮 羌中[②] 南至北嚮戶[③] 北據河爲塞 並陰
山至遼東[④]

① 海暨朝鮮해기조선

정의 暨는 발음이 '기[其記反]'이다. 朝는 발음이 '조潮'이다. '鮮'은
발음이 '선仙'이다. 해海는 발해의 남쪽에서 양주揚州, 소주蘇州, 태주台
州 등지에 이르는 동해東海이다. 기暨는 '급及(미치다)'의 뜻이다. 동북東
北은 조선국朝鮮國이다. 《괄지지》에는 "고려高驪(고구려)는 평양성平壤城
에서 다스렸는데 본래 한漢의 낙랑군樂浪郡 왕검성王險城으로서 곧 옛
조선朝鮮이다."라고 했다.

【正義】 暨 其記反 朝音潮 鮮音仙 海謂渤海南至揚 蘇 台等州之東海也 暨
及也 東北朝鮮國 括地志云 高驪治平壤城 本漢樂浪郡王險城 卽古朝鮮也

신주 진나라가 고조선과 강역을 맞대고 있었다는 뜻이다. 현재의 발
해는 산동 반도 위쪽에서 하북성 아래쪽의 바다를 뜻한다. 중국인들에
게 동북東北은 현재의 북경 동북쪽을 뜻한다. 진나라가 만리장성을 쌓

진개 침입 이후 연장성과 행정구역

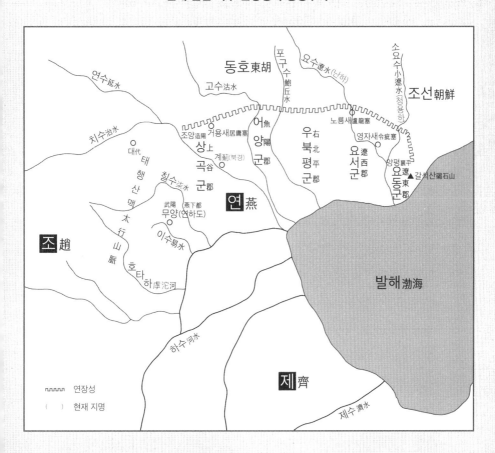

【참고문헌】

譚其驤,《中國歷史地圖集》, 1982, 中國社會科學院

司馬遷,《史記》〈秦始皇本紀〉〈孝武本紀〉〈貨殖列傳〉〈蘇秦列傳〉〈匈奴列傳〉〈蒙恬列傳〉

班固,《漢書》〈地理志〉〈張陳王周傳〉

桓寬,《鹽鐵論》〈險固〉

劉向,《戰國策》〈燕策〉

劉向,《說苑》〈辨物〉

劉安,《淮南子》〈人間訓〉

房玄齡等,《晉書》〈唐彬列傳〉

酈道元,《水經注》〈河水〉

范曄,《後漢書》〈袁紹劉表列傳註釋〉

은 곳이 바로 고조선과 진나라의 국경이다. 현재 만리장성은 하북성 진황도秦皇島시 산해관山海關까지인데 명나라 때 쌓은 것으로 이것이 만리장성이 가장 동쪽까지 진출한 것이다. 1910년 이나바 이와키치[稻葉岩吉]가 만리장성의 동쪽 끝이 황해도 수안이라고 처음 만리장성의 동쪽 끝을 한반도 안으로 끌어들였고 중국의 왕국유王國維가 1930년대 장성이 평양까지 왔다고 동조했는데, 한국의 이병도가 이나바 이와키치의 설을 받아들여 만리장성을 한반도 안까지 끌어들였다. 그러나 이나바 이와키치 이전에 중국의 그 어느 학자도 만리장성이 한반도 안까지 들어왔다고 본 학자는 없었다. 위《정의》에 나오는 평양성은 장수왕 15년(427년)에 천도한 평양성이 아니라 동천왕 21년(247)에 천도한 만주의 평양성이다. 《삼국사기》,〈고구려본기〉동천왕 21년 조에 "봄 2월에 왕은 환도성에서 전란을 겪었는데, 다시 도읍으로 삼을 수는 없다고 해서 평양성을 쌓고 백성들과 종묘와 사직을 옮겼다. 평양성은 본래 선인仙人 왕검王儉의 땅이다. 혹은 (동천)왕이 왕험성에 도읍했다고 말했다."라고 기록하고 있다.

6세기 때 인물인 북위의 역도원酈道元이 3세기 동천왕 때 천도한 평양의 위치를 잘못 이해하는 바람에 많은 혼선이 생겼다.《수경》원문은 '패수는 동쪽으로 흘러 바다로 들어간다.'고 되어 있는데 역도원은《수경주》에서 '패수는 서쪽으로 흘러 바다로 들어간다.'고 방위를 거꾸로 적었다. 고조선과 한나라의 국경이었던 패수는 대동강이나 청천강, 압록강 등 한반도 내의 강들이 아니라 하북성 일대에 있던 강이다.

② 臨洮羌中임조강중

정의 洮는 '토[吐高反]'로 발음한다. 《괄지지》에는 '임조군臨洮郡은 곧 지금의 조주洮州로서 또 옛날 서강西羌의 땅이며 경京(수도) 서쪽 1,551리의 강羌 안에 있다. 임조 서남쪽을 따라 방주芳州 부송부扶松府 서쪽까지 아울러 옛날 여러 강의 땅이었다.'라고 했다.

【正義】 洮 吐高反 括地志云 臨洮郡卽今洮州 亦古西羌之地 在京西 千五百五十一里羌中 從臨洮西南芳州扶松府以西 並古諸羌地也

신주 지금의 감숙성 민현岷縣이다.

③ 南至北嚮戶남지북향호

집해 《오도부吳都賦》에는 '북호北戶를 열어서 태양을 향한다.'고 했다. 유규는 "해의 남쪽[日南]을 북호北戶라고 하는데, 해의 북쪽[日北]을 남호南戶라고 하는 것과 같다."고 했다.

【集解】 吳都賦曰 開北戶以向日 劉逵曰 日南之北戶 猶日北之南戶也

신주 지금 중국에서는 광동, 광서성의 남부 지구를 뜻하는 것으로 본다. 그 지역들이 북회귀선 남쪽에 있어서 문이 자주 북쪽으로 열리는 것을 뜻한다고 보는 것이다.

④ 北據河爲塞並陰山至遼東북거하위새병음산지요동

집해 〈지리지〉에는 "서하西河에 음산현陰山縣이 있다."고 했다.

【集解】 地理志西河有陰山縣

정의　塞는 '새[先代反]'로, 並은 '방[白浪反]'으로 발음한다. 영주靈州, 하주夏州, 승주勝州 등의 북쪽이 황하黃河이다. 음산은 삭주朔州 북쪽 요새 밖에 있다. 황하 곁의 음산을 따라서 동쪽으로 요동까지 이르러 장성을 쌓아서 북쪽 경계로 삼았다.

【正義】 塞 先代反 並 白浪反 謂靈 夏 勝等州之北黃河 陰山在朔州北塞外 從河傍陰山 東至遼東 築長城爲北界

신주　진나라와 고조선의 국경이 고대 요동이었음을 말해주는 것이다. 현재의 요동은 요양遼陽시를 끼고 흐르는 요하遼河 동쪽을 말하지만 진한秦漢 시대의 요동은 하북성 일대에 있었다.《사기》〈몽염열전〉에는 "시황제 26년 장성을 쌓았는데, 지형에 따라 험난한 곳을 이용해서 성채를 쌓아 임조에서 시작해서 요동까지 이르렀는데 길이가 만리였다[築長城, 因地形, 用制險塞, 起臨洮, 至遼東, 延袤萬餘里]"고 기록하고 있다. 진시황이 중원을 통일한 해에 쌓은 장성의 동북쪽 끝이 요동이라는 뜻이다. 임조는 현재의 감숙성甘肅省 정서시定西市의 민현을 뜻한다. 현재의 요하 동쪽을 뜻하는 현재의 요동을 기준으로 삼아도 만리장성의 동북쪽 끝을 황해도 수안이나 평양이라는 한중일 학계 일부의 주장은 논거를 잃는다.《수경주》〈하수주〉에는 "진시황이 태자 부소와 몽염에게 장성을 쌓게 했는데 임조에서 시작해서 갈석까지 이르렀다[始皇令太子扶蘇與蒙恬築長城起自臨洮至于碣石]"고 기록하고 있다.《사기》의 요동이《수경주》에는 갈석으로 기록되어 있어서 고대의 요동은 갈석산 일대였음을 알 수 있다. 이때의 갈석산은 현재의 하북성 창려昌黎 북부에 있었다. 갈석이 산동성 빈주濱州시 무체無棣현의 갈석산이란 주장도 있는데 이 경우 고조선 강역은 산동반도까지 이른다. 한漢나라 유안劉安이 기록한 《회남자》〈시칙훈時則訓〉에는 "동방의 끝은 갈석산에서부터 조선을 지나[東方之極, 自碣石過朝鮮]"라고 기록하고 있어서 한나라와 고조선의 국경이 갈석산이었음을 명백하게 하고 있다. 이는 한나라가 위만조선을 무너뜨리고 세운 한사군漢四郡 역시 한반도 북부가 아니라 갈석산 부근에 있었음을 시사하고 있는 것이다.

천하의 거부 12만 호를 함양으로 옮기게 했다. 여러 제묘祭廟, 장대章臺와 상림원上林苑을 모두 위수渭水 남쪽에 두게 했다.①
진秦나라는 제후들을 쳐부술 때마다 그 궁실들을 본떠서 함양 북쪽 언덕 위에 지었는데② 남쪽으로는 위수에 다다랐고 옹문雍 門으로부터③ 동쪽으로 경수涇水와 위수에 이르기까지 궁전의 건물을 복도複道와 둥글게 에워싼 주각周閣으로 서로 연결시켰다.④ 또 제후들의 미인과 악기 종고鐘鼓를 빼앗아서 그것을 들여 채웠다.⑤

徙天下豪富於咸陽十二萬戶 諸廟及章臺 上林皆在渭南① 秦每破諸 侯 寫放其宮室 作之咸陽北阪上② 南臨渭 自雍門③以東至涇 渭 殿屋 複道周閣相屬④ 所得諸侯美人鍾鼓 以充入之⑤

① 諸廟及章臺上林皆在渭南제묘급장대상림개재위남

신주 제묘는 진나라 여러 선왕의 사당을 뜻하고, 장대는 진나라의 궁 이름인데 한나라 장안성 안의 미앙궁 앞 전전殿에 유지遺址가 있었다고 한다. 진 황실의 수렵원인 상림은 함양성의 남쪽에 있었는데 넓이가 몇 개현에 달했다.

② 咸陽北阪上함양북판상

집해 서광은 "장안의 서북쪽에 있는데 한무제漢武帝 때 별명이 위성渭城이었다."라고 했다.
【集解】 徐廣曰 在長安西北 漢武時別名渭城

정의 지금의 함양현咸陽縣의 북쪽 판상阪上이다.
【正義】 今咸陽縣北阪上

③ 雍門옹문

집해 서광은 "고릉현高陵縣에 있다."고 했다.
【集解】 徐廣曰 在高陵縣

정의 지금의 기주岐州 옹현雍縣의 동쪽이다.
【正義】 今岐州雍縣東

④ 涇渭殿屋複道周閣相屬경위전옥복도주각상촉

정의 複은 '복福'으로 발음한다. 屬은 '촉[之欲反]'으로 발음한다. 《묘기廟記》에는 "북쪽으로 구종九嵏과 감천甘泉에 이르고, 남쪽으로 장양長楊과 오작五柞에 이르고, 동쪽으로는 하수河水에 이르고, 서쪽으로는 견수汧水와 위수渭水가 교차하는 곳에 이르러 동서가 800리인데, 이궁離宮과 별관別館이 서로 바라보게 연결시켰다. 나무에는 비단옷을 입히고 흙에는 붉은 자줏빛을 입혀 궁인宮人은 옮기지 않았다. 한 해가 다하도록 돌아가는 것을 잊었지만 다 돌아보지 못했다."라고 했다.

【正義】 複音福 屬 之欲反 廟記云 北至九嵏 甘泉 南至長楊 五柞 東至河 西至汧渭之交 東西八百里 離宮別館相望屬也 木衣綈繡 土被朱紫 宮人不徙 窮年忘歸 猶不能遍也

⑤ 諸侯美人鍾鼓以充入之제후미인종고이충입지

정의 《삼보구사三輔舊事》에는 "시황제는 하수河水를 진秦나라 동문의 표지로 삼고, 견수를 진나라 서문의 표지로 삼고, 중외中外의 전각은 145를 바라보는 것으로 표지를 삼았는데, 후궁後宮으로 늘어놓은 여인이 1만여 명으로써 기상氣上이 하늘까지 뻗쳐 있었다."고 했다.

【正義】 三輔舊事云 始皇表河以爲秦東門 表汧以爲秦西門 表中外殿觀 百四十五 後宮列女萬餘人 氣上衝于天

27년, 시황이 농서隴西와 북지北地를① 순시하고 계두산雞頭山으로② 나가 회중回中을③ 지나갔다. 이에 위수의 남쪽에 신궁信宮을 짓고 얼마 후에는 신궁을 극묘極廟로 고쳐 '천극天極(북극성)'을 상징한다고 했다.④ 극묘로부터 길을 여산酈山까지 통하게 하고 감천궁의 전전前殿을⑤ 짓게 했다. 또 용도甬道를 쌓아⑥ 함양까지 연결시켰다. 이 해에 작위 1계급씩을 하사했다. 치도馳道를⑦ 닦게 했다.

二十七年 始皇巡隴西 北地① 出雞頭山② 過回中③ 焉作信宮渭南 已更命信宮爲極廟 象天極④ 自極廟道通酈山 作甘泉前殿⑤ 築甬道⑥ 自咸陽屬之 是歲 賜爵一級 治馳道⑦

① 隴西北地농서북지

[정의] 농서는 지금의 농우隴右이다. 북지는 지금의 영주寧州이다.
【正義】 隴西 今隴右 北地 今寧州也

② 雞頭山계두산

[정의] 《괄지지》에는 "계두산雞頭山은 성주成州 상록현上祿縣 동북쪽 20리에 있는데 경사京師(서울) 서남쪽 960리에 있다. 여원麗院(역도원)이 말한 것은 아마도 대롱산大隴山의 다른 이름일 것이다."라고 했다.《후한

서》〈외효전隗囂傳〉에 "왕망王莽이 계두산을 요새로 삼았다."고 한 것이
이를 말한다고 했다. 상고해보니 원주原州 평고현平高縣 서쪽 100리에
또한 계두산이 있는데 경사의 서북쪽 800리에 있으며 황제黃帝의 계산
雞山이 있는 곳이다.

【正義】 括地志云 雞頭山在成州上祿縣東北二十里 在京西南九百六十里
酈元云蓋大隴山異名也 後漢書隗囂傳云 王莽塞雞頭 卽此也 按 原州平高
縣西百里亦有笄頭山 在京西北八百里 黃帝雞山之所

③ 回中회중

집해 응소는 "회중은 안정安定 고평高平에 있다."고 했다. 맹강孟康은
"회중은 북지에 있다."고 했다.

【集解】 應劭曰 回中在安定高平 孟康曰 回中在北地

정의 《괄지지》에는 "회중궁回中宮은 기주岐州 옹현雍縣 서쪽 40리
에 있다."고 했다. 시황제가 서쪽으로 농서隴西 북쪽을 순시하려 하면서
함양에서 서북쪽으로 향해 영주로 나가서 서남쪽으로 가서 성주成州에
이르렀다가 계두산으로 나와서 동쪽으로 돌아와서 기주 회중궁을 지나
간 것을 말한 것이다.

【正義】 括地志云 回中宮在岐州雍縣西四十里 言始皇欲西巡隴西之北 從
咸陽向西北出寧州 西南行至成州 出雞頭山 東還 過岐州回中宮

④ 極廟象天極극묘상천극

"궁묘宮廟를 짓는 것이 천극天極을 상징하므로 극묘極廟라."고
했다. 천관서天官書에 "중궁中宮이 천극天極이다."라고 한 것이 이것이다.
【索隱】 爲宮廟象天極 故曰極廟 天官書曰 中宮曰天極 是也

⑤ 감천전전甘泉前殿

감천궁 앞의 전각으로 지금의 서안시西安市 섬성보夾城堡의 황
장黃庄과 화철쇄촌和鐵鎖村 일대에 있었다.

⑥ 築甬道축용도

응소는 "담장을 거리와 같게 쌓았다."고 했다.
【集解】 應劭曰 築垣牆如街巷

築은 '죽竹'으로, 甬은 '용勇'으로 발음한다. 응소는 "치도 바깥
에 담을 쌓아서 천자가 그 안에서 다니는 것을 밖의 사람들이 보지 못
하게 한 것이다."고 했다.
【正義】 築音竹 甬音勇 應劭云 謂於馳道外築牆 天子於中行 外人不見

⑦ 馳道치도

응소는 "치도는 천자의 길인데, 지금의 중도中道가 그런 것과
같다."라고 했다. 《한서》〈가산전賈山傳〉에는 "진나라에서 천하에 치도

를 만들었는데 동쪽으로는 제齊와 연燕까지 닿았고, 남쪽으로는 오吳와 초楚까지 달했는데, 강호江湖 위나 바닷가를 바라볼 수 있는 곳까지 이르렀다. 길의 너비는 50보인데, 3장丈 높이의 나무를 심었고 그 밖을 두텁게 쌓아, 금추金椎를 숨겨놓고 청송靑松을 심었다."라고 했다.

【集解】 應劭曰 馳道 天子道也 道若今之中道然 漢書賈山傳曰 秦爲馳道 於天下 東窮燕齊 南極吳楚 江湖之上 濱海之觀畢至 道廣五十步 三丈而樹 厚築其外 隱以金椎 樹以青松

28년, 시황제가 동쪽 군현으로 행차해 추역산鄒嶧山에[1] 올라 비석을 세웠다. 노나라의 여러 유생들과 의논해서 진秦나라의 덕을 칭송하는 내용을 비석에 새기고 여러 산천에 제사하는 봉선封禪과 망제望祭의 일을 의논했다.[2] 마침내 태산泰山에[3] 올라 비석을 세우고 봉封제사를 지냈다.[4] 내려오는 도중 세차게 바람이 불고 비가 내려 나무 아래에서 쉬었는데 이로 인하여 그 나무를 봉하여[5] 오대부五大夫로 삼았다.

二十八年 始皇東行郡縣 上鄒嶧山[1] 立石 與魯諸儒生議 刻石頌秦德 議封禪望祭山川之事[2] 乃遂上泰山[3] 立石 封 祠祀[4] 下 風雨暴至 休於樹下 因封[5]其樹爲五大夫

① 鄒嶧山추역산

위소는 "추鄒는 노현魯縣으로써 산이 그 북쪽에 있다."라고 했다.

【集解】 韋昭曰 鄒 魯縣 山在其北

上은 '상[時掌反]'으로, 鄒는 '츄[側留反]'로 발음하고, 嶧의 발음은 '역亦'이다. 《국계國系》에는 "주역산邾嶧山을 또한 추산鄒山이라고 부르는데 연주兗州 추현鄒縣 남쪽 32리에 있다. 노목공魯穆公이 '주邾'를 '추鄒'로 고치고 그 산을 따라서 '읍邑'으로 변경했다. 산 북쪽에서 황하黃河까지 거리는 300여 리이다."라고 했다.

【正義】 上 時掌反 鄒 側留反 嶧音亦 國系云 邾嶧山亦名鄒山 在兗州鄒縣南三十二里 魯穆公改邾作鄒 其山遂從邑變 山北去黃河三百餘里

② 封禪望祭山川之事봉선망제산천지사

《진태강지기晉太康地記》에는 "태산에 단壇을 만들어 하늘에 제사해서 더욱 높다는 것을 보였다. 양보梁父에 선墠(제사 터)을 만들어 땅에 제사해서 넓은 것에 더 보탠다는 뜻을 보였다. 제사에는 현주玄酒를 올리고 도마에 생선을 올렸다. 선墠은 넓이와 길이가 모두 12장이다. 단의 높이는 3자이고 층계는 3계단이고, 태산 위에 돌을 세웠었는데 높이는 3장 1자이고 넓이는 3자인데, 진秦나라에서 돌에 글을 새겼다고 일렀다."라고 했다.

【正義】 晉太康地記云 爲壇於太山以祭天 示增高也 爲墠於梁父以祭地 示增廣也 祭尚玄酒而俎魚 墠皆廣長十二丈 壇高三尺 階三等 而樹石太山之上 高三丈一尺 廣三尺 秦之刻石云

신주 황제가 흙으로 단을 만들어 하늘에 제사를 지내는 것이 봉封이고, 땅을 깨끗이 쓸어 산천에 제사지내는 것이 선禪이고, 왕이나 제후가 먼 산천을 바라보면서 신에게 제사지내는 것이 망제望祭이다. 《서경》〈순전舜典〉에 "산천에 망제를 지냈다"고 했으며, 해설에 "구주九州의 오악五嶽 사독四瀆을 일시에 바라보면서 제사하는 것이다."라고 했고, 《백호통白虎通》〈봉선封禪〉에는 "산천을 바라보면서 제사 한다."고 했다. 고대 제왕들이 가장 많은 봉제를 올린 곳이 태산이다.

③ 泰山태산

정의 태산泰山을 혹은 대종岱琮이라고 하는데 동악東嶽이다. 연주兖州 박성현博城縣 서북쪽 30리에 있다. 《산해경》에 "태산은 그 위에 옥玉이 많고 그 아래에는 돌이 많다."고 했다. 곽박郭璞은 "태산을 따라 아래 산머리에 이르기까지 148리 300보이다."라고 말했다. 도서道書인 《복지기福地記》에는 "태산의 높이는 4,900장 2척이고 주위 둘레는 2,000리인데 지초芝草와 옥석玉石이 많으며 긴 나루와 감천甘泉과 선인실仙人室이 있다. 또 지옥地獄이 6개가 있는데 귀신부鬼神府라고 한다. 서쪽 위를 따라가면 아래에 통천洞天이 있는데, 둘레가 3,000리로 귀신고적부鬼神考謫府이다."라고 했다.

【正義】 泰山一曰岱宗 東嶽也 在兖州博城縣西北三十里 山海經云 泰山 其上多玉 其下多石 郭璞云 從泰山下至山頭 百四十八里三百步 道書福地記云 泰山高四千九百丈二尺 周迴二千里 多芝草玉石 長津甘泉 仙人室 又有地獄六 曰鬼神之府 從西上 下有洞天 周迴三千里 鬼神考謫之府

신주 오악五嶽은 중국인들의 방위개념과 영역개념을 말해준다. 중악中嶽이 숭산嵩山(하남성 중부)이고, 북악北嶽이 항산恒山(산서성 혼원渾源현), 서악西嶽이 화산華山(섬서성 위남渭南시와 화양華陽시 성남 쪽)이고, 남악南嶽이 형산衡山(호남성 형산현)이고, 동악東嶽이 태산이다. 그런데 이는 후대에 확대된 오악이다.《이아爾雅》〈석산釋山〉에는 태산이 동악, 화산이 서악, 곽산霍山이 남악, 항산이 북악, 숭고嵩高가 중악이라고 설명하고 있다.《이아》는 주周나라 주공周公, 춘추시대 공자와 그 제자 자하子夏 등이 지었다고 전해지고 있는데, 남악인 곽산은 현재 안휘安徽성 서부의 육안六安시 산하 곽산霍山현 북쪽에 있는 대별산大別山으로 비정한다. 이곳에 형산진衡山鎭이 있다. 중국의 대부분 역사지리 개념이 후대에 갈수록 크게 확대된 것처럼 남악도 안휘성 대별산에서 호남성 형산으로 확대 이동한 것으로 해석된다.

④ 立石封祠祀입석봉사사

집해 복건은 "하늘의 높이에 더해 그 공을 하늘로 돌아가게 한다."고 했다. 장안은 "하늘의 높이에는 이를 수 없지만 태산 위에 봉선을 세워서 제사한다는 것은 신령과 가까워지기를 바라는 것이다."라고 했다. 신찬이 이르기를 "흙을 쌓아서 봉封을 만든다. 흙을 지고 태산위에 올라가서 단을 만들어 제사하는 것을 이른 것이다."라고 했다.

【集解】 服虔曰 增天之高 歸功於天 張晏曰 天高不可及 於泰山上立封禪而祭之 冀近神靈也 瓚曰 積土爲封 謂負土於泰山上 爲壇而祭之

⑤ 封봉

<u>정의</u> 봉封은 다른 판본에는 '복復'으로 되어 있고 발음은 '복福'이다.
【正義】 封 一作復 音福

양보梁父에서 선禪제사를 올리고① 돌을 세워 글을 새겼는데 그 사辭에서② 말했다.
禪梁父① 刻所立石 其辭②曰

---

① 禪梁父선양보

<u>집해</u> 복건은 "선禪은 토지를 넓히는 것이다."라고 했다. 신찬은 "옛날 성왕聖王이 태산에서 봉封을 하고 정정산亭亭山이나 혹은 양보에서 선禪을 했는데, 모두 태산 아래 작은 산들이었다. 땅을 깨끗하게 쓸어서 선墠(제사 터)을 만들고 양보에서 제사했다. 뒤에 선墠을 '선禪'으로 고쳤다."고 했다.
【集解】 服虔曰 禪 闡廣土地也 瓚曰 古者聖王封泰山 禪亭亭或梁父 皆泰山下小山 除地爲墠 祭於梁父 後改墠曰禪

<u>정의</u> 父의 발음은 '보甫'이다. 양보는 연주兗州 사수현泗水縣 북쪽 80리에 있다.

【正義】 父音甫 在兗州泗水縣北八十里

② 辭사

색은 그 사詞는 세 구절마다 운韻을 삼았는데 총 12운이다. 아래의
지부산之罘山과 갈석산喝石山, 회계산의 삼명三銘이 다 그러했다.
【索隱】 其詞每三句爲韻 凡十二韻 下之罘 碣石 會稽三銘皆然

"황제께서 제위에 올라 밝은 법도를 제정하시니 신하들은 몸을 수양하고 언행을 신중히 했다. 26년에 처음으로 천하를 병합하자 빈賓들 중에 복종하지 않은 자가 없었다. 친히 먼 곳의 백성까지 돌아보시고 여기 태산에 올라 두루 동쪽 끝까지 살피시니, 신하들은 지난 자취를 생각하며 본원의 사업을 따랐고① 황제의 공덕을 공경하여② 칭송했다. 치국의 도리로써 운용하여 나아감에 모든 산업이 마땅함을 얻고, 법식이 모두 유지되어 대의大義가 아름답게 밝혀지니 후세에까지 전해져 변함없이 이어지리라. 황제께서 몸소 성스런 정사를 베풀어 이미 천하를 평정하셨음에도 다스림을 게을리 하지 않으셨다. 일찍 일어나 밤늦게까지 길이 이롭게 할 계획을 세워서 가르침과 깨우침을 높이려 전념하셨다. 법도를 가르쳐 그 은혜가 이르러 먼 곳이나 가까운 곳이나 잘 다스려지니 모두 성스럽게 받들었다. 귀천을 분명하게 하고 남녀가 예에 따르며 삼가 맡은 일을 신중히 준수했다. 안팎을 밝게 구분하고③ 맑고 깨끗하지 않은 것을 없게 했으니, 후사後嗣에까지 베풀어져 교화가 끝없이 미치리라. 유조遺詔를 지키고 받들어 길이 엄중한 계율로 계승할지어다."

皇帝臨位 作制明法 臣下脩飭 二十有六年 初并天下 罔不賓服 親巡遠方黎民 登茲泰山 周覽東極 從臣思迹 本原事業① 祗②誦功德 治道運行 諸產得宜 皆有法式 大義休明 垂于後世 順承勿革 皇帝躬聖 既平天下 不懈於治 夙興夜寐 建設長利 專隆教誨 訓經宣達 遠近畢理 咸承聖志 貴賤分明 男女禮順 慎遵職事 昭隔③內外 靡不清淨 施于後嗣 化及無窮 遵奉遺詔 永承重戒

① 本源事業본원사업

중농주의重農主義 정책을 말한다. 진시황은 통일 후 군현제를 실시하고, 법형, 도량형, 서체와 문자, 수레 폭을 일원화하면서 백가쟁명의 분서焚書를 단행했지만 농업農業, 복점卜占, 의약醫藥 등과 관련된 책은 분서하지 않은 것에서 진시황제의 중농주의 성향을 알 수 있다.

② 祇지

신주 《신역사기》는 "지祇는 '경敬'이다."라고 했다. 즉 '공경하다'의 뜻이다.

③ 隔격

집해 서광은 "격隔은 한 곳에는 융融으로 되어 있다."고 했다.
【集解】 徐廣曰 隔 一作融

이에 발해勃海를 따라 동쪽으로 황현과 수현을① 지나서 성산成山을 넘고 지부산之罘山에 올라② 진나라의 덕을 노래하는 송덕비를 세우고 떠나갔다.
於是乃並勃海以東 過黃 腄① 窮成山 登之罘② 立石頌秦德焉而去

---

① 黃腄황수

집해 〈지리지〉에는 "동래東萊에 황현과 수현이 있다."고 했다.
【集解】 地理志東萊有黃縣 腄縣

정의 腄는 '처[逐瑞反]'로 발음한다. '수腄'는 글자가 혹은 '수陲'로도 되어 있다. 《괄지지》에는 "황현黃縣 고성은 내주萊州 황현 동남쪽 25리에 있는데 옛날 내자국萊子國이다. 모평현성牟平縣城은 황현 남쪽 130리에 있다."고 했다. 《십삼주지十三州志》에는 모평현 옛 수현이라고 했다.
【正義】 腄 逐瑞反 字或作陲 括地志云 黃縣故城在萊州黃縣東南二十五里 古萊子國也 牟平縣城在黃縣南百三十里 十三州志云牟平縣古腄縣也

신주 황현과 수현은 모두 발해에 접해 있는 지금의 산동성 연태烟台시 부근의 현이다.

② 窮城山登之罘궁성산등지부

집해 〈지리지〉에 '지부산은 수현에 있다'고 했다.
【集解】 地理志之罘山在腄縣

정의 罘는 '부浮'로 발음한다. 《괄지지》에는 "내주 문등현文登縣 동북쪽 180리에 있다. 성산은 문등현 서북쪽 190리에 있다."고 했다. 궁窮은 등극登極과 같다. 〈봉선서封禪書〉에는 "여덟 신神 중 다섯 번째를

양주陽主라고 이르는데 지부산에서 제사한다. 일곱 번째를 일주日主라
고 이르는데 성산에서 제사한다. 성산의 끝은 바다로 들어간다.'고 했
다. 또 이르기를 "지부산은 바다 속에 있다. 문등현은 옛 수현이다."라
고 했다.

【正義】 罘音浮 括地志云 在萊州文登縣東北百八十里 成山在文登縣西北
百九十里 窮猶登極也 封禪書云 八神 五曰陽主 祠之罘 七曰日主 祠成山 成
山斗入海 又云 之罘山在海中 文登縣 古腄縣也

제2장

통일제국을 순유하다

천하를 순행하며
신선을 찾다

남쪽으로 낭야산琅邪山에[①] 올라 크게 즐거워하면서 3개월을 머물렀다. 이에 검수黔首(백성) 3만 호를 낭야대琅邪臺[②] 아래로 이주시켜 살게 하고 12년간의 세금을 면제시켜 주었다.[③] 낭야대를[④] 지어 비석을 세우고 비문을 새겨서 진秦나라의 덕을 노래하게 하고 뜻한 바 이룬 것을 밝혀 말했다.

南登琅邪[①] 大樂之 留三月 乃徙黔首三萬戶琅邪臺[②]下 復[③]十二歲 作琅邪臺[④] 立石刻 頌秦德 明得意 曰

① 琅邪낭야

집해 지금 연주兗州의 동쪽 기주沂州와 밀주密州는 곧 옛날 낭야琅邪이다.

【集解】 今兗州東沂州 密州 卽古琅邪也

② 琅邪臺낭야대

집해 〈지리지〉에는 '월왕越王 구천句踐이 일찍이 낭야현琅邪縣을 다스리다가 대관臺館에서 일어났다'고 했다.
【集解】 地理志越王句踐嘗治琅邪縣 起臺館

색은 《산해경》에 "낭야대는 발해 사이에 있다. 대개 바닷가에 산山이 있는데 형상이 대臺와 같고 낭야에 있어서 낭야대라고 한다."고 했다.
【索隱】 山海經琅邪臺在渤海閒 蓋海畔有山 形如臺 在琅邪 故曰琅邪臺

정의 《괄지지》에는 "밀주 제성현諸城縣의 동남쪽 170리에 낭야대가 있는데 월왕 구천이 관람했던 대臺이다. 대의 서북쪽 10리에 낭야 고성이 있다."고 했다. 《오월춘추》에는 "월왕 구천이 재위 25년에 도읍을 낭야로 옮기고 관대觀臺를 세워 동해를 바라보았다. 그리고 드디어 진秦나라와 진晉나라와 제나라와 초나라를 호령하고 주나라의 왕실을 높여 보좌한다면서 피를 마시고 맹세했다'고 했는데, 곧 이곳이 구천이 대臺를 일으킨 곳이다."라고 했다. 《괄지지》에는 "낭야산琅邪山은 밀주 제성현 동남쪽 140리에 있다. 시황제가 층대層臺를 산위에 세워서 '낭야대'라고 일렀다. 뭇 산들의 위에 홀로 세우고 진왕秦王이 즐거워하며 3개월 동안 머무르면서 비석을 산 위에 세워 진나라의 덕을 송영頌詠하게 했다."고 했다.

【正義】 括地志云 密州諸城縣東南百七十里有琅邪臺 越王句踐觀臺也 臺

西北十里有琅邪故城 吳越春秋云 越王句踐二十五年 徙都琅邪 立觀臺以

望東海 逐號令秦 晉 齊 楚 以尊輔周室 歃血盟 卽句踐起臺處 括地志云 琅

邪山在密州諸城縣東南百四十里 始皇立層臺於山上 謂之琅邪臺 孤立眾山

之上 秦王樂之 留三月 立石山上 頌秦德也

③ 復복

정의 復은 '복福'으로 발음한다. 3만 호의 세금을 면제시켜 주면서

대臺 아래로 이사하게 했다.

【正義】 復音福 復三萬戶徙臺下者

④ 琅邪臺낭야대

정의 지금의 낭야대이다.

【正義】 今琅邪臺

"아! 28년에 처음 황제라는 이름으로 시작하여 법도를 바르고 공평하게 해서 만물의 기강을 세우고 인륜을 명정明正하게 하여 부자父子의 사이를 화목하게 했고, 성스런 지혜와 인의로써 도리를 분명하게 드러내셨다. 동으로는 동쪽 땅을 어루만져 군사들을 보살피고 큰 사업이 이미 끝나자 바다까지 왕림하셨다. 황제의 공로는 근본적인 사업을[1] 부지런히 권장한 것이다. 농업을 숭상하고 말단을 억제하니[2] 백성(검수黔首)들이 부유해지고 온 천하에 마음이 모아지고 뜻이 합쳐졌다.[3]

維二十八年 皇帝作始 端平法度 萬物之紀 以明人事 合同父子 聖智仁義 顯白道理 東撫東土 以省卒士 事已大畢 乃臨于海 皇帝之功 勸勞本事[1] 上農除末[2] 黔首是富 普天之下 摶心揖志[3]

① 本事본사

신주 근본적인 사업, 즉 농사일을 일컫는다.

② 上農除末상농제말

신주 농업을 권장하고 상공업을 억제시킴을 말한다. '상上'은 '상尙'과 통하고, 말末은 수공업과 상업을 가리킨다.

③ 搏心揖志전심집지

전搏은 옛날의 '전專'이고 집揖은 '합合'이다.《좌전》에 '마치 거문고와 비파가 오로지 하나 같았다.'고 했다. 揖은 '집集'으로 발음한다.

【索隱】 搏 古專字 左傳云 如琴瑟之搏壹 揖音集

각종 기물과 도량을 하나로 통일시키고① 글과 문자도 같게 했다.② 해와 달이 비추는 곳과 배와 수레로 싣고 다니는 곳③ 모두가 그 명령에 따라서 뜻을 얻지 못하는 곳이 없었으니, 때에 응해서 행하신 분은 오직 황제이시다. 다른 풍습을 바로잡고자④ 물을 건너고 땅을 넘으시며⑤ 검수黔首(백성)를 가엾게 여기시기를 아침저녁으로 게을리 하지 않으셨다. 의혹이 없는 법도를 제정 하시니 백성들 모두가 피할 것을⑥ 알게 되었다.

器械一量① 同書文字② 日月所照 舟輿所載③ 皆終其命 莫不得意 應時動事 是維皇帝 匡飭異俗④ 陵水經地⑤ 憂恤黔首 朝夕不懈 除疑定法 咸知所辟⑥

---

① 器械一量기계일량

안에서 만드는 것을 기器라고 하는데 갑옷과 투구의 등속이다. 밖에서 만드는 것을 계械라고 하는데 창, 방패, 활과 창의 등속이다. 일량壹量이란 도량을 동일하게 한 것이다.

【正義】 內成曰器 甲冑兜鍪之屬 外成曰械 戈矛弓戟之屬 壹量者 同度量也

② 同書文字동서문자

신주 문자통일을 말한다. 소전小篆을 표준문자로 삼았다.

③ 舟輿所載주여소재

신주 남방과 북방에 사는 모든 사람을 가리킨다.

④ 匡飭異俗광칙이속

신주 서로 다른 풍속을 바로 잡겠다고 한 문구로 보아 낭야산 일대
가 진시황이 통일하기 전에는 동이족東夷族이 거주했던 곳으로써 진대
秦代에 새로 편입한 지역이라는 것을 알 수 있다.

⑤ 陵水經地능수경지

정의 능陵은 '능凌(뛰어넘다)'으로 '역歷(지나다)'과 같다. 경經은 '계界'
이다.

【正義】 陵作凌 猶歷也 經 界也

⑥ 辟피

방백方伯(지방관)들의 직분을 나누시니 모든 다스림이 쉬워졌고,[1] 거조擧錯(임금의 움직임)가 합당하여[2] 계획대로[3] 되지 않는 것이 없으셨다. 황제의 현명함으로 사방에 임하여 살펴주시니 존비尊卑와 귀천이 뛰어넘지 않았고 차례대로 행동하였다. 간교하고 사악함을 용납하지 않으니 모두가 충정忠貞과 선량함에 힘썼고, 작고 큰일에 힘을 다하여 감히 태만하거나 소홀하지 않았다. 먼 곳이나 가까운 곳이나 물러났거나 숨어 있는 자라도 오로지 엄장嚴壯함에 힘써 단아하고 곧으며 돈독하고 충성스러운 사업이 지속될 수 있었다.

方伯分職 諸治經易[1] 擧錯必當[2] 莫不如畫[3] 皇帝之明 臨察四方 尊卑貴賤 不踰次行 姦邪不容 皆務貞良 細大盡力 莫敢怠荒 遠邇辟隱 專務肅莊 端直敦忠 事業有常

① 方伯分職諸治經易방백분직제치경이

정의   易는 '이[以豉反]'로 발음한다. 방백方伯이 직분을 나누어 다스리게 하니 다스리는 바가 늘 평이했음을 말한 것이다.

【正義】 易音以豉反 言方伯分職治 所理常在平易

② 擧錯必當거조필당

신주 정책을 계획하고 시행하는데 있어 그 조치가 매우 합리적이고 정당하다는 뜻이다. 조錯는 '조措'와 같다. 이 말과 반대되는 성어가 거조실당擧措失當이다.

③ 畫획

정의 畫은 '획[戶卦反]'으로 발음한다. 정치의 다스림이 가지런히 정돈되어 분명한 것이 선을 그은 것과 같아서 사악한 것이 없음을 이른다.

【正義】 畫音戶卦反 謂政理齊整 分明若畫 無邪惡

황제의 덕이 사방을 안정시켰다. 난리를 주벌하고 해악을 제거했으며 이로운 것을 일으켜서 복을 이르게 했다. 일을 함에 때 맞춰 하게 하니[1] 모든 산업이 번창하고 검수黔首(백성)들이 편안하여 병장기를 사용하지 않았다. 육친六親이[2] 서로 보호하니 마침내 도적들이 사라졌고, 가르침을 기쁘게 받들어 모두 법령을 깨달았다. 천지와 사방 안이 황제의 영토로 서쪽으로 유사流沙(사막)를[3] 건너고, 남쪽으로 북호北戶(북문)까지 이르렀다. 동쪽으로 동해를 소유했고 북쪽으로 대하大夏를[4] 지나셨다. 사람의 발자국이 이르는 곳에는 신하 아닌 자가 없었으니 공로가 오제五帝보다 뛰어났고, 은택이 소와 말까지 이르러 은덕을 받지 않는 자가 없었으니 각자가 그 집안에서 편안하게 지냈다."

皇帝之德 存定四極 誅亂除害 興利致福 節事以時[1] 諸產繁殖 黔首安寧 不用兵革 六親[2]相保 終無寇賊 驩欣奉教 盡知法式 六合之內皇帝之土 西涉流沙[3] 南盡北戶 東有東海 北過大夏[4] 人迹所至 無不臣者 功蓋五帝 澤及牛馬 莫不受德 各安其宇

① 節事以時절사이시

신주 백성들을 귀찮게 하는 활동을 줄여주고 때에 맞춰 일할 수 있게 하는 것을 말한다. 《맹자》〈양혜왕장구상〉 편에 "나라에서 불필요한 동원을 자제하여 농사짓는 때를 놓치지 않게 하는 것[不違農時]이다."

라고 한 것과 같은 뜻이다.

② 六親육친

신주　부父, 모母, 형兄, 제弟, 처妻, 자子를 이른다.

③ 流沙유사

정의　"해석이 《하기夏紀》에 보인다."라고 했다.
【正義】　解見夏紀

신주　유사流沙는 사막이다.

④ 大夏대하

색은　협운으로 夏는 '호戶'로 발음한다. 아래의 무불신자無不臣者의
者는 '저渚'로 발음하며 택급우마澤及牛馬의 馬는 '노姥'로 발음한다.
【索隱】　協韻音戶 下 無不臣者 音渚 澤及牛馬 音姥

정의　두예는 "대하大夏는 태원시 진양현이다."라고 했다. 상고해보니
지금의 병주并州에 있는 실침實沈(고신씨의 아들)을 대하로 옮겨서 삼신參
辰(유시酉時에 서쪽에 뜨는 별이름)의 제사를 주관하게 했다고 한 것이 곧 이
것이다.

【正義】 杜預云 大夏 太原晉陽縣 按 在今并州 遷實沈於大夏 主參 卽此也

오직 진왕秦王께서 천하를 아우르고 황제라는 이름을 세워서 동쪽 땅을 어루만져 낭야에까지 이르셨다. 열후列侯인[1] 무성후 왕리, 통무후 왕분, 윤후倫侯인[2] 건성후 조해, 창무후 성, 무신후 풍무택, 승상 외림,[3] 승상 왕관, 경 이사, 경 왕무, 오대부 조영, 오대부 양규 등이 황제를 수행하고 해상海上에서 논의해[5] 말했다.

維秦王兼有天下 立名爲皇帝 乃撫東土 至于琅邪 列侯[1]武城侯王離 列侯通武侯王賁 倫侯[2]建成侯趙亥 倫侯昌武侯成 倫侯武信侯馮毋擇 丞相隗林[3] 丞相王綰 卿李斯 卿王戊 五大夫趙嬰 五大夫楊樛從與[4]議於海上[5]曰

① 列侯열후

집해 장안은 "열후는 서열을 나타낸 것이다."라고 했다.
【集解】 張晏曰 列侯者 見序列

② 倫侯윤후

색은 작위는 열후列侯보다 낮고 봉읍封邑이 없는 자이나 윤倫의 품류橐類는 또한 열후列侯의 무리이다.

【索隱】 爵卑於列侯 無封邑者 倫類也 亦列侯之類

③ 隗林외림

[색은] 외隗는 성이고 림林은 이름이다. 어떤 책에는 '상狀' 자로 되어 있는데 잘못된 것이다. 안지추顔之推는 "수나라 개황開皇 초에 경사京師에서 땅을 파다가 주칭권鑄秤權(저울)을 얻어 명銘이 있었는데, '시황제 때의 양기量器'라고 일렀고, 승상 외상隗狀과 왕관王綰 두 사람의 이름이 나란히 쓰여 있었다. 그 '상狀' 자 모양의 글자를 만들었는데 시령時令으로 교정해서 모사해 직접 상고해서 입증한 것이다."라고 했다. 왕소王劭 또한 그러했다고 일렀다. 이것은 먼 옛날의 고증이다.

【索隱】 隗姓 林名 有本作狀者 非 顔之推云 隋開皇初 京師穿地得鑄秤權 有銘 云始皇時量器 丞相隗狀 王綰二人列名 其作狀貌之字 時令校寫 親所按驗 王劭亦云然 斯遠古之證也

[정의] 隗는 '외[五罪反]'로 발음한다.

【正義】 隗音五罪反

④ 從與종예

[정의] 從은 '종[才用反]'으로 발음하고, 與는 '예預'로 발음한다. 왕리王離부터 아래로 열 명이 시황제을 따라와서 시황과 함께 공덕을 해상

에서 의논하는데 참여해서 낭야대 아래 돌을 세우고 열 명의 이름을 함께 아울러 새겨서 기렸다.

【正義】 上才用反 下音預 言王離以下十人從始皇 咸與始皇議功德於海上 立石於琅邪臺下 十人名字並刻頌

⑤ 議於海上의어해상

정의 이러한 송頌은 앞뒤 두 구절로 운韻을 삼아 서술하나 이곳은 세 구절로 운을 삼았다.

【正義】 此頌前後序兩句爲韻 此三句爲韻

"옛날 천자는 영토가 사방 1,000리에① 지나지 않았고, 제후들은 각자 자신들의 봉역封域을 지키면서 혹은 조회에 들어오고 혹은 들어오지 않고 서로 침략하여 포악한 난리를 일으켜 잔악한 정벌을 중지하지 않았으나 오히려 금석金石에 글을 새겨서 스스로 기강으로 삼았다. 옛날의 오제五帝나 삼왕三王② 때는 지식이나 교화가 서로 같지 않았고, 법도도 명백하지 않아서 귀신의 위력을 빌어③ 먼 지방을 속였으니 실상이 명분에 걸맞지 않았으므로 오래가지 못했다. 그들 자신이 죽기도 전에 제후들이 배반하여 법령은 시행하지도 못했다. 지금의 황제께서는 온 천하를 하나로 아울러 군현으로 만드시니 천하가 화평해졌다. 종묘를 밝게 밝히시고 도를 체득하여 덕을 행하시고 호칭을 높여 크게 성취하셨으니, 모든 신하들이 서로 논의해 황제의 공덕을 칭송하고 금석에 새겨서 본보기로 삼고자 한다."

古之帝者 地不過千里① 諸侯各守其封域 或朝或否 相侵暴亂 殘伐不止 猶刻金石 以自爲紀 古之五帝三王② 知教不同 法度不明 假威鬼神③ 以欺遠方 實不稱名 故不久長 其身未殁 諸侯倍叛 法令不行今皇帝并一海內 以爲郡縣 天下和平 昭明宗廟 體道行德 尊號大成羣臣相與誦皇帝功德 刻于金石 以爲表經

① 過千里과천리

過는 '과戈'로 발음한다. 천리는 왕자王者의 수도를 이른 것이다.
【正義】 過音戈 千里謂王畿

② 五帝三王오제삼왕

오제는 황제黃帝, 전욱顓頊, 제곡帝嚳, 요堯, 순舜을 뜻하고 삼왕은 하나라의 우왕禹王, 은나라의 탕왕湯王, 주나라의 문왕文王 또는 무왕武王을 가리킨다. 그러나 오제의 첫 번째가 황제가 아니라 소호少昊라는 의문이 고대부터 제기되어 왔다. 동이족 태호의 후손인 소호가 동이족이기 때문에 사마천이 의도적으로 황제로 대체했을 개연성이 있다. 유가는 삼왕오제가 덕으로 다스렸음을 강조함으로써 후대 왕들에게 덕치를 모범으로 삼게했다. 고사변 학파는 중국 상고사는 유가들이 조작한 것이 많다고 주장했는데, 진나라의 이사도 〈간축객서諫逐客書〉에서 오제삼왕의 덕치를 들어 축객령을 중지해야한다고 피력하였다. 따라서 유가만 덕치를 주장한 것은 아니었다.

③ 假威鬼神가위귀신

오제와 삼왕이 귀신의 위엄을 빌어서 원방의 백성들을 속여 복종시킨 것을 장홍에 비유해 말한 것이다.
【正義】 言五帝 三王假借鬼神之威 以欺服遠方之民 若萇弘之比也

장홍(?~서기전 492년)은 주 영왕周靈王 때 사람으로, 장굉萇宏 또는 장숙莨叔으로도 불린다. 천문에 밝았고 귀신에 관한 일을 잘 알았으며 음악에도 밝아 공자가 일찍이 그에게 음악을 배웠다고 전한다.

이미 일을 마치자 제나라 사람 서불徐市[①] 등이 글을 올려 '바다 가운데에 삼신산三神山이 있는데 그 이름이 봉래산蓬萊山, 방장산方丈山, 영주산瀛洲山이고[②] 신선들이 거처한다.'고 말하며 재계齋戒하고 동남동녀들과 함께 이를 구할 것을 청했다. 이에 서불을 보내 동남동녀 수천 명을 선발해 바다로 들어가 신선을 찾도록 했다.[③]

旣已 齊人徐市[①]等上書 言海中有三神山 名曰蓬萊 方丈 瀛洲[②] 僊人居之 請得齋戒 與童男女求之 於是遣徐市發童男女數千人 入海求僊人[③]

---

① 徐市서불

신주 서불(서기전 255년~?)은 제나라 사람이다. 방사方士로 자는 군방君房. 진시황의 명을 받들고 불로초不老草를 찾아 동쪽으로 떠났다가 돌아오지 않았다고 한다. 서복徐福이라고도 한다.

② 蓬萊方丈瀛州봉래방장영주

정의 《한서》〈교사지郊祀志〉에 "이 삼신산은 발해 안에 있다고 전한다. 사람과의 거리가 멀지 않아서 일찍이 여기에 이른 자가 있었는데 여러 신선과 불사약이 모두 여기에 있으며 그곳의 사물과 새와 짐승이 모두가 희고 황금과 백은으로 궁궐을 만들었다. (삼신산에) 이르지 않고 바라보면 구름 같지만 이르면 삼신산이 물 아래에 있다. 이곳에 임할 때 걱정이 있으면 바람이 갑자기 배를 당겨서 떠나 끝내 이르지 못한다고 이른다. 세상의 군주들이 마음으로 달게 여기지 않는 자가 없었다."고 했다.

【正義】 漢書郊祀志云 此三神山者 其傳在渤海中 去人不遠 蓋曾有至者 諸仙人及不死之藥皆在焉 其物禽獸盡白 而黃金白銀爲宮闕 未至 望之如 雲 及至 三神山乃居水下 臨之 患且至 風輒引船而去 終莫能至云 世主莫不 甘心焉

③ 入海求僊人입해구선인

정의 《괄지지》에는 "단주는 동해 속에 있다. 진시황이 서복을 시켜 동남童男 동녀童女를 거느리고 바다로 들어가 선인을 찾게하여 단주에 머물러 있었는데 수만 가구가 함께 살고 있었다. 지금도 단주가의 사람들이 회계 시장에 이르러 교역하는 자들이 있는데, 오나라 사람의 〈외국도〉에 단주와 낭야의 거리가 1만리이다."라고 했다.

【正義】 括地志云 亶洲在東海中 秦始皇使徐福將童男女入海求仙人 止在 此州 共數萬家 至今洲上人有至會稽市易者 吳人外國圖云亶洲去琅邪萬里

신주 서복이 들어갔다는 단주는 위《정의》주석처럼 중국에서는 중국 남방 월나라 지역으로 보는 견해가 있고, 산동반도 바다 안이라는 견해도 있다. 또 대만이나 일본으로 보는 견해도 있으며 제주도나 거제 해금강으로 비정하는 견해가 있다. 제주 정방폭포에 서복과지徐福過之(서복이 지나가다)라고 쓰여 있고, 거제 해금강에도 서불과차徐市過此(서복이 이곳을 지나가다)라고 쓰여 있다는 것이 그 근거이다. 그러나 이는 대부분 후대에 사대주의 사상으로 만들어진 내용들로써 근거가 없다.

시황제가 돌아오다가 팽성彭城을[1] 지나면서 재계하여 사당에 제사를 지내고 주나라의 정鼎을[2] 사수泗水에서 꺼내려고 했다. 1,000명을 시켜서 물속으로 들어가 구하게 했지만 찾지 못했다. 이에 서남쪽으로 회수淮水를 건너 형산衡山의[3] 남군南郡으로[4] 갔다. 강수江水에서 배를 타고 상산사湘山祠에[5] 이르렀다. 이때 큰 바람을 만나 강수를 거의 건너지 못할 뻔했다.

始皇還 過彭城[1] 齋戒禱祠 欲出周鼎[2]泗水 使千人沒水求之 弗得 乃西南渡淮水 之衡山[3] 南郡[4] 浮江 至湘山祠[5] 逢大風 幾不得渡

---

① 彭城팽성

정의 팽성은 서주에서 다스리는 현이다. 서주 동쪽 외성外城은 옛날의 팽국이다.《수신기搜神記》에는 "육종의 셋째 아들은 전갱錢鏗인데

팽 땅에 봉해져서 상백商伯이 되었다."고 했다. 《외전外傳》에는 "은나라
말에 팽조씨彭祖氏가 멸망했다."고 했다.

【正義】 彭城 徐州所理縣也 州東外城 古之彭國也 搜神記云陸終弟三子曰
籛鏗 封於彭 爲商伯 外傳云殷末 滅彭祖氏

② 周鼎주정

신주　주나라는 아홉 개의 정鼎을 만들어서 구주九州를 상징했는데,
진秦 소왕昭王이 주나라의 구정을 빼앗아 함양으로 옮기다가 한 정鼎을
사수泗水에 빠뜨렸다고 한다.

③ 衡山형산

정의　《괄지지》에는 "형산은 일명 구루산岣嶁山이라고 하는데 형주
상담현 서쪽 41리에 있다."고 했다.

【正義】 括地志云 衡山 一名岣嶁山 在衡州湘潭縣西四十一里 岣音苟 嶁
音樓

④ 南郡남군

정의　"지금의 형주이다. 형산으로 향하려면 곧 서북쪽으로 남군을
지나서 무관으로 들어가 함양에 이른다."고 했다.

【正義】 今荊州也 言欲向衡山 卽西北過南郡 入武關至咸陽

⑤ 湘山祠상산사

[정의] 《괄지지》에는 "황릉묘는 악주 상음현 북쪽 57리에 순임금의 두 비(아황과 여영)의 신이 있다. 두 비의 무덤은 상음湘陰의 북쪽 160리의 청초산 위에 있다."고 했다. 성홍지盛弘之의 《형주기荊州記》에는 "청초호 남쪽에 청초산이 있어서 호湖의 이름을 지었다."고 했다. 《열녀전》에는 "순임금이 순행하다가 창오산에서 죽었다. 두 비는 강수와 상수의 사이에서 죽어 따라서 장례를 치렀다'고 했다. 상고해보니 상산湘山이란 청초산이다. 산이 상수湘水에 가깝고 묘廟는 산의 남쪽에 있다. 그래서 상산사이다."라고 했다.

【正義】 括地志云 黃陵廟在岳州湘陰縣北五十七里 舜二妃之神 二妃冢在湘陰北一百六十里青草山上 盛弘之荊州記云青草湖南有青草山 湖因山名焉 列女傳云舜陟方 死於蒼梧 二妃死於江湘之閒 因葬焉 按 湘山者 乃青草山 山近湘水 廟在山南 故言湘山祠

진시황이 박사에게 물었다.

"상군湘君은 어떤 신神인가?"

박사가 대답했다.

"듣자니 요堯임금의 딸이고 순舜임금의 아내인데 이곳에 장례를 치렀다고 합니다."①

이에 진시황이 크게 노해서 죄수 3,000명을 보내 상산湘山의 나무를 모두 베게하고 그 산을 벌거벗겨 버렸다. 진시황이 남군에서 무관武關을② 거쳐서 함양으로 돌아왔다.

上問博士曰 湘君何神 博士對曰 聞之 堯女 舜之妻 而葬此① 於是始皇大怒 使刑徒三千人皆伐湘山樹 赭其山 上自南郡由武關②歸

① 堯女舜之妻而葬此요녀순지처이장차

색은 《열녀전》에도 또한 상군湘君을 요임금의 딸로 여겼다. 상고해보니 《초사楚詞》〈구가九歌〉에 상군湘君이 있고 상부인이 있었다. 부인이 요임금의 딸이니 즉 상군은 당연히 순임금이다. 지금 이 문장은 상군을 요임금의 딸로 여긴 것을 총괄해서 말한 것이다.

【索隱】 列女傳亦以湘君爲堯女 按 楚詞九歌有湘君 湘夫人 夫人是堯女 則湘君當是舜 今此文以湘君爲堯女 是總而言之

② 武關무관

응소는 "무관은 진秦나라 남쪽의 관문으로써 남양으로 통한다."고 했다. 문영은 "무관은 석 땅 서쪽 170리 홍농의 경계에 있다."고 했다.

【集解】 應劭曰 武關 秦南關 通南陽 文穎曰 武關在析西百七十里弘農界

정의 《괄지지》에는 "옛 무관은 상주 상락현 동쪽 90리에 있는데 춘추시대의 소습이었다'라고 했다. 두예는 "소습은 상현 무관을 이른다."고 했다.

【正義】 括地志云 故武關在商州商洛縣東九十里 春秋時少習也 杜預云少習 商縣武關也

명산을 찾아 비문을 남기다

29년, 시황제가 동쪽으로 순수巡狩했다. 양무陽武의 박랑사博狼沙[①] 안에 이르렀을 때 도둑들 때문에 몹시 놀랐다.[②] 도둑들을 잡지 못하자 천하에 영을 내려 10일 동안 크게 수색했다.

지부산之罘山에 올라 비석을 세웠다. 그 글에서[③] 이렇게 말했다. "아! 29년, 시절이 중춘中春(2월)이다.[④] 볕이 화창하게 흥기할 때, 황제께서는 동쪽으로 순수巡狩해서 지부산에 올라 바다를 내려다보셨다. 따르는 신하들은 아름다운 경치를 보고 훌륭한 업적을 생각하며[⑤] 창업의 일을 사모하고 칭송했다. 위대한 성인께서 치세를 기획하여 법도를 제정하고 기강을 분명하게 했으며, 밖으로는 제후들을 교화하여 문화의 혜택을 밝게 베풀고 의리를 명확하게 했다. 여섯 나라가 사악하고 간사해서[⑥] 욕심은 많고 탐욕스럽고 염치가 없어서 학살이 그치지 않았다.

황제께서는 백성을 애처롭게 여겨 마침내 군사를 발병하고 토벌하여 무덕武德을 떨치셨다. 의義로써 처단하고 믿음으로 행하시니 위엄이 빛나고⑦ 사방으로 통해서 빈賓으로 복종하지 않는 자가 없었다. 억세고 포악한 자들을 팽형烹刑으로 멸하고 백성을 구제하여 사방의 끝까지 두루 안정시켰으며, 밝은 법도를 널리 베풀고 천하를 종횡으로 다스렸으니 길이 예법으로 삼을 수 있게 되었다. 위대하도다! 우주 안의 중국은⑧ 성스런 뜻을 이어 따를 것이로다. 모든 신하들은 황제의 공로를 노래하고 청하여 비석에 새기니 영원한 법칙으로 나타나 드리울 것이다."

二十九年 始皇東游 至陽武博狼沙①中 爲盜所驚② 求弗得 乃令天下大索十日 登之罘 刻石 其辭③曰

維二十九年 時在中春④ 陽和方起 皇帝東游 巡登之罘 臨照于海 從臣嘉觀 原念休烈⑤ 追誦本始 大聖作治 建定法度 顯箸綱紀 外教諸侯 光施文惠 明以義理 六國回辟⑥ 貪戾無厭 虐殺不已 皇帝哀衆 遂發討師 奮揚武德 義誅信行 威燀⑦旁達 莫不賓服 烹滅彊暴 振救黔首 周定四極 普施明法 經緯天下 永爲儀則 大矣哉 宇縣⑧之中 承順聖意 羣臣誦功 請刻于石 表垂于常式

① 博狼沙박랑사

집해 〈지리지〉에 "하남 양무현에 박랑사가 있다."고 했다.

【集解】 地理志河南陽武縣有博狼沙

② 爲盜所驚위도소경

신주 박랑사에서 장량張良에게 사주받은 자객에게 저격을 당한 사건을 표현한 것이다. 《사기》〈유후세가〉, 《통감절요》 등에 한나라 사람 장량이 한나라가 망하자 한나라를 위하여 원수를 갚고자 창해역사滄海力士에게 철추를 주어 박랑사 안에서 시황을 저격하게 했으나 그가 철추를 잘못 던져 부차副車만 부서졌다는 내용이 보인다.

③ 辭사

색은 세 구절씩 운을 만들었는데 총 12운(十二韻)이다.
【索隱】 三句爲韻 凡十二韻

④ 中春중춘

정의 中은 음이 '중仲'이다. 옛날에 제왕이 순수할 때는 항상 중월에 했다.
【正義】 中音仲 古者帝王巡狩 常以中月

신주 중월仲月은 한 계절, 석 달 중 가운데 달이다.

⑤ 原念休烈원념휴열

진시황제의 빛나는 공적을 회상한다는 뜻이다.

⑥ 回辟회벽

정의 辟은 발음이 '펵[必亦反]'이다.
【正義】 必亦反

사벽邪辟하다는 뜻이다. 즉 사악하고 간사함을 말한다.

⑦ 燀천

집해 서광은 "燀은 '천[充善反]'으로 발음한다."고 했다.
【集解】 徐廣曰 燀 充善反

⑧ 宇縣우현

집해 우宇는 우주이다. 현縣은 적현赤縣이다.
【集解】 宇 宇宙 縣 赤縣

또 그 동쪽을 관참觀參했는데 (비명에) 이렇게 말했다.

"29년, 황제께서 봄날 순유하며 먼 지방을 살펴보셨다. 바다 모퉁이에 이르러서 마침내 지부산에 올라 아침에 떠오르는 태양을 바라보셨다. 드넓고 아름다운 경치를 바라보면서 따르던 신하들이 모두 근본의 도가 지극히 밝다고 생각했다. 성스런 법이 처음으로 일어나 강역을 맑게 다스리고 밖으로는 포악하고 강한 자들을 처벌했다. 무력의 위엄이 크게 빛나 사방을 진동시키고 6국의 왕들을 사로잡아 처벌했다. 천하를 넓게 병합해 재해를 종식시키고 영원히 전쟁을 그치게 했다. 황제께서는 덕을 밝혀 천하를 경륜하여 다스리고 보고 듣는 것들을 게을리 하지 않으셨다.[①] 대의大義를 세우고 기물들을 준비해 밝게 설치하였으며 모두 신분에 맞는 장기章旗를[②] 갖게 되었다. 직분이 있는 신하들은 분수를 지키고 각자 행동할 바를 알게 되니 사업에 혐의가 없어졌다. 백성은 교화로써 개선시키고 멀거나 가까운 곳이 모두 법도가 같게 하니 노년이 되도록 허물이 없었다. 떳떳한 직분이 이미 안정되니 그 후손들도 사업을 따라 길이 성스런 다스림을 계승하였다. 모든 신하들이 아름다운 덕을 공경하고 성스런 공덕을 칭송하면서 청하여 지부산의 비석에 새겼노라."

其東觀曰

維二十九年 皇帝春游 覽省遠方 逮于海隅 遂登之罘 昭臨朝陽 觀望廣麗 從臣咸念 原道至明 聖法初興 清理疆內 外誅暴彊 武威旁暢 振動四極 禽滅六王 闡并天下 甾害絕息 永偃戎兵 皇帝明德 經理宇內 視聽不怠[①] 作立大義 昭設備器 咸有章旗[②] 職臣遵分 各知所行 事無嫌疑 黔首改化 遠邇同度 臨古絕尤 常職既定 後嗣循業 長承聖治 羣臣嘉德 祗誦聖烈 請刻之罘

① 怠태

[색은] 태怠는 '기旗'와 협운했으나 운이 의심스럽다. 怠는 '디[銅綦反]'로 발음한다. 그러므로《국어》에서 범려는 "때를 얻으려면 게을러서는 안 되니 때가 다시 오지 않기 때문이다."라고 하여 또한 '태怠'와 '내來'가 운이 된 것이다.

【索隱】 怠 協旗 疑韻 音銅綦反 故國語范蠡曰 得時不怠 時不再來 亦以怠 與 (臺)(來)爲韻

② 章旗장기

[신주] 신분을 표시하는 옷과 기치를 뜻한다.

다시 돌아 마침내 낭야로 갔다가 상당을 따라서① 관關으로② 들어왔다. 30년에는 나라에 별일이 없었다. 31년③ 12월, 납월臘月(12월)의 이름을 '가평嘉平'이라고 고쳤다.④ 백성들의 마을마다 600석의 쌀과 양 2마리씩을 하사했다. 시황제가 미행을⑤ 하려고 함양에서 무사 4명과 함께 밤에 나갔다가 난지蘭池에서⑥ 도적들을 만나 곤경에 처했으나 무사들이 공격해 도적들을 죽였다. 이 때문에 관중을⑦ 20여 일 동안 대대적으로 수색했다. 쌀이 한 섬에 천육백 문이나 했다.⑧

旋 逐之琅邪 道①上黨入關② 三十年 無事 三十一年③十二月 更名臘日 嘉平④ 賜黔首里六石米 二羊 始皇爲微行⑤咸陽 與武士四人俱 夜出逢盜蘭池⑥ 見窘 武士擊殺盜 關中⑦大索二十日 米石千六百⑧

① 道도

색은 도道는 '종從(따르다)'와 같다.

【索隱】 道猶從也

② 關관

신주 함곡관이다. 진나라에서 6국으로 통하던 관문으로 낙양洛陽 서쪽에 있던 천혜의 요새이다.

③ 三十一年삼십일년

집해 서광은 "검수黔首(백성)들에게 농사짓는 땅에 충실하게 했다." 고 했다.

【集解】 徐廣曰 使黔首自實田也

④ 更名臘曰嘉平갱명엽왈가평

집해 《태원진인모영내기太原眞人茅盈內紀》에는 "시황제 31년 9월 경자 일에 모영의 증조부 몽이 이전에 화산 안에서 구름을 타고 용을 몰아서 대낮에 하늘로 올랐는데 그 바로 전에 그 읍의 가요를 부르면서 '신선이 된자 모초성은 용을 타고 위로 올라 태청에 들어가더니 때때로 현주로 내려와 적성에서 노는구나. 대를 이어서 가는 것은 우리 모영에게 달려 있는 것이니 제가 납월에 이를 배울 듯하구나'라고 말했다. 시황제가 이 가요를 듣고 그 까닭을 물으니 늙은이가 구체적으로 대답하기를 이것은 신선의 가요이며 제를 권장해 장생의 술을 구하게 한 것이라고 했다. 이 에 진시황이 흔연히 신선을 찾으려는 뜻이 있어서 이를 따라 납월을 고 쳐서 '가평'이라고 한다."고 했다.

【集解】 太原真人茅盈內紀曰 始皇三十一年九月庚子 盈曾祖父濛 乃於華 山之中 乘雲駕龍 白日升天 先是其邑謠歌曰 神仙得者茅初成 駕龍上升入 泰清 時下玄洲戲赤城 繼世而往在我盈 帝若學之臘嘉平 始皇聞謠歌而問 其故 父老具對此仙人之謠歌 勸帝求長生之術 於是始皇欣然 乃有尋仙之 志 因改臘曰 嘉平

《광아廣雅》에는 "납월을 하나라는 '청사淸祀'라고 하고 은나라
는 '가평嘉平'이라고 하고 주나라는 '대사大蜡' 또는 '납臘'이라고 했는
데 진秦나라에서 다시 '가평'이라고 했다."라고 했다. 대개 가요의 가사
에 응해서 고쳤는데 은殷나라의 호칭을 따른 것이다. 도서道書에 모몽
의 자는 초성이라고 했다. 지금 여기에서 '모몽초성'이라고 한 것은 신선
이 됨을 말한 것인데 그 뜻이 잘못되었다. 대개 배인이 인용한 바가 명
확하지 않으니 혹 후세 사람이 '몽濛'을 보태서 드디어 칠언의 문장으로
만들었는데 쓸데없이 들어간 글자[衍文]일 뿐이다.

【索隱】 廣雅曰 夏曰 淸祀 殷曰 嘉平 周曰 大蜡 亦曰 臘 秦更曰 嘉平 蓋應
歌謠之詞而改從殷號也 道書茅濛字初成 今此云 茅濛初成者爲神仙之道
其意失也 蓋由裴氏所引不明 或後人增益 濛字 遂令七言之詞有衍爾

⑤ 微行미행

집해 장안은 "미천한 것처럼 하는 것이므로 '미행'이다."라고 했다.
【集解】 張晏曰 若微賤之所爲 故曰微行也

⑥ 蘭池난지

집해 〈지리지〉에는 "위성현에 난지궁이 있다."고 했다.
【集解】 地理志渭城縣有蘭池宮

정의 《괄지지》에는 "난지피蘭池陂가 곧 옛날 난지인데 함양현의 경

계에 있다.'〈진기秦記〉에는 "시황제가 장안을 도읍으로 삼고 위수를 이끌어 연못을 만들고 봉래산과 영주산을 만들어 돌에 고래를 조각했는데 길이가 200장이다. 도적을 만난 곳이다.'고 했다.

【正義】 括地志云 蘭池陂卽古之蘭池 在咸陽縣界 秦記云 始皇都長安 引渭水爲池 築爲蓬瀛 刻石爲鯨 長二百丈 逢盜之處也

⑦ 관중關中

신주 진秦의 도읍인 함양은 함곡관 서쪽, 산관散關 동쪽, 무관武關 북쪽, 소관蕭關 남쪽에 있어서 사관四關 가운데 있었으므로 관중關中이라고 불렀다. 한漢나라 수도 장안도 관중에 있었다. 이곳을 사마천은 〈화식열전貨殖列傳〉에서 '기름진 땅이 천리나 펼쳐져 있어 우虞와 하夏의 시대 공부工部에서도 상등의 전지田地로 평가'할 만큼 곡물 생산이 많았던 곳이라고 했다.

⑧ 米石千六百미석천육백

신주 작황이 좋지 않아서 쌀값이 매우 비쌈을 말한 것이다. 장대가 張大可는 "진한시대에는 풍년이 들면 한 섬당 100에서 200문에 이른다.'고 했다.

32년, 시황제가 갈석산碣石山으로① 가서 연燕나라 사람 노생盧生을 시켜 선문羨門과② 고서高誓를③ 찾도록 했다. 갈석산의 산문山門에 비문을 새겼다.④ 성곽을 허물고 제방을 터서 통하게 했다.

三十二年 始皇之碣石① 使燕人盧生求羨門② 高誓③ 刻④碣石門 壞城郭 決通隄防

① 碣石갈석

신주 고조선과 진나라 경계에 있던 산이다. 지금 하북성 창려昌黎현 북부에 있다.

② 羨門선문

집해 위소는 "옛 선인仙人이다."라고 했다.
【集解】 韋昭曰 古仙人

③ 高誓고서

정의 또한 신선의 이름이다.
【正義】 亦古仙人

④ 刻각

서광은 "다른 판본에는 각刻이 '맹盟' 자로 되어 있다."고 했다.

【集解】 徐廣曰 一作盟

그 비문에 이렇게 썼다.[1]

"마침내 군사를 일으켜 무도無道한 자들을 주벌하고 반역한 자들을[2] 멸망시켰다. 무武로써 포악한 반역자들을 섬멸하고 문文으로써 죄 없는 자들을 복귀시키니[3] 백성들은 모두 감복했다. 베푼 공로를 논의하여 상賞이 소와 말까지 이르렀으니 나라 안에 온정이 넉넉해졌다. 황제께서 위엄을 떨치시고 덕으로 제후들을 아울러 처음으로 천하를 통일하여 태평성대를 이루었다. 성곽을 허물고[4] 하천의 제방을 터서 서로 통하게 하니 험난한 곳이 제거되어 평탄하게 되었다. 지세地勢가 이미 안정되어 백성의 요역을 없어졌으니 천하가 모두 편안해졌다. 남자들은 농사를 즐거워하고 여자들은 집안일을 정돈하니 일들이 각각 질서가 있게 되었다. 은혜가 여러 산업에 혜택을 끼치니 오래도록 외지에서 떠돌던 이들이 함께 돌아와 농사를 지으면서[5] 편안해 하지 않는 자가 없었다. 이로써 여러 신하들이 황제의 공덕을 칭송하고 이 비석에 새기기를 청하여 본보기로써 밝혀 놓았노라."

其辭曰[1]

遂興師旅 誅戮無道 爲逆[2]滅息 武殄暴逆 文復無罪[3] 庶心咸服 惠論功勞 賞及牛馬 恩肥土域 皇帝奮威 德并諸侯 初一泰平 墮壞城郭[4] 決通川防 夷去險阻 地勢既定 黎庶無繇 天下咸撫 男樂其疇 女修其業 事各有序 惠被諸產 久並來田[5] 莫不安所 羣臣誦烈 請刻此石 垂著儀矩

진시황제, 이세황제, 한무제의 갈석산 순행로

【참고문헌】
司馬遷,《史記》〈秦始皇本紀〉〈孝武本紀〉〈封禪書〉
班固,《漢書》〈武帝紀〉

① 其辭曰기사왈

정의   이 사辭는 1송頌 3구를 운으로 했다.
【正義】 此一頌三句爲韻

② 爲逆위역

신주   위역자爲逆者를 말한다. 옛날의 동방제국들을 가리킨 것이다.

③ 文復無罪문복무제

집해   서광은 "복 자는 다른 판본에는 '우優'로 되어 있다."라고 했다.
【集解】 徐廣曰 復 一作優

정의   復은 '복福'으로 발음한다. 진秦나라에서 무력으로 난폭하게
하거나 도덕에 거슬리게 하는 것들을 다 종식시키고 글로써 훈계하고
도리로 명령해 죄의 실수가 없게 했다. 그래서 없앤 것을 회복시켰다.
【正義】 復音福 言秦以武力能殄息暴逆 以文訓道令無罪失 故復除之

④ 墮壞城郭휴괴성곽

정의   墮는 '휴[許規反]'로 발음한다. '휴墮'는 훼손된다는 뜻이다. 괴
壞는 갈라진다는 뜻이다. 진시황이 관동 제후들의 옛 성곽을 무너뜨린

것을 말한 것이다. 대저 스스로 무너진 것을 괴壞라고 한다. 괴는 '회[戶
怪反]'로 발음한다.

【正義】 墮音許規反 壞音怪 墮 毀也 壞 圻也 言始皇毀圻關東諸侯舊城郭
也 夫自頹曰壞 音戶怪反

⑤ 久並來田구병래전

[집해] 서광은 "구久가 한 판본에는 '분分'로 되어 있다."고 했다.
【集解】 徐廣曰 久 一作分

[신주] 《신역사기》에 '문구가 어색하다'고 하며 두 학자의 주장을 각
주脚註로 하고 있다. 오수평吳樹平은 구久는 '오랫동안 밭을 경작한 사
람, 즉 오래도록 진나라에서 경작하여 식량을 생산한 농민을, 내전來田
은 타지로부터 이주하여 와서 황무지를 개간한 농민을 가리킨다.'고 하
였고, 장대가張大可는 '오랫동안 외향外鄉에서 떠돌다가 다시 동시에 고
향으로 돌아와 농사를 짓는 것이다.'라고 했다. 장대하의 주장이 보다
타당하다고 생각된다.

이를 계기로 한종韓終과 후공侯公과 석생石生을[1] 시켜 신선들의 불사약을 구하도록 했다. 시황제가 북쪽의 변방을 순시하고 상군上郡을 따라 도성으로 들어와서 연나라 사람 노생盧生을[2] 바다에 들어가게 하니, 돌아와서 귀신의 일로써 녹도서錄圖書(참위서)를[3] 상주했는데, 그 책에서 말했다.

"진秦나라를 망하게 할 자는 호胡이다."[4]

시황제가 이에 장군 몽염蒙恬을[5] 시켜 30만 명의 군사를 징발해 북쪽으로 호胡를 공격하게 하고 하남河南[6] 지역을 공략해서 빼앗았다.

因使韓終 侯公 石生[1]求仙人不死之藥 始皇巡北邊 從上郡入 燕人盧生[2]使入海還 以鬼神事 因奏錄圖書[3] 曰 亡秦者胡[4]也 始皇乃使將軍蒙恬[5]發兵三十萬人北擊胡 略取河南[6]地

① 韓終侯公石生한종후공석생

신주 이들 모두 그 지역의 방사들이다.

② 盧生노생

신주 한종, 후공, 석생과 같은 부류의 방사이다.

③ 錄圖書녹도서

신주 《사기각증史記覈證》의 저자 왕숙민王叔岷은 '하도河圖'라 했고, 송원대宋元代 사학자 호삼성胡三省은 '편자騙子(사기꾼)들이 조작하여 엮어 사람들의 관심을 끌어 듣게 하는 예언서'라 했다.

④ 胡호

집해 정현은 "호는 호해이며 진 이세秦二世의 이름이다. 진秦나라에서 도서圖書를 보고 이것이 사람의 이름인 것을 알지 못하고 거꾸로 북호의 침입에 대비했다."고 했다.
【集解】 鄭玄曰 胡 胡亥 秦二世名也 秦見圖書 不知此爲人名 反備北胡

⑤ 蒙恬몽염

신주 몽염(?~서기전 210년)은 진나라 장군이다. 흉노 토벌에 공이 많고, 진시황의 명을 받아 만리장성을 진두지휘했다. 시황제 사후 조고趙高의 음모로 사사 당했다.

⑥ 河南하남

정의 지금의 영靈, 하夏, 승勝등의 주州이며 진秦나라에서 침략해 빼앗았다.

33년 일찍이 도망친 자, 집이 가난해 데릴사위가 된 자,[1] 장사꾼
들을 징발해서 육량陸梁(남방)[2] 땅을 공략하고 빼앗아 계림군桂
林郡, 상군象郡,[3] 남해군南海郡으로[5] 삼고 죄수들을 보내서 지키
게 했다.[6] 서북쪽의 흉노들을 물리쳤다. 유중楡中으로부터[7] 하
수河水(황하) 동쪽을 병합해[8] 음산陰山에[9] 소속시키고 44개의
현縣을 만들어 하수 위에 성을 쌓아 요새로 삼게 했다.

三十三年 發諸嘗逋亡人 贅壻[1] 賈人略取陸梁[2]地 爲桂林[3] 象郡[4] 南
海[5] 以適遣戍[6] 西北斥逐匈奴 自楡中[7]並[8]河以東 屬之陰山[9] 以爲
(三)[四]十四縣 城河上爲塞

① 贅壻췌서

집해 신찬은 "췌贅는 가난한데 거해서 자식이 있지만 그 부가婦家(부
인의 집)로 가서 일하는 것을 췌서贅壻(데릴사위)라고 이른다."라고 했다.
【集解】 瓚曰 贅 謂居窮有子 使就其婦家爲贅壻

② 陸梁육량

색은 남방의 사람은 그 성질이 제멋대로 날뛴다. 그래서 육량陸梁이

라고 했다.

【索隱】 謂南方之人 其性陸梁 故曰陸梁

정의 영남사람은 산륙山陸에 많이 거처해 그 성질이 굳세었다. 그래서 육량陸梁이라고 했다.

【正義】 嶺南人多處山陸 其性強梁 故曰陸梁

③ 桂林계림

집해 위소는 "지금의 울림이 이곳이다."라고 했다.

【集解】 韋昭曰 今鬱林是也

신주 지금의 광서성廣西省 장족壯族 자치주 계평현桂平縣이다.

④ 象郡상군

집해 위소는 "지금의 일남이다."라고 했다.

【集解】 韋昭曰 今日南

신주 지금의 광서廣西성 숭좌崇左현 지역이란 설과 베트남 유천維川 남다교南茶橋 지역이란 설이 있다.

⑤ 南海남해

| 정의 | 곧 광주의 남해현이다.

【正義】 即廣州南海縣

⑥ 以適遣戌이적견술

| 집해 | 서광은 "50만 명이 오령을 지켰다."라고 했다.

【集解】 徐廣曰 五十萬人守五嶺

| 정의 | 適은 '적[直革反]'으로 발음한다. 수戌는 '수守(지키다)'이다. 《광주기廣州記》에는 "오령이란 대유大庾, 시안始安, 임하臨賀, 게양揭楊, 계양桂陽이다."라고 했다. 《여지지》에는 "첫째는 대령臺嶺인데 또 이름을 새상塞上이라고도 한다. 지금은 대유라고 부른다. 둘째는 기전騎田이다. 셋째는 도방都龐이다. 넷째는 맹저萌諸이다. 다섯째는 월령越嶺이다.'라고 했다.

【正義】 適音直革反 戌 守也 廣州記云 五嶺者 大庾 始安 臨賀 揭楊 桂陽 輿地志云 一曰臺嶺 亦名塞上 今名大庾 二曰騎田 三曰都龐 四曰萌諸 五曰越嶺

⑦ 楡中유중

| 집해 | 서광은 "금성金城에 있다."고 했다.

【集解】 徐廣曰 在金城

⑧ 並병

복건은 "並의 음은 '방傍'이다. 방傍은 의依(의지하다)이다."라고

했다.

【集解】 服虔曰 並音傍 傍 依也

⑨ 陰山음산

집해 서광은 "오원 북쪽에 있다."고 했다.

【集解】 徐廣曰 在五原北

정의 屬은 '쪽[之欲反]'으로 발음한다. 상고해보니 오원은 지금의 승

주勝州이다.

【正義】 屬 之欲反 按 五原 今勝州也

또 몽염을 시켜 하수를 건너 고궐高闕,[①] 양산陽山, 북가北假의[②]

안을 빼앗고 봉수대를 쌓아서 융인戎人들을 축출했다. 죄수들을

옮겨서 처음 현이 된 곳을 채웠다.[③] 제사를 지내지 못하게 금지했

다. 혜성이[④] 서쪽에서 나왔다. 34년, 옥관獄官들 중 정직하지 못

한 자들을 바로 다스려 장성을 쌓거나 남월南越을[⑤] 지키게 했다.

又使蒙恬渡河取高闕[①] (陶)[陽]山 北假[②]中 築亭障以逐戎人 徙謫 實

之初縣[③] 禁不得祠 明星[④]出西方 三十四年 適治獄吏不直者 築長城

及南越[⑤]地

---

① 高闕고궐

  정의 고궐은 산 이름이다. 오원 북쪽에 있다. 고궐과 오원 두 산은 서로 대치해서 궐과 같고 매우 높다. 그래서 고궐이라고 말한다.

【正義】 高闕 山名 在五原北 兩山相對若闕 甚高 故言高闕

② 北假북가

  집해 진작은 "〈왕망전〉에는 '오원과 북가北假는 기름진 땅이라 곡식이 번성했다.'고 하고 북가는 땅 이름이다."라고 했다.

【集解】 晉灼曰 王莽傳云 五原北假 膏壤殖穀 北假 地名也

  색은 고궐은 산 이름이다. 북가는 지명이다. 오원에 가깝다.

【索隱】 高闕 山名 北假 地名 近五原

  정의 역도원酈道元이 주석한 《수경》에 "황하는 하목현 고성 서쪽과 가까운데 현은 북가 안에 있다."고 했다. 북가는 지명이다. 상고해보니 하목현은 승주에 속해 있는데 지금 하북이라고 부른다. 《한서》〈지리지〉에는 "오원군에 소속되어 있다."고 했다.

【正義】 酈元注水經云 黃河逕河目縣故城西 縣在北假中 北假 地名也 按 河目縣屬勝州 今名河北 漢書地理志云屬五原郡

③ 徙謫實之初縣사적실지초현

색은 죄가 있는 자들을 옮겨 귀양 보내 처음으로 현이 된 곳을 채웠다. 곧 위로 '유중에서부터 음산까지 34개 현을 두었다'고 한 것이 이것을 뜻한다. 그래서 한漢나라의 7개 조목의 귀양 보내는 것은 또한 진秦나라 때 기인한 것이다.

【索隱】 徙有罪而謫之 以實初縣 即上自楡中屬陰山 以爲三十四縣 是也 故漢七科謫亦因於秦

④ 明星명성

집해 서광은 "황보밀이 이르길 혜성이 나타난 것이다."라고 했다.

【集解】 徐廣曰 皇甫謐云彗星見

⑤ 南越남월

정의 오령을 지킨다고 일컬었는데, 이는 남방의 월나라 땅이다.

【正義】 謂戍五嶺 是南方越地

분서갱유

시황제가 함양궁에서 주연을 열자 박사 일흔 명이 시황제 앞에서 장수를 빌었다. 복야僕射^① 주청신周靑臣이 앞으로 나아가 칭송해 말했다.

"지난날 진秦나라 땅은 1,000리에 불과했지만 폐하의 신령함과 밝은 성덕에 힘입어 온 세상을 평정하고 만이蠻夷들을^② 몰아내니 해와 달이 비추는 곳이라면 빈객으로 복종 하지 않는 자가 없습니다. 제후국을 군현으로 삼아 사람 사람마다 다 안락安樂함을 누리고 전쟁의 근심이 없어졌으니 그 공로가 만세에 전해질 것입니다. 상고上古 이래로 그 누구도 폐하의 위엄과 덕에는 이르지 못합니다."

시황제가 기뻐했다.

始皇置酒咸陽宮 博士七十人前爲壽 僕射^①周靑臣進頌曰 他時秦地
不過千里 賴陛下神靈明聖 平定海內 放逐蠻夷^② 日月所照 莫不賓
服 以諸侯爲郡縣 人人自安樂 無戰爭之患 傳之萬世 自上古不及陛
下威德 始皇悅

① 僕射복야

집해 《한서》〈백관표〉에는 "복야는 진秦나라의 관직 이름이다. 옛날에는 무武를 중하게 여겨서 활 쏘는 것을 주관하는 관직이 있어서 과제를 감독했다."고 했다. 응소는 "복僕은 '주主(주관하다)'이다."라고 했다.
【集解】 漢書百官表曰 僕射 秦官 古者重武 官有主射以督課之 應劭曰 僕主也

정의 射는 '야夜'로 발음한다.
【正義】 射音夜

② 蠻夷만이

신주 동이東夷, 서융西戎, 남만南蠻, 북적北狄이라고 하여 중국 변경에 사는 동서남북의 이민족을 가리킨다. 즉 이민족을 비하하는 말이다. 그러나 이夷는 《설문해자》에는 동방 사람으로 대인大人이란 뜻으로 사용되었고, 전국시대까지도 비칭卑稱으로 사용되지 않았다.

박사인 제나라 사람 순우월淳于越이[1] 앞으로 나아가 말했다.

"신이 듣건대 은나라와 주나라 왕조는 천여 년 간 자제들과 공신들을 제후로 봉해서 스스로 버팀목으로[2] 보좌하게 했습니다. 지금 폐하께서는 온 천하를 가지셨는데 자제들은 필부가 되어 갑자기 전상田常이나[3] 진晉나라 육경六卿[4] 같은 신하들이 나타나면 폐하를 보필할 자들이 없으니 무엇으로 서로 구하겠습니까? 옛날 일을 스승으로 삼지 않고도 오래 유지될 수 있다는 것은 들은 바가 없습니다. 지금 주청신이 또 면전에서 아첨하고 폐하의 허물을 거듭하려고 하니 충신은 아닙니다."

博士齊人淳于越[1]進曰 臣聞殷周之王千餘歲 封子弟功臣 自爲枝[2]輔 今陛下有海內 而子弟爲匹夫 卒有田常[3] 六卿[4]之臣 無輔拂 何以相救哉 事不師古而能長久者 非所聞也 今青臣又面諛以重陛下之過 非忠臣

① 淳于越순우월

신주 제나라 황현 사람으로 일찍이 복야僕射에 임명되었다. 그가 박사로 있을 때 황제가 군현제도를 채택하자 군현제도는 황실의 안정을 기할 수 없다고 반대하고 봉건제도를 주장한 것으로 유명하다.

② 枝지

버팀목. 즉 번병藩屛을 의미한다. 고대에는 제후를 왕의 번병藩屛으로 삼았다.

③ 田常전상

춘추시대 제나라 전田씨 일족의 우두머리이다. 서기전 485년 제나라 도공悼公을 죽이고 간공簡公을 세워서 재상이 되었다. 서기전 481년에는 또 정변을 일으켜 간공도 죽이고 그 동생 평공平公을 세워 제나라 대권을 장악했다.

④ 六卿육경

춘추시대 진晉 평공平公 때 한씨韓氏, 위씨魏氏, 지씨智氏, 범씨范氏, 조씨趙氏, 중행씨中行氏를 뜻한다. 이들 집안을 육경가六卿家라고 불렀는데, 범씨와 중행씨가 멸족된 후 육경은 사경四卿이 되었다. 지씨가 조씨, 한씨, 위씨에게 몰락한 후 조씨, 한씨, 위씨가 진나라 정권을 장악했다.

시황제가 그의 의논을 신하들에게 내렸다. 승상인 이사李斯가 말했다.

"오제五帝는 다스림이 서로 겹치지 않았고 3대三代(하·은·주)는 서로 답습하지 않고 각자의 방법으로 다스렸어도 다스림이 서로 상반되지 않은 것이 시대가 변해서 달라졌기 때문입니다. 지금 폐하께서는 대업을 창시하시어 만세의 공로를 세우신 것은 진실로 어리석은 선비는 알지 못할 것입니다. 또 순우월이 지금 3대의 일을 말하지만 어찌 본받을 것이 있겠습니까? 이전에는 제후들이 함께 다투었으므로 떠도는 학자들을 초대하여 후하게 대접하였습니다.[1] 지금은 천하가 이미 안정되어서 법령이 한 곳에서 나오고 백성은 집안에서 마땅히 농사와 공업에 힘쓰고 선비들은 법령에서 피하고 금지하는 것들이[2] 무엇인지 배워 익히고 있습니다.

始皇下其議 丞相李斯曰 五帝不相復 三代不相襲 各以治 非其相反 時變異也 今陛下創大業 建萬世之功 固非愚儒所知 且越言乃三代 之事 何足法也 異時諸侯並爭 厚招游學[1] 今天下已定 法令出一 百 姓當家則力農工 士則學習法令辟禁[2]

① 厚招游學후초유학

신주 각국의 제후들은 현명한 인재를 초대해서 조언을 구했다. 양혜왕梁惠王이 맹자孟子를 초대해 조언을 들은 것과 제선왕齊宣王이 직하학

궁稷下學宮을 설치하고 맹자, 순자荀子, 한비자 등 많은 인재들을 초대해 서 치정治政에 대해 조언을 들었던 일이 한 예이다.

② 法令辟禁법령벽금

<u>정의</u> 令은 '렁[力性反]'으로 발음한다. 辟는 '벽避'으로 발음한다.
【正義】 令 力性反 辟音避

> 지금 여러 유생들은 지금을 스승으로 삼지 아니하고[1] 옛 것만 을 배우면서 지금의 세상을 비난해서 백성을 현혹해서 어지럽 게 하고 있습니다. 승상인 신 이사는 죽음을 무릅쓰고 말씀드립 니다. 옛날에는 천하가 흩어지고 혼란스러워 하나로 통일시킬 수 없었습니다. 이 때문에 제후들이 함께 일어나서 모두가 옛날의 도道를 말하면서 지금을 해롭다고 하고, 헛된 것을 꾸며 말해서 사실을 어지럽히니,[2] 사람들은 사사로운[3] 학문만 좋게 여기고 폐하가 세운 것을 그르다고 하고 있습니다.[4]
>
> 今諸生不師今[1]而學古 以非當世 惑亂黔首 丞相臣斯昧死言 古者 天下散亂 莫之能一 是以諸侯並作 語皆道古以害今 飾虛言以亂實[2] 人善其所私[3]學 以非上之所建立[4]

① 不師今불사금

신주 현재 시행되고 있는 정치를 존중하지 않음을 일컫는다.

② 語皆道古以害今飾虛言以亂實어개도고이해금식허언이난실

신주 전국시대는 백가쟁명百家爭鳴의 시대로서 여러 사상가들이 자신의 사상을 주장했다. 맹자는 오제삼왕의 정치를 표본으로 삼아 민본에 입각한 왕도정치를, 묵자墨子는 모든 사람을 동일하게 사랑해야 한다는 겸애사상兼愛思想을, 장자莊子는 자연과 인간이 하나라는 생각에서 무위자연無爲自然을 추구하였다. 이밖에도 병가兵家, 명가名家 음양가陰陽家 등 다양한 사상이 존재했다. 이사는 이런 사상들을 허언난실虛言亂實의 사회악이라면서 이로 인한 사회의 혼란을 우려했다. 한비자와 동문수학한 이사는 공평한 법을 집행함으로써 질서를 유지할 수 있다는 법가法家의 대표적인 사상가였다.

③ 私사

집해 서광은 "사私는 한 곳에 '지知'로 되어 있다."고 했다.
【集解】 徐廣曰 私 一作知

④ 非上之所建立비상지소건립

신주 임금이 시행하는 정책과 법도를 비방한다는 뜻이다.

지금 폐하께서 천하를 병합하여 천하를 소유하였으니 흑백을 분명히 하여 일존一尊, 황제께서 결정해야 합니다. 사사로이 배워 서로 함께 조정의 법도와 가르침을 비난하고, 사람들은 법령이 내려지는 것을 들으면 각자 그 배운 것으로 이를 의논하고서 조정에 들어와서는 마음속으로는 비난하고, 조정 밖으로 나가서는 항간의 여론을 일으켜 군주에게 과시하는 것을 명예로 삼습니다. 기이한 것을 취하면서 고상하다고 여겨 무리들을 거느리고 비방을 조성하고 있습니다. 이와 같은 것을 금하지 않는다면 군주의 위세는 위에서 떨어지고 당여黨與(붕당)들이[1] 아래에서 결성될 것이니 금지시키는 것이 편안할 것입니다.

今皇帝并有天下 別黑白而定一尊 私學而相與非法敎 人聞令下 則各以其學議之 入則心非 出則巷議 夸主以爲名 異取以爲高 率羣下以造謗 如此弗禁 則主勢降乎上 黨與[1]成乎下 禁之便

① 黨與당여

신주　당여黨與는 伙화이다. 즉 같은 뜻을 가지고 모여서 이루어진 패거리를 말한다.

신이 청컨대 사관史官에게① 진秦나라의 기록이 아닌 것은 모두 태우게 하십시오. 박사관博士官의 직책을 맡지 않았는데도 천하에서 감히 시詩와 서書와 제자백가의 서적들을 감춘 자가 있다면 모두 태수나 위尉에게 바치게 해서 뒤섞어 불사르게 해야 합니다. 감히 서로 마주하고② 시와 서를 말하는 자가 있으면 기시棄市에③ 처해야 합니다. 또 옛날 일을 가지고 지금을 비난하는 자들은 멸족에 처해야 합니다. 관리가 이러한 사실을 알고도 검거하지 않으면 같은 죄로 처벌해야 합니다. 명령이 내려진 지 30일이 지났는데도 태우지 않는 자들은 경형黥刑(이마에 먹물로 죄명을 적는 것)에 처하거나 성을 쌓는 일에④ 동원시켜야 합니다. 불태워 없애지 않을 것은 의약, 점복卜, 농사 서적이니 만약 법령을⑤ 배우고자 하는 자들이 있으면 관리를 스승으로 삼게 하십시오."
시황제가 제制하여⑥ "허락하노라."라고 말했다.

臣請史官①非秦記皆燒之 非博士官所職 天下敢有藏詩 書 百家語者 悉詣守 尉雜燒之 有敢偶語②詩書者棄市③ 以古非今者族 吏見知不 擧者與同罪 令下三十日不燒 黥爲城旦④ 所不去者 醫藥卜筮種樹之 書 若欲有學法令⑤ 以吏爲師 制⑥曰可

① 史官사관

신주 국가의 서적을 관장하고 사실의 기록을 맡은 관리이다.

② 偶語우어

집해 응소는 "백성들이 모여서 말하는 것을 금지시킨 것은 그 자신을 비방할까 두려워해서다."라고 했다.
【集解】 應劭曰 禁民聚語 畏其謗己

정의 우偶는 '대對(마주하다)'이다.
【正義】 偶 對也

신주 상대와 말을 주고 받는다는 뜻이다.

③ 棄市기시

신주 《예기》〈왕제王制〉 편에 "시장에서 사람에게 형을 내릴 때는 여러 사람과 함께 그를 버린다[刑人于市, 與衆棄之]"라고 했다. 즉 이는 고대 중국의 사형제도의 하나로 저잣거리에서 죄인의 목을 베어 일벌백계一罰百戒의 본보기로 시체를 길거리에 걸어두고 많은 사람들이 이를 보게 하는 형벌이다.

④ 城旦성단

집해 여순은 《율설律說》에 '의논이 결정되면 머리를 깎고 목에 항쇄를 채우고 변방으로 보내서 장성을 쌓게 하는데, 낮에는 오랑캐들의 노략질을 엿보게 하고 밤에는 장성을 쌓게 한다.'라고 했다. 성단城旦은 4년의 형벌이다."라고 했다.

【集解】 如淳曰 律說 論決爲髠鉗 輸邊築長城 晝日伺寇虜 夜暮築長城 城旦 四歲刑

신주 성단용城旦舂은 진나라, 한나라 때 도형徒刑에 속했던 형벌이다. 성단城旦은 남성에게 적용되는 형벌로써 성을 쌓는 것이고, 용舂(절구질)은 여성에게 적용되는 형벌로 절구질하는 것이다. 모두 무기도형이었는데 한漢 문제文帝의 형벌 개혁 때 최고 형기가 6년으로 낮춰졌다.

⑤ 法令법령

집해 서광은 "한 책에는 법령 두 글자가 없다."고 했다.
【集解】 徐廣曰 一無法令二字

⑥ 制제

신주 천자의 말씀을 일컫는다.

35년, 길을 개척했는데, 구원九原을① 따라 운양雲陽에② 이르러서 산을 파고 계곡을 메워 곧바로 통하게 한 것이다. 그 즈음 시황제는 함양이 인구가 많은데도 선왕들의 궁전이 작다고 여기고 "내가 듣자니 주나라 문왕은 풍豐에 도읍했고, 무왕은 호鎬에 도읍했으니 풍과 호 사이가 제왕의 도읍지이다."라고 했다.③ 이에 위수渭水 남쪽 상림원上林苑 안에 궁전을 지었다. 먼저 전전前殿인 아방궁阿房宮을④ 지었는데, 동서가 500보이고, 남북이 50장五十丈이었다. 위쪽에는 1만 명이 앉을 수 있고 아래쪽에는 오장五丈의 기를⑤ 꽂을 수 있게 했다. 빙 둘러 궁전을 지날 수 있도록 각도閣道(복도)를 만들었는데, 궁전 아래에서 곧바로 남산에까지 이르게 했다. 남산 정상에 궐루闕樓를 세워서 표지로 삼았다. 복도復道(구름다리)를 만들었는데 아방궁에서부터 위수를 건너 함양에까지 이어지도록 하여 천극각도天極閣道가 은하수를 넘어서 영실營室에 이르는 것을 상징했다.⑥

三十五年 除道 道九原①抵雲陽② 塹山堙谷 直通之 於是始皇以爲咸陽人多 先王之宮廷小 吾聞周文王都豐 武王都鎬 豐鎬之閒 帝王之都也③ 乃營作朝宮渭南上林苑中 先作前殿阿房④ 東西五百步 南北五十丈 上可以坐萬人 下可以建五丈旗⑤ 周馳爲閣道 自殿下直抵南山 表南山之顚以爲闕 爲復道 自阿房渡渭 屬之咸陽 以象天極閣道絕漢抵營室也⑥

① 九原구원

집해 〈지리지〉에는 "구원군은 구원현九原縣에 있다."고 했다.
【集解】 地理志五原郡有九原縣

② 雲陽운양

집해 서광은 "〈표表〉에 도구원은 통감천이라."고 했다.
【集解】 徐廣曰 表云道九原 通甘泉

③ 吾聞周文王都豐~帝王之都也오문주문왕도풍~제왕지도야

신주 풍豐은 주나라 문왕 때의 도읍이고, 그 옛터가 지금의 서안시 서남쪽에 위치하고 있어 함양의 남쪽으로 흐르는 풍수豐水에서 서쪽이며, 호鎬는 무왕 때의 도읍으로 서안시 서쪽의 옛 풍수豐水에서 동쪽 지역에 위치했다.

④ 阿房아방

정의 房은 '방[白郎反]'으로 발음한다. 《괄지지》에는 "진秦나라의 아방궁은 또 아성阿城이라고 하며 옹주 장안현 서북쪽 14리에 있다."고 했다. 상고해보니 아방궁은 상림원上林苑 안에 있는데, 옹주 성곽 서남쪽 면이 곧 아방궁성의 동쪽 면이다. 안사고는 "아阿는 근近이다. 그것이 함양과 거리가 가까워서 또 아방이라고 호칭한 것이다."라고 했다.

【正義】 房 白郎反 括地志云 秦阿房宮亦曰阿城 在雍州長安縣西北一十四里 按 宮在上林苑中 雍州郭城西南面 卽阿房宮城東面也 顏師古云 阿 近也 以其去咸陽近 且號阿房

⑤ 五丈旗오장기

[색은] 이것은 그 형상으로 궁의 이름을 삼은 것이고, 그 궁의 사아방광(아阿는 정원의 굽은 곳이란 의미)의 형상을 말한 것이다. 그래서 아래에 오장기五丈旗를 세울 수 있다고 이른 것이다. 아방은 뒤에 궁명宮名이 되었다.

【索隱】 此以其形名宮也 言其宮四阿旁廣也 故云下可建五丈之旗也 阿房 後爲宮名

[정의] 《삼보구사三輔舊事》에는 "아방궁은 동서 길이는 3리이고 남북 길이는 500보인데, 뜰 안에는 1만 명을 수용하는 것이 가하다. 또 12개의 동인銅人을 주조해서 궁전宮前에 세웠다. 아방궁은 자석으로 문을 만들었는데 아방궁의 북쪽 궐문이다.'라고 했다.

【正義】 三輔舊事云 阿房宮東西三里 南北五百步 庭中可受萬人 又鑄銅人十二於宮前 阿房宮以慈石爲門 阿房宮之北闕門也

⑥ 爲復道~天極閣道絶漢抵營室也위복도~천극각도절한저영실야

복도複道를 만들어서 위수를 건너서 함양에 소속되게 하고 천문의 각도閣道를 본떠서 한수(은하수)를 건너서 영실에 이르게 했다. 늘 천관서天官書를 고찰해보니 "천극天極의 자궁紫宮 뒤의 17개의 별이 은하수를 건너서 영실에 이르는 것을 각도라고 한다."고 했다.

【索隱】 謂爲複道 渡渭屬咸陽 象天文閣道絕漢抵營室也 常考天官書曰 天極紫宮後十七星絕漢抵營室 曰閣道

천극은 하늘의 중심. 각도는 구름다리. 절한絶漢은 은하수를 말한다. 영실은 궁전을 뜻하는데, 28수宿 중의 하나인 별 이름 영실성營室星의 의미도 내포하고 있다.

아방궁이 완성되지 않았다. 아방궁이 완성되면 다시 좋은 이름을 선택해서 이름 지으려고 했다. 아방 땅에 궁을 지었으므로 천하에서는 아방궁이라고 일렀다. 은궁隱宮(궁형)과[1] 도형徒刑을[2] 받은 자 70만여 명을 나누어 아방궁을 짓게 하거나 혹 여산麗山을[3] 쌓게 했다. 북산北山에서 석곽石椁을 캐내고[4] 촉과 형 땅에서 목재를 운반해 이곳까지 이르게 했다. 관중에는[5] 300채의 궁을 지을 계산을 했고 관關 밖에도 400여 채를 지으려고 했다. 이에 동해 위 구산朐山[6] 경계 안에 비석을 세워 진秦나라의 동문으로 삼게 했다. 죄수 3만여 가구를 여읍麗邑으로[7] 이사시키고 5만 가구를 운양雲陽으로 이사시켰는데 모두 10년간 세금을 면제시켜 주었다.

阿房宮未成 成 欲更擇令名名之 作宮阿房 故天下謂之阿房宮 隱宮[1]徒刑[2]者七十餘萬人 乃分作阿房宮 或作麗山[3] 發北山石[4]椁 乃寫蜀 荊地材皆至 關中[5]計宮三百 關外四百餘 於是立石東海上朐[6]界中 以爲秦東門 因徙三萬家麗邑[7] 五萬家雲陽 皆復不事十歲

① 隱宮은궁

정의 나머지 형刑은 〈시조市朝〉에 보인다. 궁형宮刑은 100일 동안 음실蔭室에 숨겨서 살게 한다. 그래서 은궁이라고 하는데 아래의 잠실蠶室이 이것이다.

【正義】 餘刑見於市朝 宮刑 一百日隱於蔭室 養之乃可 故曰隱宮 下蠶室是

신주 은궁隱宮(궁형)은 중국 고대의 5가지 형벌 중의 하나이다. 남자는 실로 고환을 묶어 서서히 썩게 해서 제거하고, 여성은 질을 막아 생식과 생산을 못하게 했다. 이 형벌은 사형보다도 더한 치욕으로 여겨 사형수도 궁형을 원하면 사형이 면제되기도 했다고 전한다.

② 徒刑도형

신주 오형 중 하나이다. 형을 받은 기간 배치된 장소에서 노역하는 일종의 징역형을 일컫는다.

③ 麗山여산

신주 驪山여산을 말한다. 지금의 서안시 동북쪽 임동현 성의 동남쪽에 있다. 이 산은 진시황이 자기를 위해 미리 능陵터를 조성한 곳인데, 능터가 현재 임동현 성의 동쪽에 있다.

④ 발북산석發北山石

신주 여산을 기점으로 북쪽의 여러 산에서 채석하여 운반했다. '석石' 아래 원래는 '곽椁' 자가 있었는데, 청대의 역사학자 양옥승梁玉繩이 하작何焯의 말을 인용하여 '곽椁' 자는 의연疑衍이라고 했다.

⑤ 關中관중

신주 동쪽으로 함곡관, 서쪽으로 옹천瀧川의 안쪽 땅이다.《관중기
關中記》에 '동쪽으로 함곡관에 이르고, 서쪽으로 옹관隴關까지 두 관문
사이를 관중이라고 한다.'고 하였다.

⑥ 朐山구산

신주 지금의 강소성江蘇省 연운항시連云港市 서남쪽의 금병산錦屛山
을 일컫는다.

⑦ 麗邑이읍

정의 麗는 '리離'로 발음한다.
【正義】 麗音離

시황제 방사方士를 가까이하다

노생이 시황제를 설득해 말했다.

"신 등이 지초芝草와 기이한 약과 신선을 찾았으나 매번 만나지 못했는데, 이를 방해하는 유물有物이① 있는 것 같습니다. 방중술方中術로② 군주께서 때로 미행을 하실 때 악귀를 물리쳐야 하는데, 악귀를 물리치면 진인眞人이 이릅니다. 군주께서 머무는 곳을 신하들이 알면 신神에게 방해가 됩니다. 진인은 물속에 들어가도 옷이 젖지 않고 불에 들어가도 타지 않으며, 구름을 타고 다니며 천지와 영원히 함께 할 것입니다. 지금 주상께서는 천하를 다스리시지만 염담恬倓에는③ 능하지 못하십니다. 원컨대 주상께서 거처하시는 궁궐을 다른 사람들이 알지 못하게 하신 연후에야 불사약을 반드시 얻을 수 있을 것입니다."

盧生說始皇曰 臣等求芝奇藥仙者常弗遇 類物有①害之者 方中② 人主時爲微行以辟惡鬼 惡鬼辟 眞人至 人主所居而人臣知之 則害於神 眞人者 入水不濡 入火不蒸 陵雲氣 與天地久長 今上治天下 未能恬倓③ 願上所居宮毋令人知 然后不死之藥殆可得也

① 物有물유

신주　요괴, 또는 도깨비 따위이다.

② 方中방중

신주　방중술方中術이다. 중국 전국시대 말기에 방사方士들이 나타나 유행하기 시작했는데. 이들은 주술을 행하고 불사약을 만들었다고 한다.

③ 恬倓염담

신주　마음을 맑게 하고 욕심을 적게 하는 것, 즉 편안하고 고요한 상태를 뜻한다.

이에 시황제가 말했다.

"나는 진인을 흠모했으니 스스로 '진인'이라고 이를 것이고 '짐
朕'이라고 칭하지 않을 것이다."

이에 명을 내려 함양 부근 200리 안의 궁관宮觀 270곳의 복도
와① 용도를 서로 연결하게 하여 휘장을 두르고 악기와 미인들로
채워서 각각 부서에 등재하고 옮기지 못하게 했다.② 시황제가 행
차해 머무는 곳에서, 그곳에 머물고 있다고 말하는 자가 있으면
그 죄가 사형이었다. 시황제가 양산궁梁山宮으로③ 행차했는데
양산 위에서 승상의 수레와 기병이 많은 것을 보고 좋아하지 않
았다. 궁 안 사람이 혹 승상에게④ 알리자 승상(이사)이 뒤의 수
레와 기병들의 숫자를 줄였다.

於是始皇曰 吾慕真人 自謂真人 不稱朕 乃令咸陽之旁二百里內宮
觀二百七十復道①甬道相連 帷帳鍾鼓美人充之 各案署不移徙② 行
所幸 有言其處者 罪死 始皇帝幸梁山宮③ 從山上見丞相④車騎衆 弗
善也 中人或告丞相 丞相後損車騎

① 復道복도

신주 복도復道를 말한다. 길이 위 아래로 겹쳐 있어 윗길은 천자가,
아랫길은 백성들이 다녔다.

② 美人充之各案署不移徙미인충지각안서불이사

미인(시위侍位를 포괄한다)들을 오랫동안 이곳에서 나오지 못하게 했다는 것은 시황이 거처하는 곳을 알 수 없게 하려는 의도였다.

③ 梁山宮양산궁

集解 서광은 "호치에 있다."고 했다.
【集解】 徐廣曰 在好畤

正義 《괄지지》에 "속명에는 망궁산인데 옹주 호치현好畤縣 서쪽 12리에 있으며 북쪽 양산까지 거리는 9리라고 했다. 〈진시황기〉에 '산 위를 따라 가서 승상의 수레와 기마의 무리를 보고 좋아하지 않았다'고 했다는 바로 그 산이다."고 했다.
【正義】 括地志云 俗名望宮山 在雍州好畤縣西十二里 北去梁山九里 秦始皇紀 從山上見丞相車騎衆 弗善 即此山也

시황제가 노해서 말했다.
"이 궁 안에 나의 말을 발설하는 자가 있다."
조사해 문초하게 했는데 자복하는 자가 없었다. 이때 조서를 내려 그때 곁에 있었던 자들을 모두 체포해 다 죽이도록 했다. 이후로 시황제가 행차한 곳을 아는 자가 없었다. 정사를 듣고 여러 신하들의 결재를 받는 것들이 모두 함양궁에서 이루어졌다.
始皇怒曰 此中人泄吾語 案問莫服 當是時 詔捕諸時在旁者 皆殺之 自是後莫知行之所在 聽事 羣臣受決事 悉於咸陽宮

후생侯生이[1] 노생과 모의해서 말했다.

"시황제의 사람됨은 천성적으로 고집이 세고 사나워 자기 마음대로 하는데다가,[2] 제후에서 일어나 천하를 병탄하고 나서도 하고자 하는 대로 따라서 뜻을 취하면서 예로부터 자신보다 나은 자가 없다고 생각하고 있습니다. 오로지 옥리獄吏들을 신임해서 옥리들만 총애를 받고 있습니다. 박사들이 비록 70명이지만 특별히 인원만 갖추었을 뿐 중용하지 않고 있습니다. 승상이나 여러 대신들도 모두 결정된 일을 받아들여서 황제의 판단에 의지할 뿐입니다. 황제가 형벌과 살육하는 것을 위엄으로 삼아 즐기니 천하는 죄를 두려워하고 녹봉만을 유지할 뿐 감히 충성을 다하지 않습니다. 황제는 허물을 듣지 못하니 날마다 교만해지고 아래에서는 두려움에 엎드려 거짓으로 용납되기만을 취할 뿐입니다. 진나라의 법은 두 가지 겸방兼方(두 가지 방술을 갖고 있는 것) 하는 것을[3] 취하지 못하게 하고는, 방술을 징험하지 못하면 번번이 죽였습니다. 그러한 즉, 별자리와 구름의 기氣를 살피는 자가 300명에 이르는데 다 훌륭한 선비들이지만 두려움에 드러내기를 꺼려하고 숨겨서 아첨만 할 뿐, 감히 황제의 허물을 바르게 말하지 못합니다. 천하의 일에 작고 크고 할 것 없이 모두 시황제에 의해서 결정되니 황제께 보고할 문서에 무게를 저울에 달아[4] 낮과 밤의 시간을 정해 놓고[5] 정해진 것을 맞추지 못하면 휴식을 얻지 못하고 있습니다.[6] 권세를 탐함이 여기에 이르렀으니 선약仙藥을 구해주는 것은 옳지 않습니다."

侯生^① 盧生相與謀曰 始皇爲人 天性剛戾自用^② 起諸侯 并天下 意得
欲從 以爲自古莫及己 專任獄吏 獄吏得親幸 博士雖七十人 特備員
弗用 丞相諸大臣皆受成事 倚辨於上 上樂以刑殺爲威 天下畏罪持
祿 莫敢盡忠 上不聞過而日驕 下懾伏謾欺以取容 秦法 不得兼方^③
不驗 輒死 然候星氣者至三百人 皆良士 畏忌諱諛 不敢端言其過 天
下之事無小大皆決於上 上至以衡石量書^④ 日夜有呈^⑤ 不中呈不得
休息^⑥ 貪於權勢至如此 未可爲求仙藥

① 侯生후생

[집해] 《설원說苑》에는 '한韓나라 객인 후생을 말한다.'라고 했다.
【集解】 說苑曰 韓客侯生也

② 剛戾自用강려자용

[신주] 남의 말은 듣지 않고 오직 자신만이 옳다고 생각해서 제멋대로
한다는 뜻의 사자성어다.

③ 不得兼方부득겸방

[집해] 서광徐廣은 "다른 판본에는 '병력并力'으로 되어 있다."고 했다.
【集解】 徐廣曰 一云 并力

정의 진秦나라에서 법을 시행할 때 겸방兼方을 얻지 못하게 했다. 영令을 내려 백성들 중 방기方伎 있는 자에게 겸하여 두 가지를 같이 할 수 없게 하고 시험했는데 증험하지 못하면 항상 죽음을 내렸다. 법의 혹독함을 말한 것이다.

【正義】 言秦施法不得兼方者 令民之有方伎不得兼兩齊 試不驗 輒賜死 言法酷

신주 방술을 하는데 두 가지 이상 겸하지 못하게 한다는 뜻이다. 방사들은 의醫, 무巫 등 온갖 기술을 다하여야 함에도 이를 허용하지 않음에 후생이 불만을 말한 것이다.

④ 衡石量書형석양서

집해 석石은 120근이다.

【集解】 石百二十斤

정의 형衡은 저울대이다. 표문表文이나 전문牋文이나 주청은 저울대로 1석을 취하고 낮과 밤에 정해진 시간까지 읽을 분량을 채우지 못하면 휴식을 취할 수 없었다.

【正義】 衡 秤衡也 言表牋奏請 秤取一石 日夜有程期 不滿不休息

⑤ 日夜有呈일야유정

신주 날마다 읽어야 할 문서의 분량을 규정하고 있음을 가리킨다. 정몰은 정程과 같다.

⑥ 不中呈不得休息부중정부득휴식

신주 완전히 목표를 성취하지 못하면 잠을 잘 수 없었음을 가리킨다.

이에 곧 도망쳐 달아났다. 시황제는 후생과 노생이 도망쳤다는 소문을 듣고 이에 크게 노하여 말했다.

"나는 지난날 천하의 책을 거두어서 쓰기에 적합하지 않은 것들을 모두 없애버렸다. 또 문학하는 사람들과[1] 방술사方術士들을 매우 많이 불렀는데, 천하를 태평하게 하려고 한 것이요, 방사들에게는 방술을 익혀서 기이한 약을 구하고자 한 것이다.[2] 지금 들으니 한중韓衆은[3] 가더니 소식이 없고, 서불徐市 등은 거만금의[4] 비용을 낭비하고도 끝내 약을 얻지 못한 채 한갓 간사한 이익을 가지고 서로 고발한다는 소식만 날마다 듣고 있다.[5] 노생 등은 내가 존경해서 매우 후하게 대우했는데도 지금 나를 비방하면서 나의 부덕함을 가중시켰다. 함양에 있는 여러 유생들을 내가 사람을 시켜 심문하니 혹자는 요상한 말로 백성들을 어지럽힌다고 한다."

於是乃亡去 始皇聞亡 乃大怒曰 吾前收天下書不中用者盡去之 悉召文學[1]方術士甚衆 欲以興太平 方士欲練以求[2]奇藥 今聞韓衆[3]去不報 徐市等費以巨萬[4]計 終不得藥 徒姦利相告日聞[5] 盧生等吾尊賜之甚厚 今乃誹謗我 以重吾不德也 諸生在咸陽者 吾使人廉問 或爲訞言以亂黔首

① 文學문학

신주 지식인과 학문하는 사람을 통칭한다.

② 欲練以求욕연이구

집해 서광은 "다른 판본에는 '욕이연구欲以練求'로 되어 있다."고 했다.
【集解】 徐廣曰 一云 欲以練求

③ 韓衆한중

정의 衆은 '종終'으로 발음한다고 했다.
【正義】 音終

④ 巨萬거만

신주 《신역사기》에 "거만巨萬은 億이다. 즉 동전의 금액을 가리킨다."고 했다.

⑤ 聞문

집해 서광은 "다른 판본에는 '한閒'으로 되어 있다."고 했다.
【集解】 徐廣曰 一作閒

이에 어사를 시켜 여러 유생들을 다 심문하게 하자 여러 유생들이 퍼뜨려 서로 고발하고 발뺌하며 스스로 금법을 범하고 면제받으려는 자가 460여 명이었는데, 함양에 구덩이를 파서 모두 묻고는 천하로 하여금 이를 알게 하여 후세에 경고하고 죄인들을 더 적발해서 변방으로 옮기게 했다.[①] 시황제의 장자인 부소扶蘇가 간쟁해서 말했다.

"천하가 처음으로 평정되었지만 먼 지방의 백성들은 아직 모으지 못했고, 여러 유생들은 다 공자의 법을 외우고 있는데 지금 주상께서 모두 무거운 법으로 얽어매시니 신은 천하가 불안해질까 두렵습니다. 오직 주상께서 살피소서."

시황제가 노해서 부소를 시켜 북쪽 상군上郡으로[②] 가서 몽염을 감독하게 했다.

於是使御史悉案問諸生 諸生傳相告引 乃自除犯禁者四百六十餘人 皆阬之咸陽 使天下知之 以懲後 益發謫徙邊[①] 始皇長子扶蘇諫曰 天下初定 遠方黔首未集 諸生皆誦法孔子 今上皆重法繩之 臣恐天下不安 唯上察之 始皇怒 使扶蘇北監蒙恬於上郡[②]

① 謫徙邊적사변

집해 서광은 "〈표表〉에 이르기를 북하北河와 유중楡中으로 옮겼는데, 세 곳으로 옮기는 것을 감내했다. 작위爵位는 1급을 제수했다."고 했다.

【集解】 徐廣曰 表云徙於北河 楡中 耐徙三處 拜爵一級

② 上郡상군

정의 《괄지지》에는 "상군의 고성은 수주 상현의 동남쪽 50리에 있
는데 진秦나라의 상군성이다."라고 했다.

【正義】 括地志云 上郡故城在綏州上縣東南五十里 秦之上郡城也

36년, 형혹성熒惑星(화성)이 심수心宿를 침범했다.[1] 유성이 동군東郡에 떨어졌는데 땅에 닿자 돌[石]로[2] 변했다. 백성들 중 누군가 그 돌에 새겨서 말했다.

"시황제가 죽어 땅이 갈라진다."

시황제가 이를 듣고 어사를 보내서 추격하여 심문하게 했지만 자복하는 자가 없었다. 이에 그 돌 가까이에 사는 사람들을 모두 붙잡아 처형시키고, 이어 그 돌을 불태워 녹여 없앴다. 시황제는 즐겁지 않았지만 박사를 시켜 '선진인시仙眞人詩'를 짓게 해서 천하를 순행하러 갈 때마다 전령傳令이나 악인樂人들에게 노래하고 음악을 연주하게 했다. 가을에 사신이 관동關東에서 밤중에 화음華陰과 평서平舒[3] 길을 지나가는데 어떤 사람이 벽옥을 가지고 사자의 앞을 막으면서 말했다.

"나를 위해 호지군滈池君에게[4] 보내주시오."

三十六年 熒惑守心[1] 有墜星下東郡 至地爲石[2] 黔首或刻其石曰 始皇帝死而地分 始皇聞之 遣御史逐問 莫服 盡取石旁居人誅之 因燔銷其石 始皇不樂 使博士爲仙真人詩 及行所游天下 傳令樂人謌弦之 秋 使者從關東夜過華陰平舒[3]道 有人持璧遮使者曰 爲吾遺滈池君[4]

① 熒惑守心형혹심수

신주 형옥성은 황성이고, 심心은 28수宿의 다섯째 별자리들인 심성 心星이다. 심성인 세별은 천자, 태자, 서자庶子를 상징한다. 형혹성이 심 성을 침범하면 간신이 임금의 권세를 끼고 나라를 도모할 조짐으로 해 석한다.

② 石석

집해 서광은 "〈표表〉에 이르기를 돌이 낮에 떨어졌다."고 했다.

【集解】 徐廣曰 表云石晝隕

③ 華陰平舒화음평서

정의 《괄지지》에는 "평서의 고성은 화주 화음현 서북쪽 6리에 있 다."고 했다. 《수경주》에는 "위수는 또 동쪽으로 평서 북쪽을 거쳐서 성 城이 위수의 물가를 베개 삼아서 절반은 무너져 물에 빠져 있으며 남쪽 으로 향해 사방으로 통한다. 옛날 진秦나라가 장차 망하려고 할 때 강 신江神이 벽옥璧을 화음의 평서에서 보냈다고 한 길이 그 곳이다."라고 했다.

【正義】 括地志云 平舒故城在華州華陰縣西北六里 水經注云 渭水又東經 平舒北 城枕渭濱 半破淪水 南面通衢 昔秦之將亡也 江神送璧於華陰平舒 道 卽其處也

④ 滈池君호지군

집해 복건은 "수신이다"라고 했다. 장안은 "무왕武王이 호鎬 땅에 살았으니 호지군은 곧 무왕이다. 무왕이 상商을 정벌했는데, 그래서 신神이 이르기를 시황제가 황음하기가 주紂와 같으니 지금 또 정벌할 수 있다."고 했다. 맹강은 "장안 서남쪽에 호지鎬池가 있다."고 했다.

【集解】 服虔曰 水神也 張晏曰 武王居鎬 鎬池君則武王也 武王伐商 故神云始皇荒淫若紂矣 今亦可伐也 孟康曰 長安西南有鎬池

색은 상고해보니 복건이 이른 '수신'이 이것이다. 강신이 벽옥璧玉을 호지신鎬池神에게 보내 시황제가 장차 죽을 것이라고 고한 것이다. 또 진秦나라는 수덕水德으로 제왕이 되었다. 그래서 그 임금이 장차 망하리라는 것을 수신이 먼저 스스로 서로 고한 것이다.

【索隱】 按 服虔云水神 是也 江神以璧遺鎬池之神 告始皇之將終也 且秦水德王 故其君將亡 水神先自相告也

정의 遺는 '예[庚季反]'로, 鎬는 '호[湖老反]'로 발음한다. 《괄지지》에는 "호수鎬水의 근원은 옹주雍州 장안현長安縣 서북쪽 호지鎬池에서 나온다."고 했다. 역도원酈道元이 주석한 《수경》에는 "호수는 호지鎬池에서 이어져 북쪽으로 흘러 위수渭水로 들어간다."고 했다. 지금 상고해보니 호지수는 흘러서 내통거來通渠로 들어가는데 아마도 역도원이 잘못 안 것이다. 장안은 "무왕이 호鎬에 거처했으니 호지군이 곧 무왕이다. 상商을 정벌했기 때문에 신神이 시황제의 황음함이 걸桀과 같다고 이르고 지금도 무왕의 의로움으로 정벌할 만한 것이다."고 했다.

【正義】 遺 庚季反 鎬 湖老反 括地志云 鎬水源出雍州長安縣西北鎬池 酈元

注水經云 滈水承滈池 北流入渭 今按 滈池水流入來通渠 蓋酈元誤矣 張晏
云 武王居滈 滈池君則武王也 伐商 故神云始皇荒淫若紂矣 今武王可伐矣

그리고 말하기를 "금년에 조룡祖龍이 죽을 것입니다."[1]라고 했
다. 사신이 그 까닭을 묻자 홀연히 보이지 않고 그 벽옥만[2] 놓고
떠나갔다. 사신이 벽옥을 받들고 자세하게 보고했다. 시황제가
묵연히 한참 있다가 말했다.
"산귀신[山鬼]은 진실로 한 해의 일만 아는 데 불과하다."
또 조회에서 물러나면서 말했다.
"조룡이란 사람의 선조일 뿐이다."
어사부御史府에[3] 보내 벽옥을 살피게 하니 그것은 28년에 순행
하면서 강수江水를 건널 때 빠뜨린 벽옥이었다. 이에 시황제가
점을 치니 이주시키는 것이 길하다는 점괘를 얻었다. 북하와 유
중에[4] 3만 가구를 옮겨 살게 하고 작위 1급씩을 제수했다.

因言曰 今年祖龍死[1] 使者問其故 因忽不見 置其璧[2]去 使者奉璧具
以聞 始皇默然良久 曰 山鬼固不過知一歲事也 退言曰 祖龍者 人之
先也 使御府[3]視璧 乃二十八年行渡江所沈璧也 於是始皇卜之 卦得
游徙吉 遷北河榆中[4]三萬家 拜爵一級

① 今年祖龍死금년조룡사

소림의 말을 인용하면 "조祖는 시始이다. 용龍은 임금의 상징으로 시황제를 이른 것이다."고 했다. 복건은 "용은 사람의 선조를 상징하며 왕 또한 다른 사람보다 먼저라고 말한 것이다."라고 했다. 응소는 "조祖는 사람의 선조이다. 용은 군주의 상징이다."라고 했다.

【集解】 蘇林曰 祖 始也 龍 人君象 謂始皇也 服虔曰 龍 人之先象也 言王亦人之先也 應劭曰 祖 人之先 龍 君之象

신주 '금년조룡사今年祖龍死'에 대해 《산해경》에 주석을 단 양신楊愼은 《단연록丹鉛錄》에서 "금년은 당연히 명년이어야 한다."고 했는데, 청나라 양옥승은 "이런 설이 있어 자세히 살펴 고증해보니 거의 의심스러운 점이 없었다. 지금에 의거하여 고친다. 조룡은 진시황이다."라고 했다.

② 碧벽

신주 이 벽옥은 '화씨지벽和氏之璧'이다. 초나라 왕에게 바쳐진 유명한 화씨지벽은 초나라 문왕이 취해서 조나라 혜문왕의 손으로 넘어갔다. 그 후 진시황 26년 초에 시황제는 초나라를 멸망시키고 이 옥을 얻어 이사로 하여금 '수명어천受命於天 기수영창旣壽永昌'을 새기게 하여 옥새를 만들었는데, 이것이 바로 '전국옥새傳國玉璽'이다. 진나라가 망하고 자영子嬰이 한의 유방에게 바쳤다고 전한다. 이 옥새의 마지막 기록은 전진前秦 황제 부견符堅이 죽임을 당할 때 후진後秦 황제 요장姚萇이 행방을 물었는데, 이미 동진東晉으로 보냈다는 내용이다.

③ 御府어부

황제의 재고財庫를 말한다. 여기서는 그 창고를 관장하는 관리자를 가리킨다.

④ 北河楡中북하유중

정의 북하는 승주勝州를 이른 것이다. 유중은 곧 지금의 승주勝州 유림현楡林縣이다. 3만 가구를 이사시켰는데 점괘에 이사하게 하면 길하다고 해서 응한 것을 말한다.
【正義】 謂北河勝州也 楡中卽今勝州楡林縣也 言徙三萬家以應卜卦游徙吉也

길에서 붕어하다

37년 10월 계축癸丑일에 시황제가 순수巡狩에 나섰다. 좌승상 이사가 수행하고 우승상 풍거질馮去疾이 왕성을 지켰다. 막내아들 호해胡亥가 애모愛慕하면서 따르기를 청하자① 시황제가 허락했다. 11월, 행차하여 운몽雲夢에② 이르러 우虞나라 순임금을 위해 구의산九疑山에③서 망제望祭를 지냈다. 강수에서 배를 타고 내려가 적가籍柯를④ 관람하고 해저海渚를⑤ 건넜다.

三十七年十月癸丑 始皇出游 左丞相斯從 右丞相去疾守 少子胡亥
愛慕請從① 上許之 十一月 行至雲夢② 望祀虞舜於九疑山③ 浮江下
觀籍柯④ 渡海渚⑤

① 小子胡亥愛慕請從소자호해애모청종

신주 "모모慕는 애愛와 유사해서 삭제해야 한다는 견해가 있다. 〈이사열전〉에 '小子胡亥愛請從'이라 하여 애愛는 진시황의 총애를 받는 것이라."고 했다. 또 이른바 '소자'는 〈이사열전〉의《집해》에 의거해 보면 "곧 시황제의 18번째 아들이다."

② 雲夢운몽

신주 당시의 대택大澤의 이름이다. 대체로 지금의 호북성의 서쪽으로 무한武漢, 동쪽의 공안公安, 남쪽의 잠강潛江, 북쪽의 양자강揚子江까지 매우 넓은 지역이어서 초나라 왕들이 사냥을 즐기던 곳이다.

③ 九疑山구의산

정의 《괄지지》에는 "구의산은 영주永州 당흥현唐興縣 동남쪽 100리에 있다."고 했다.《황람》〈총묘기〉에는 "순총舜冢은 영릉군 영포현 구의산에 있다. 시황제가 운몽에 이르러 우순虞舜에게 구의산에서 망제를 지냈다."고 했다.

【正義】 括地志云 九疑山在永州唐興縣東南一百里 皇覽冢墓記云舜冢在零陵郡營浦縣九疑山 言始皇至雲夢 望祭虞舜於九疑山也

④ 籍柯적가

신주 《역사문선歷史文選》에 "당연히 적하籍河로 여겨진다."고 했다.

유반劉盼이 마침내 '적籍'이라고 여겨 죽어서 이 산에서 장례를 치렀다.

⑤ 海渚해저

정의 《괄지지》에는 "서주 동안현 동쪽이다."라고 했다. 상고해보니 서주舒州는 강수의 안에 있다. 의심컨대 '해海'자는 잘못된 것으로 곧 이 주州(서주)일 것이다.

【正義】 括地志云 舒州同安縣東 按 舒州在江中 疑海字誤 即此州也

단양丹陽을[1] 지나서 전당강錢唐江에[2] 이르렀다. 절강浙江에[3] 이르렀는데 물결이 사나워 서쪽으로 120리를 따라 강폭이 좁은 곳에서 건넜다.[4] 회계산에 올라 대우大禹에게[5] 제사를 지내고 남해를 바라보며 비석을 세워[6] 진나라의 덕을 칭송하는 글을 새기게 했다. 그 글에서 이렇게 말했다.[7]

過丹陽[1] 至錢唐[2] 臨浙江[3] 水波惡 乃西百二十里從狹中渡[4] 上會稽 祭大禹[5] 望于南海 而立石刻[6]頌秦德 其文曰[7]

---

① 丹陽단양

정의 《괄지지》에는 "단양군은 옛날부터 윤주 강녕현 동남쪽 5리에 있고 진秦나라가 천하를 겸병해서 장군鄣郡으로 삼았다."고 했다.

② 錢唐전당

[정의] 전당은 지금의 항주현이다.

【正義】 錢唐 今杭州縣

③ 浙江절강

[집해] 진작은 "그 흐름이 동쪽에서 회계會稽의 산음山陰에 이르러 서
쪽으로 꺾였다. 그래서 절浙이라고 일컬었다. 浙은 '절折'로 발음한다."
고 했다.

【集解】 晉灼曰 其流東至會稽山陰而西折 故稱浙 音折

[신주] 절浙(강 이름)은 '절折(꺾다)'과 통한다.

④ 狹中度협중도

[집해] 서광은 "대개 여항餘杭에 있다." 고이는 "여항은 진시황이 회계
에 이르러 이곳을 경유해서 현縣을 만들어 세웠다."고 했다."

【集解】 徐廣曰 蓋在餘杭也 顧夷曰 餘杭者 秦始皇至會稽經此 立爲縣

⑤ 上會稽祭大禹상회계제대우

정의 上은 '상[上掌反]'으로 발음한다. 월주 회계산 위에 하우혈夏禹穴 (하우의 굴)과 묘廟가 있다.

【正義】 上音上掌反 越州會稽山上有夏禹穴及廟

⑥ 石刻석각

색은 남해南海에서 망제를 지내고 돌에 새겼다. 세 구절로 운韻을 삼았는데 총 24운韻으로 되어 있다.

【索隱】 望于南海而刻石 三句爲韻 凡二十四韻

⑦ 頌秦德其文曰송진덕기문왈

정의 이것은 이송二頌이며 세 구절로 운韻을 삼았다. 그 비석은 회계산의 위에 있는 것을 볼 수 있다. 그 문文과 서書는 모두 이사가 썼는데 그 글자는 4치이고 획은 작은 손가락과 같으며 둥글게 새기었다. 지금의 문자가 정돈되었는데 이것은 소전자小篆字이다.

【正義】 此二頌三句爲韻 其碑見在會稽山上 其文及書皆李斯 其字四寸 畫如小指 圓鑴 今文字整頓 是小篆字

"황제의 훌륭한 공렬은 천하를 하나로 평정해서 덕과 은혜를 펴심이 장구하다.[1] 37년에 천하를 몸소 순행하며 먼 곳까지 두루 돌아보시고, 마침내 회계산에 올라 관습과 풍속들을 베풀어 살피니 백성들은 몸과 마음을 단정하게 하였다. 여러 신하들이 공로를 칭송하며 사적事迹을[2] 근본으로 삼고 그의 고명함을 최선으로[3] 따랐다. 진성왕秦聖王(진시황)으로 나라에 임하시어 비로소 형명刑名(형벌의 명칭)을 제정하시고 옛 제도를[4] 뚜렷이 베풀었다. 처음으로 법도法度을 공평하게 하고 직분의 맡은 바를 살피고 구분하셔서 영원한 기강을 확립하셨다.

皇帝休烈 平一宇內 德惠脩長[1] 三十有七年 親巡天下 周覽遠方 逐登會稽 宣省習俗 黔首齋莊 羣臣誦功 本原事迹[2] 追首[3]高明 秦聖臨國 始定刑名 顯陳舊章[4] 初平法式 審別職任 以立恆常

① 脩長수장

색은 수脩(길다)는 또한 '장長(길다)'이란 뜻이니 중복된 문장이다. 왕소王劭가 상고해보니 장휘가 기록한 회계 남산의 〈진시황비문〉에는 "수脩'는 '유攸(장구하다)' 자로 되어 있다."고 했다.

【索隱】 脩亦長也 重文耳 王劭按張徽所錄會稽南山秦始皇碑文 脩作攸

② 事績사적

신주 진조秦朝가 시작된 이래로부터 발전과정을 추상追想하는 것이다.

③ 首수

색은 지금 회계각석會稽刻石의 문장에 '수首'자를 상고해보니 '도道'자로 되어 있는데 이것이 인정에 올바르게 부합한다.

【索隱】 今檢會稽刻石文首字作道 雅符人情也

④ 舊章구장

정의 章은 창彰으로 쓰고 음은 '장章'이다. 비문에는 '획장畫璋'으로 되어 있다.

【正義】 作彰 音章 碑文作畫璋也

신주 예로부터 행해지던 진나라의 효력 있는 규구規矩를 말하는 것이다.

여섯 나라의 왕들은 오로지 배반하고, 탐욕스러운 마음으로 오만하고 사납게 백성을 거느려서 스스로 강력해지려고 했다.[①] 포학한 짓을 자행하며 힘만 믿고 교만해져 자주[②] 군사를 동원했다. 몰래 간첩을 보내서 합종책合從策을[③] 일삼고 엇나가는 방향으로 행동하여 안으로는 사특한 계책을 꾸미고[④] 밖으로는 변방을 침략해 자주 재앙을 일으켰다. 의리와 위엄으로 주벌하여 포악하고 거역하는 자들을 모두 멸하고[⑤] 난을 일으킨 도적들도 멸망시키니, 성스러운 덕은 넓고도 조밀해서 천지 사방에서 은택을 입는데 경계가 없었다. 황제께서는 천하를 아우르고 겸해서 만사萬事를 경청하여 멀고 가까운 곳들을 모두 맑게 하셨다. 모든 사물들을 이치에 맞게 운용하시고 사실들을 상고하여 증험하셔서 각자 그 명목을 적게 하셨다. 귀하고 천한 것들을 함께 통하게 하고 선하고 선하지 않은 것들을 앞에 진열하니 실정을 숨길 수가 없었다.

六王專倍 貪戾慠猛 率眾自彊[①] 暴虐恣行 負力而驕 數[②]動甲兵 陰通間使 以事合從[③] 行為辟方 內飾詐謀[④] 外來侵邊 遂起禍殃 義威誅之 殄熄[⑤]暴悖 亂賊滅亡 聖德廣密 六合之中 被澤無疆 皇帝并宇 兼聽萬事 遠近畢清 運理羣物 考驗事實 各載其名 貴賤並通 善否陳前 靡有隱情

① 率眾自彊솔중자강

정의 ㅣ 비문에는 '솔중방강率衆邦強(백성을 거느려 나라를 강하게 했네)'이
라고 되어 있다.

【正義】 碑文作率衆邦強

② 數삭

정의 ㅣ 삭朔으로 발음한다.

【正義】 數音朔

신주 ㅣ 자주라는 뜻이다.

③ 合從합종

신주 ㅣ 전국시대 말기 소진이 주장한 외교정책이다. 동방의 나라들인
조趙 · 한韓 · 위魏 · 연燕 · 제齊 · 초楚의 6국이 소진蘇奏을 재상으로 삼고
종적縱的으로 연합하여 서방의 진에 대항하자는 것으로 합종책合從策
이라고 한다. 이에 반해 장의張儀는 서쪽의 진과 동쪽의 여섯 나라가 횡
적橫的으로 연합해야 한다는 연횡책連橫策을 주장했다. 즉 소진은 6국
이 남북으로 동맹을 맺어 진나라에 대항해야 각각 국가를 유지할 수 있
다고 주장한 반면에, 장의는 진나라와 6국이 동서로 평화조약을 맺어
야 국가를 유지할 수 있다고 주장했다. 각국이 연횡책을 따른 결과 6국
이 차례로 진나라에 멸망하고 중원이 통일되었다.

④ 詐謀사모

색은 각석문에는 '모사謀詐'로 되어 있다.

【索隱】 刻石文作謀詐

⑤ 熄식

집해 서광徐廣은 "熄은 '식息'으로 발음한다."고 했다.

【集解】 徐廣曰 音息

겉치레는 반성하고 의를 선양하게 했으며[1] 자식을 두고 시집가는 것은[2] 죽은 자를 배신하여 정조가 없는 것으로 여기셨다. 안과 밖을 막아 음란한 것을 금지시켜 남녀가 순결하고 성실하게 했다. 지아비가 유부녀와[3] 간통하면 죽여도 죄가 없게 하여 남자가 의義를 헤아려 지키게 했다. 아내가 남편을 버리고 재가하면[4] 자식이 어머니로 삼지 않게 하니[5] 모두가 교화되어 청렴하고 맑아졌다. 큰 다스림으로 풍속을 깨끗이 하니 천하가 가르침을 받들어 아름다운 법의 혜택을 받게 했다. 모두가 법도를 준수하게 하여 화락함과 편안함을 돈독하게 하는데 힘쓰니 영令을 따르지 않는 자가 없었다. 백성들이 수양하여 정결해지고 사람들은 법도를 따라 함께 즐기며 태평함을 아름답게 지켰다. 후세들도 법을 공경하여 받들 것이니 떳떳한 다스림이 끝이 없어 수레와 배가 기울지 않으리라. 따르는 신하들이 공렬을 암송하고 이 비석에 글을 새기기를 청하니[6] 아름다운 비명碑銘이 빛나게 드리워지리라."

節省宣義[1] 有子而嫁[2] 倍死不貞 防隔內外 禁止淫洗 男女絜誠 夫爲寄猳[3] 殺之無罪 男秉義程 妻爲逃嫁[4] 子不得母[5] 咸化廉清 大治濯俗 天下承風 蒙被休經 皆遵度軌 和安敦勉 莫不順令 黔首脩絜 人樂同則 嘉保太平 後敬奉法 常治無極 輿舟不傾 從臣誦烈 請刻此石[6] 光垂休銘

① 飾省宣義식성선의

집해　서광은 "성省은 한 곳에는 '비非'로 되어 있다."고 했다.
【集解】　徐廣曰 省 一作非

정의　飾은 '식式'으로 발음하고, 省은 '셩[山景反]'으로 발음한다. 식飾
은 문식文飾을 이른다. 성省은 '과過(돌이켜보다)'라는 뜻이다.
【正義】　飾音式 省 山景反 飾謂文飾也 省 過也

② 有子而嫁유자이가

정의　남편이 죽고 자식이 있는데도 버리고 시집가는 것을 이른 것
이다.
【正義】　謂夫死有子 棄之而嫁

③ 豭가

색은　가豭는 수돼지이다. 남편이 다른 여인을 탐하는 것이 마치 수
돼지가 암돼지에 의탁하는 것과 같은 것이다. 豭는 '가加'로 발음한다.
【索隱】　豭 牡豬也 言夫淫他室 若寄豭之豬也 豭音加

④ 逃嫁도가

정의   남편을 버리고 달아나 남에게 시집가는 것을 이른 것이다.

【正義】 謂棄夫而逃嫁於人

⑤ 子不得母자부득모

정의   여인이 남편을 버리고 도망쳐 시집가서 자식이 어머니를 잃은
것을 말한 것이다.

【正義】 言妻棄夫逃嫁 子乃失母

신주   남편이 간통했을 경우 죽여도 죄가 없게 했지만 여성이 간통했
을 경우 아들로부터 어머니임을 부정하는 것에 그치게 한 것이 이후 여
성의 부정에 가혹했던 사례에 비해 온건한 처벌이다. 진시황이 유학자
들에 의해 부정당한 사유 중의 하나이다.

⑥ 從臣誦烈請刻此石종신송렬청각차석

정의   從은 '종[才用反]'으로 발음한다. '열烈'은 '아름답다'는 뜻이다.
순수에 따르는 모든 신하가 모두 아름답다고 외치고 돌에 새길 것을 청
했다는 것이다.

【正義】 從音才用反 烈 美也 所隨巡從諸臣 咸誦美 請刻此石

시황제가 돌아올 때 오吳를 지나 강승江乘에서 강을 건넜다.[1] 해
상海上을 아울러서 북쪽 낭야에 이르렀다. 방사 서불徐市 등이
신약神藥을 구하러 바다로 들어갔는데 여러 해가 지나도 얻지
못하고 비용만을 허비했으니 문책이 두려워서 거짓으로 꾸며 말
했다.

"봉래산에서 선약을 얻을 수가 있습니다. 그러나 항상 커다란
상어에게 고통을 당해 얻을 수가 없었습니다. 원컨대 활을 잘 쏘
는 자와 함께하기를 청합니다. 그래야 상어가 나타나면 연노連弩
(연달아 화살을 쏘는 기구)를 쏘아 맞출 수 있습니다."

還過吳 從江乘渡[1] 並海上 北至琅邪 方士徐市等入海求神藥 數歲
不得 費多 恐譴 乃詐曰 蓬萊藥可得 然常爲大鮫魚所苦 故不得至 願
請善射與俱 見則以連弩射之

① 江乘渡강승도

집해 〈지리지〉에 "단양에 강승현이 있다."고 했다.
【集解】 地理志丹陽有江乘縣

색은 〈지리지〉에는 "단양에 강승현이 있다."고 했다.
【索隱】 地埋志丹陽有江乘縣

정의 승乘은 '승[時升反]'으로 발음한다. 강승江乘의 옛 현은 윤주 구용현의 북쪽 60리에 있는데 본래 진秦나라의 옛 현이라고 했다. 도渡는 제도濟渡(물을 건너는 것)를 이른 것이다.

【正義】 乘音時升反 江乘故縣在潤州句容縣北六十里 本秦舊縣也 渡謂濟渡也

이때 시황제는 해신海神과 싸우는 꿈을 꾸었는데 사람의 형상 같았다. 꿈에 나타난 것을 점쳐서 묻게 하자 박사가 말 했다.

"수신水神은 볼 수 없지만 큰 물고기나 교룡으로 나타날 징후로 여겨집니다. 지금 주상께서 제사를 지내고 준비를 신중히 해서 이러한 악신惡神을 마땅히 제거해야 선신善神이 이를 수 있을 것입니다."

이에 바다로 들어가는 자에게 큰 고기를 잡는 기구를 가져가게 하고 연노連弩를 가지고 기다리다가 큰 물고기가 나타나면 쏘게 했다. 낭야산으로부터 북쪽의 영성산榮成山에[1] 이르렀으나 대어는 보이지 않았다. 지부산에 이르러 거대한 물고기가 나타나자 활을 쏘아 한 마리를 잡고서 드디어 바다를 따라서 서쪽으로 갔다.

始皇夢與海神戰 如人狀 問占夢 博士曰 水神不可見 以大魚蛟龍爲候 今上禱祠備謹 而有此惡神 當除去 而善神可致 乃令入海者齎捕巨魚具 而自以連弩候大魚出射之 自琅邪北至榮成山[1] 弗見 至之罘見巨魚 射殺一魚 逐並海西

① 榮成山영성산

정의 곧 성산成山인데 내주來州에 있다.
【正義】 卽成山也 在萊州

시황제가 평원진平原津에 이르러 병이 들었다.① 시황제는 죽음이
라는 말을 싫어해 모든 신하들이 감히 죽는 일에 대해서 말하지
않았다. 시황제의 질병이 더욱 심해지자 이에 새서璽書를 만들어
공자公子 부소扶蘇(진시황의 장자)에게② 내려 말했다.
"돌아와서 함양에 모여서 상사喪事를 함께 치르라."
새서는 이미 봉해져서 중거부령中車府令 조고에게③ 있었는데 부
새符璽를 찍는 장소로 가서는 사신에게 주지 않았다.
至平原津而病① 始皇惡言死 羣臣莫敢言死事 上病益甚 乃爲璽書賜
公子扶蘇②曰 與喪會咸陽而葬 書已封 在中車府令趙高③行符璽事
所 未授使者

① 平原津而病평원진이병

집해 서광徐廣은 "하수를 건너서 서쪽이다."라고 했다.
【集解】 徐廣曰 渡河而西

정의 지금의 덕주德州이다. 평원현平原縣 남쪽 60리에 장공張公의 고성이 있고 성의 동쪽에는 강의 나루가 있는데 뒤에 장공도張公渡라고 불렀다. 아마도 이 평원군의 옛 나루일 것이다. 《한서》의 공손홍公孫弘 평진후平津侯의 사례가 또한 여기에 가깝다. 아마도 평진平津은 곧 이 나루이고 진시황이 이 나루를 건너서 병이 들었다.

【正義】 今德州平原縣南六十里有張公故城 城東有水津焉 後名張公渡 恐此平原郡古津也 漢書公孫弘平津侯 亦近此 蓋平津卽此津 始皇渡此津 而疾

② 公子扶蘇공자부소

신주 진시황의 장자이다. 몽염 장군과 북방 상군上郡으로 보내져 흉노족匈奴族을 막았다. 분서갱유焚書坑儒가 천하의 안정을 해칠 수 있음을 여러 차례 간쟁해서 시황제의 노여움을 사 북쪽으로 쫓겨난 것이다. 시황제 사후 조고의 모략으로 제위에 오르지 못하고 자결했는데, 훗날 진승이 부소라고 자칭했다.

③ 中車府令趙高중거부령조고

집해 복엄은 "승여와 노거를 주관한다."고 했다.

【集解】 伏儼曰 主乘輿路車

신주 《금석》에는 "중거부령中車府令은 관직 이름이다. 조고趙高는 시황제의 환관宦官이다."라고 했다.

7월 병인丙寅일에 시황제가 사구평대沙丘平臺에서 붕어했다.[1] 승
상 이사는 시황제가 밖에서 붕어했기 때문에 여러 공자들과 천
하에서 변란이 있을 것을 두려워해서 비밀에 붙이고 발상發喪하
지 않았다. 시황제의 관棺은 온량거輬涼車 안에 실었다. 그리고
총애하던 환관들이 참승參乘하고[2] 이르는 곳마다 음식도 올렸
다. 백관들이 일을 아뢰는 것도 지난날과 같았다. 환관들이 매
번 온량거 안에 따라 들어가서 일들을 상주上奏했다. 오직 아들
호해와 조고와 총애 받던 환관 5~6명만이 시황제가 죽었다는
사실을 알고 있을 뿐이다.

七月丙寅 始皇崩於沙丘平臺[1] 丞相斯爲上崩在外 恐諸公子及天下
有變 乃祕之 不發喪 棺載輬涼車中 故幸宦者參乘[2] 所至上食 百官
奏事如故 宦者輒從輬涼車中可其奏事 獨子胡亥 趙高及所幸宦者
五六人知上死

---

① 始皇崩於沙丘平臺시황붕어사구평대

집해 　서광은 "나이가 50세였다. 사구沙丘는 장안과의 거리가 2,000
여 리이다. 조趙나라에 사구궁沙丘宮을 두었는데, 거록鉅鹿에 있으며 무
령왕武靈王이 죽은 곳이다."라고 했다.

【集解】 徐廣曰 年五十 沙丘去長安二千餘里 趙有沙丘宮 在鉅鹿 武靈王之死處

정의 《괄지지》에는 "사구대沙丘臺는 형주 평향현 동북쪽 20리에 있다. 또 이르기를 평향현의 동북쪽 40리이다."라고 했다. 상고해보니 시황제가 붕어해 사구궁에 있었다는 것은 평대 안이다. 형주와 경도京都의 거리는 1,650리였다.
【正義】 括地志云 沙丘臺在邢州平鄉縣東北二十里 又云平鄉縣東北四十里 按 始皇崩在沙丘之宮 平臺之中 邢州去京一千六百五十里

신주 진시황은 서기전 259년에 태어나서 서기전 247년에 즉위했다가 서기전 210년에 죽었다.

② 參乘참승

신주 제왕이나 귀족이 수레를 탈 때 말을 모는 자는 가운데에서 말을 부리고, 주인은 왼쪽에, 호위 또는 시중드는 자는 오른쪽에 타는데, 오른편에 타는 것을 참승參乘한다고 한다.

조고는 지난날 일찍이 호해에게 글과 옥에 관한 율령이나 법에 관한 일들을 가르친 일이 있어서 호해를 사사로이 좋아했다. 조고는 이에 공자 호해, 승상 이사와 몰래 모의해 시황제가 공자 부소에게 내린 봉서封書를 파기해 없애 버리고 다시 거짓으로 승상 이사가 시황제의 유조遺詔를 사구에서 받은 것으로 만들어 아들 호해를 세워 태자로 삼았다.[①] 그리고 다시 공자 부소와 몽염에게 내리는 글을 지어 그들의 죄를 열거해서 죽음을 내렸다. 이러한 사실은 〈이사열전〉 안에 자세하게 기록되어 있다. 행차는 계속되어 드디어 정형井陘을[②] 거쳐 구원九原에 이르렀다.[③] 때마침 여름철이라 시황제의 온량거에서 시신이 썩는 악취가 나자 곧 수행관에게 조서를 내려 수레에 한 섬의 절인 고기[④]를 싣게 해 그 냄새와 뒤섞이게 했다.

趙高故嘗教胡亥書及獄律令法事 胡亥私幸之 高乃與公子胡亥 丞相斯陰謀破去始皇所封書賜公子扶蘇者 而更詐爲丞相斯受始皇遺詔沙丘 立子胡亥爲太子[①] 更爲書賜公子扶蘇 蒙恬 數以罪 (其)賜死語具在李斯傳中 行 逐從井陘[②]抵九原[③] 會暑 上輼車臭 乃詔從官令車載一石鮑魚[④] 以亂其臭

① 高乃與公子胡亥~立子胡亥爲太子고내여공자호해~입자호해위태자

신주 《사기》〈본기〉에는 조고와 이사가 몰래 모의하여 호해를 태자

로 삼은 것으로 되어 있으나 《조정서趙正書》에 기록된 내용은 사뭇 다르다. 趙正(진시황제)이 눈물을 흘리면서 이사에게 말하기를 "내가 그대를 의심한 것이 아니다. 그대는 나의 충신이니 세자를 세울 것을 논의하라."고 하였다. 승상 이사와 어사 풍거질이 죽음을 무릅쓰고 머리를 조아리며 말하였다. "지금 길이 먼데 조서詔書를 내려 결정하게 하시면 신은 대신들이 모의를 꾸밀까 염려됩니다. 아들 호해를 세워 후계자를 대신하게 하십시오." 왕이 "재가裁可한다."라고 했다. 시황제가 이사와 풍거질의 건의에 따라 호해를 후계자로 삼았다는 말이다.

② 井陘정형

집해 서광은 "상산常山에 있다."고 했다.
【集解】 徐廣曰 在常山

③ 抵九原저구원

정의 抵는 '제[丁禮反]'로 발음한다. 저抵는 '이르다'이다. 사구에서 승주까지 3,000리이다.
【正義】 抵 丁禮反 抵 至也 從沙丘至勝州三千里

④ 鮑魚포어

정의 鮑는 '보[白卯反]'로 발음한다.

【正義】 鮑 白卯反

소금에 절인 어물이다.

제3장

2세 황제의 즉위

호해 황제가 되다

행차는 직도直道를① 따라 함양에 이르러 시황제의 죽음을 알렸
다. 태자太子인 호해가 지위를 물려받아② 2세황제二世皇帝가 되
었다. 9월에 시황제를 여산酈山에 장사지냈다. 시황제가 처음 황
제의 자리에 나아가서 여산을 다스렸는데 천하를 병탄한 후에
는 천하 죄수 70여만 명을 보내게 해서 천泉(구덩이) 세 곳을 파
고 구리를 부어③ 곽槨을 만들고 궁관宮觀, 백관百官, 신기한 기
물, 진괴珍怪(진귀하고 기이한 물건)들을 옮겨다가 가득 채웠다.④ 또
장인匠人을 시켜 기뇌시機弩矢(자동 화살발사기)를 만들게 하여 구
멍을 뚫고 가까이 오는 자가 있으면 번번이 발사되게 했다.

行從直道①至咸陽 發喪 太子胡亥襲位② 爲二世皇帝 九月 葬始皇酈
山 始皇初卽位 穿治酈山 及幷天下 天下徒送詣七十餘萬人 穿三泉
下銅③而致槨 宮觀百官奇器珍怪徙臧滿之④ 令匠作機弩矢 有所穿
近者輒射之

① 直道직도

시황 35년 몽염에게 운양雲陽에서 구원군九原郡까지 곧게 길을 뚫게 했다. 이를 직도라 이름하였다.

② 太子胡亥襲位태자호해습위

호해는 진시황의 막내아들로 태자가 아니고, 부소가 태자다. 시황이 죽자 조고가 유조遺詔로 위조해 부소를 자살하게 하고 호해를 즉위시켜 지록위마指鹿爲馬의 권력을 누렸다. 태자호해太子胡亥라고 한 것은 사마천이 제대로 살피지 못한 것이다.

③ 穿三泉下銅천삼천하동

서광은 "다른 판본에는 동銅이 '고錮(땜질하다)'로 되어 있다. 고錮는 주새鑄塞(주물을 부어 막는 것)이다."라고 했다.
【集解】 徐廣曰 一作銅 錮 鑄塞

안사고는 "삼중三重의 우물(泉)인데 물이 고인 것을 말한 것이다."라고 했다.
【正義】 顔師古云 三重之泉 言至水也

④ 宮官百官奇器珍怪徙臧滿之궁관백관기기진괴사장만지

묘지 안에 궁관宮觀과 백관의 위치를 만들고 기기奇器와 진괴珍怪를 옮겨서 묘지 안에 가득 채운 것을 말한다. 臧은 '쟝[才浪反]'으로 발음한다.

【正義】 言冢內作宮觀及百官位次 奇器珍怪徙滿冢中 臧 才浪反

수은水銀으로 백천百川과 강하江河와 큰 바다를 만들어 기계로 수은을 주입해서 흘러가게 했다. 위로는 천문天文을 갖추었고 아래로는 지리地理를 갖추었다. 인어人魚의 기름으로 촛불을 만들어① 오래도록 꺼지지 않도록 했다. 2세 황제가 말했다.

"선제先帝의 후궁後宮들 중에서 자식이 없는 자라고 내보내는 것은 옳지 않다."

모두 순장殉葬시키도록 명해서② 죽은 자가 매우 많았다. 장례를 마치고 내려오는데 어떤 사람이 "공장工匠들이③ 기계를 만들었고, 노비들도 모두 알고 있는데 노비들의 수가 많으니 곧 누설될 것이다."라고 말했다. 큰일을④ 마치고 보물도 이미 매장되자⑤ 묘도墓道의 가운데 문을⑥ 잠그고 묘도의 바깥문을 내려서 모두 폐쇄하니 공장工匠과 노비들이 다시는 빠져 나오지 못했다. 묘지 위에는 풀과 나무를 심어서 산처럼 만들었다.⑦

以水銀爲百川江河大海 機相灌輸 上具天文 下具地理 以人魚膏爲燭① 度不滅者久之 二世曰 先帝後宮非有子者 出焉不宜 皆令從死② 死者甚衆 葬旣已下 或言工匠爲機 臧③皆知之 臧重卽泄 大事④畢 已臧⑤ 閉中羨⑥ 下外羨門 盡閉工匠臧者 無復出者 樹草木以象山⑦

① 人魚膏爲燭인어고위촉

집해 서광은 "인어는 점鮎(메기)과 비슷한데 4개의 다리가 있다."고
했다.

【集解】 徐廣曰 人魚似鮎 四脚

정의 《광지廣志》에는 "예어鯢魚의 소리는 어린아이의 울음소리와 같
고 4개의 발이 있는데 생긴 것은 가물치와 같으며 소를 다스릴 수 있고
이수伊水에서 나온다."라고 했다. 《이물지異物志》에는 "인어人魚는 사람
의 형체와 같고 길이는 한 자 남짓 된다. 먹을 수 없다. 껍질은 상어보다
날카로워 재목을 톱질하면 쓸려 들어간다. 정수리 위에는 작은 구멍이
있어서 기가 그 속에서 나온다. 진시황총秦始皇冢 안에 인어고人魚膏로
촛불을 만들어 켰다는 것은 곧 이 물고기이다. 동해안에서 나오는데 지
금 태주台州에 있다."고 했다. 상고해보니 지금 제왕이 칠등漆燈(옻 기름
등)을 묘지 안에 사용하면 불이 꺼지지 않는다는 것이다.

【正義】 廣志云 鯢魚聲如小兒啼 有四足 形如鱧 可以治牛 出伊水 異物志
云 人魚似人形 長尺餘 不堪食 皮利於鮫魚 鋸材木入 項上有小穿 氣從中出
秦始皇冢中以人魚膏爲燭 卽此魚也 出東海中 今台州有之 按 今帝王用漆
燈冢中 則火不滅

② 令從死영종사

신주 따라 죽을 것을 명령하다. 즉 순장을 의미한다.

③ 臧장

노예이다. 《신역사기》에 '묘안으로 부장품을 운반한 사람'이라고 했다.

④ 大事대사

신주 시황제의 장례식을 뜻한다.

⑤ 已臧이장

신주 《신역사기》에 '부장품이 모두 방입放入됨을 가리킨다.'고 했다.

⑥ 中羨중연

정의 선羨은 '연延'으로 발음한다. 총중冢中(묘 안)의 신도神道를 이른다.

【正義】 音延 下同 謂冢中神道

신주 《신역사기》는 '묘도墓道의 중문重門이라'고 했다.

⑦ 象山상산

《황람》에는 '묘지 봉분의 높이는 50여 장이고 주위는 5리 남짓 된다.'고 했다.

【集解】 皇覽曰 墳高五十餘丈 周迴五里餘

《관중기關中記》에는 "시황릉始皇陵은 여산驪山에 있다. 샘이 본래 북쪽으로 흐르는데 막아서 동서로 흐르도록 했다. 흙은 있는데 돌이 없어 위산渭山과 남쪽의 여러 산에서 큰 돌을 채취해 왔다."고 했다. 《괄지지》에는 "진시황릉은 옹주 신풍현新豊縣 서남쪽 10리에 있다."고 했다.

【正義】 關中記云 始皇陵在驪山 泉本北流 障使東西流 有土無石 取大石於渭山南諸山 括地志云 秦始皇陵在雍州新豊縣西南十里

《신역사기》에 "상산象山의 언덕 모양을 취한 것으로 보인다."고 했다. 이로써 묘지를 상산으로 표현하였다.

2세 황제 원년, 2세 황제의 나이는 21세였다.[1] 조고趙高를 낭중령郎中令으로[2] 삼아 국가의 정사를 맡겼다. 2세 황제는 조서를 내려 시황제 침묘寢廟의[3] 희생犧牲이나[4] 산천에 드리는 온갖 제사의 예를 늘리도록 했다. 또 여러 신하들에게 시황제의 묘廟를 높이는 문제를 논의하도록 했다. 여러 신하들이 모두 머리를 조아리고 말했다.

"옛날 천자는 칠묘七廟이고 제후는 오묘五廟이고 대부大夫는 삼묘三廟를 두었는데,[5] 만세토록 훼손되어 없어지지 않았습니다. 지금 시황제께서는 극묘極廟가 되어서 사해四海 안에서 모두 공물을 바치고 희생을 더해 예가 다 갖추어졌으니 더 보탤 것이 없습니다. 선왕의 묘廟는 혹은 서옹西雍에[6] 있기도 하고 혹은 함양에 있기도 합니다. 천자께서는 거동하셔서 마땅히 홀로 작酌을 받들어 시황제始皇帝 묘에 제사를 지내야 합니다. 양공襄公이하는 번갈아 묘를 헐어야 하고[7] 모두 일곱의 묘만 두어야 합니다. 모든 신하들은 예로써 제사를 진행해서 시황제의 묘를 높여 제왕이 조묘祖廟로 삼아야 하며 황제께서는 다시 스스로를 짐朕이라고 칭하십시오."[8]

二世皇帝元年 年二十一[1] 趙高爲郎中令[2] 任用事 二世下詔 增始皇寢廟[3]犧牲[4]及山川百祀之禮 令羣臣議尊始皇廟 羣臣皆頓首言曰 古者天子七廟 諸侯五 大夫三[5] 雖萬世世不軼毀 今始皇爲極廟 四海之內皆獻貢職 增犧牲 禮咸備 毋以加 先王廟或在西雍[6] 或在咸陽 天子儀當獨奉酌祠始皇廟 自襄公已下軼毀[7] 所置凡七廟 羣臣以禮進祠 以尊始皇廟爲帝者祖廟 皇帝復自稱朕[8]

① 二世皇帝元年年二十一이세황제원년년이십일

집해   서광은 "〈표表〉에 10월 무인武寅일에 죄인을 대사면했다."고 했다.

【集解】 徐廣曰 表云十月戊寅 大赦罪人

② 郎中令낭중령

집해   《한서》〈백관표百官表〉에는 "진나라 관직秦官으로서 궁전의 문
호門戶를 관장한다."고 했다.

【集解】 漢書百官表曰 秦官 掌宮殿門戶

③ 寢廟침묘

신주   묘우廟宇이다. 묘우는 전후 양 층으로 되어 있는데, 전 층은 묘
廟, 후 층은 침寢이라고 한다. 묘는 사람들이 제사 드리는 곳이고, 침은
묘주가 생시에 거주하던 집을 본떠 지어놓은 것이다.

④ 犧牲희생

신주   제사에 쓰는 제물, 즉 소, 양, 돼지 등의 제물을 일컫는다.

⑤ 天子七廟諸侯五大夫三천자칠묘제후오대부삼

옛날의 신분별 제사하는 규모를 말한 것으로《예기》〈왕제王制〉편에 "천자는 칠대七代의 신주를 모시니 삼위三位의 소昭와 삼위의 목穆과 태조의 신주를 합해 칠묘七廟이다. 제후는 오대五代의 신주를 모시니 이위二位의 소昭와 이위의 목穆과 태조의 신주를 합해 오묘五廟이다. 대부는 삼대三代의 신주를 모시니 일위一位의 소昭와 일위의 목穆, 태조의 신주를 합해 삼묘三廟이다. 선비는 일묘一廟이고, 서인은 침寢에서 제사를 지낸다."고 규정하고 있다. 소목昭穆은 조상의 신주를 모시는 차례로 좌측의 신주를 소昭라하고 우측의 신주를 목穆이라고 한다.

⑥ 西雍서옹

정의 雍은 '용[於用反]'으로 발음한다. 서옹西雍은 함양 서쪽에 있는데 지금 기주岐州 옹현雍縣의 고성이 이곳이다. 또 일설에는 서옹은 옹雍의 서쪽 현縣이라고 했다.
【正義】 於用反 西雍在咸陽西 今岐州雍縣故城是也 又一云西雍 雍西縣也

⑦ 自襄公已下軼毀자양공이하철훼

신주 양공은 진나라의 개국 왕이기 때문에 불천위不遷位의 제사를 올려야 하지만 그 외에는 육묘六廟만 남기고 햇수가 오래된 군주의 신주를 신묘에서 소멸시켜야 함을 말한 것이다.

⑧ 皇帝復自稱朕황제부자칭짐

시황제가 천하를 통일한 후 자신을 호칭할 때 '짐朕'이라 하겠다고 선포한 후, 시황 35년에 '진인眞人'으로 개칭하고 다시는 짐이라고 하지 않았다. 그래서 신하들이 2세에게 시황의 처음의 호칭을 다시 사용하도록 주문한 것이다.

2세가 조고와 상의해서 말했다.

"짐은 나이가 어리고 처음 제왕의 자리에 오르니 백성이 와서 붙지 아니한다. 선제께서는 군현을 순행하시면서 강성함을 보이셔서 온 세상을 위엄으로 복종시키셨다. 지금은 편안히 있으면서 순행하지 않아 곧 허약하게 보인다면 천하를 신하로 기르지 못할 것이다."

봄에 2세 황제가 동쪽으로 군현을 순행하는데 이사가 수종했다. 갈석산에 이르러 바다를 아우르고 남쪽으로 회계에 이르러 시황제가 세운 비석에 모두 글자를 새기고 비석의 옆면에는 따랐던 대신들의 이름을 새겨서 선제先帝가 공로를 이루고 덕을 성대하게 한 것을 빛나게 했다.

二世與趙高謀曰 朕年少 初卽位 黔首未集附 先帝巡行郡縣 以示彊威服海內 今晏然不巡行 卽見弱 毋以臣畜天下 春 二世東行郡縣 李斯從 到碣石 並海 南至會稽 而盡刻始皇所立刻石 石旁著大臣從者名 以章先帝成功盛德焉

황제가 말했다.

"금석에 새겨진 것은 모두 시황제께서 하신 일들이다. 지금 칭
호를 이어받았는데 금석에 새긴 글에 시황제라고 칭하지 않으면
오랜 후에는① 후손들이 한 일처럼 될 것이니 시황제께서 이루신
공로와 성대하신 덕을 일컫지 않을 것이다."

승상 이사와 신하 풍거질과② 어사대부 덕德이 죽음을 무릅쓰고
말했다.

"신들이 청컨대 조서를 자세하게 비석에 새겨서 그 연유를 명백
하게 밝히겠습니다. 신들이 죽음을 무릅쓰고 청합니다."

이에 제制하여 "그렇게 하라"고 했다. 마침내 요동에 이르렀다가
돌아왔다.

皇帝曰 金石刻盡始皇帝所爲也 今襲號而金石刻辭不稱始皇帝 其
於久遠也①如後嗣爲之者 不稱成功盛德 丞相臣斯 臣去疾② 御史大
夫臣德昧死言 臣請具刻詔書刻石 因明白矣 臣昧死請 制曰 可
遂至遼東而還

① 久遠也구원야

정의 2세 황제가 말하기를 "처음으로 6개국을 멸망시켜서 고금에
위엄을 떨친 것이 오제와 삼왕에서도 미치지 못했다. 이미 자신이 지위
를 물려받았으니 금석金石에 그 송頌을 모두 새겨 나타나게 해서 시황

의 성공한 성대한 덕을 매우 멀리까지 하는 것이 알맞지 않는가?"라고
했다.

【正義】 二世言始滅六國 威振古今 自五帝三王未及 旣已襲位 而見金石盡
刻其頌 不稱始皇成功盛德甚遠矣

② 去疾거질

집해 서광은 "성姓은 풍馮이다."라고 했다.

【集解】 徐廣曰 姓馮

정의 去는 '겨[丘呂反]'로 발음한다.

【正義】 去 丘呂反

신주 풍거질(?~서기전 208년)은 풍정馮亭의 후손으로 진시황이 천하
통일을 하는데 공이 있어 우승상을 지냈다. 시황이 죽은 후 2세에게 그
의 아들 풍겁馮劫, 좌승상 이사와 함께 선황先皇 사업인 아방궁 등을
계승하여 진행함에 세금의 중과를 반란의 원인으로 꼽고, 백성들의 곤
궁함을 경감해야 함을 청구했다가 2세가 이 세 사람을 치죄治罪하자 그
의 아들과 자살하였고, 후에 이사도 죽임을 당했다.

공자들을 처단하다

2세二世 황제는 조고를 등용하고 법령을 반포했다.[1] 이에 몰래 조고와 더불어 모의해 말했다.

"대신들은 복종하지 않고 관리들은 오히려 강성해지고 여러 공자들은 반드시 나와 권력을 다투려고 하는데 어찌 하면 되겠소?"

조고가 말했다.

"신이 진실로 말씀을 드리고 싶었지만 감히 드리지 못했습니다. 선제先帝의 대신들은 모두 천하에서 여러 대에 거쳐 명성을 날린 귀족들입니다. 또 공적을 쌓고 대대로 수고하면서 서로 전해온 지가 오래 되었습니다. 지금 조고는 평소 미천했지만 폐하께서 총애하시고 칭찬하면서 추천하시어 상위上位에 있게 하시고 궁중의 일을 관장하게 했습니다. 대신들은 불평을 품고 있으면서도 특별히 겉으로는 신을 따르는 척하지만 그 실제 마음은 복종하지 않고 있습니다.

이제 황제께서 출행하시는데, 어찌 이때를 따라서 군현의 태수 太守와 위尉 중에서 죄 있는 자들을 조사해서 주벌하시지 않습니까?② 위로는 천하에 위엄을 떨치고 아래로는 평소 황제께서 불가하다고 여긴 자들을 제거하셔야 합니다. 지금은 문치를 스승으로 삼지 말고 무력으로 결단할 때입니다. 원컨대 폐하께서 시세에 맞추어 의혹을 없게 하시고, 곧 여러 대신들이 하려는 모략이 이르지 못하도록 하십시오. 밝은 군주께서는 남겨진 백성들을 거두셔서 천한 자는 귀하게 만들고 가난한 자는 부유하게 만들고 멀리 있는 자는 가까이 다가오게 합니다. 그렇게 한다면 상하가 다 모여들어 나라가 편안해 질 것 입니다."

於是二世乃遵用趙高 申法令^① 乃陰與趙高謀曰 大臣不服 官吏尚彊 及諸公子必與我爭 爲之柰何 高曰 臣固願言而未敢也 先帝之大臣 皆天下累世名貴人也 積功勞世以相傳久矣 今高素小賤 陛下幸稱 舉 令在上位 管中事 大臣鞅鞅 特以貌從臣 其心實不服 今上出 不^② 因此時案郡縣守尉有罪者誅之 上以振威天下 下以除去上生平所不 可者 今時不師文而決於武力 願陛下遂從時毋疑 卽羣臣不及謀 明 主收舉餘民 賤者貴之 貧者富之 遠者近之 則上下集而國安矣

① 二世乃遵用趙高申法令이세내준용조고신법령

신주 《통감절요通鑑節要》에 "조고가 말하기를 '법을 엄히 하고 형을 까다롭게 하여 선제의 옛 신하들을 모두 제거하십시오. 다시 폐하께서 친하고 믿을 만한 신하를 두신다면 베개를 높이고 뜻을 마음대로 펼수 있어 즐거울 것입니다.'라고 하니 2세가 그렇다고 여겨 곧 법률을 만들었는데 더욱 까다롭고 엄격하게 해서 대신과 여러 공자公子라도 죄가 있으면 죽였다."고 기록했다. 시황제 때보다 더욱 엄한 법령을 반포하고 시행한 것이다.

② 不불

신주　'何不(어찌~않겠는가.)'의 뜻으로 번역한다. 일본의 농천瀧川은 '不' 위에 '何' 자가 빠진 것으로 의심했고, 왕숙민王叔岷은 '不'은 대개 '不如'와 같다고 했다.

2세 황제가 말했다.

"좋다."

이에 대신들과 여러 공자들을 처벌하였는데, 죄과를 들추어 근시의 작은 관직인 삼랑三郞까지 연좌해 체포하여① 관직에 설 수 있는 자가 없게 했다. 또 여섯 명의 공자들은 두杜 땅에서 사형에 처했다.② 공자 장려將閭는 형제가 세 사람인데, 내궁에 감금되어 그들의 죄를 가장 뒤에 논의하게 되었다. 2세 황제가 사령을 보내 장려에게 말했다.

"공자는 신하가 되지 않아 죄가 죽음에 해당되니 관리에게 법을 시행하게 하노라."

장려가 말했다.

"궁 안의 예절에서 저는 일찍이 감히 빈찬賓贊을③ 따르지 않음이 없었고 조정의 자리에서 저는 감히 절도를 잃지 않았습니다. 명을 받고 응대할 때 저는 감히 언행에도 실수하지 않았습니다. 어찌 신하노릇을 하지 않았다고 이를 수 있습니까? 죄명을 듣고 죽기를 원합니다."

二世曰 善 乃行誅大臣及諸公子 以罪過連逮少近官三郞① 無得立者 而六公子戮死於杜② 公子將閭昆弟三人囚於內宮 議其罪獨後 二世 使使令將閭曰 公子不臣 罪當死 吏致法焉 將閭曰 闕廷之禮 吾未嘗 敢不從賓贊③也 廊廟之位 吾未嘗敢失節也 受命應對 吾未嘗敢失辭 也 何謂不臣 願聞罪而死

① 連逮少近官三郞연체소근관삼랑

색은 체逮는 그 뜻이 '급及(미치다)'이다. 함께 체포당했기 때문에 연체連逮라고 한 것이다. 소少는 '소小'이다. 근近은 곁에서 모시는 근신近侍의 신하이다. 삼랑三郞은 중랑中郞, 외랑外郞, 산랑散郞이다.

【索隱】 逮訓及也 謂連及俱被捕 故云連逮 少 小也 近 近侍之臣 三郞謂中郞 外郞 散郞

정의 《한서》〈백관표〉에는 의랑議郞, 중랑, 산랑이 있고 또 좌우에 삼장三將이 있는데 낭중郞中, 거랑車郞, 호랑戶郞이라고 일렀다.

【正義】 漢書百官表云有議郞 中郞 散郞 又有左右三將 謂郞中 車郞 戶郞

신주 연체連逮에서 '연連'은 '연좌되어 있음'을, '체逮'는 '체포하다'의 뜻이다.

② 六公子戮死於杜육공자륙사어두

신주 〈이사열전〉에 "공자 20인을 함양에서 죽였고, 공주 10명을 두杜 땅에서 죽였다."고 했다. 사社는 지금의 서안시 동남쪽에 있다. 당시 아방궁의 남쪽 방면이다.

③ 賓贊빈찬

사자가 말했다.

"신은 논의에 참여하지는 못하고 조서를 받들어 일을 처리할 뿐입니다."

공자 장려가 하늘을 우러러 세 번이나 크게 부르짖으며 말했다.

"하늘이시여! 나는 죄가 없습니다."

공자 장려의 형제 세 사람이 모두 눈물을 흘리면서 칼을 뽑아 자살하니 종실에서 두려움에 떨었다. 여러 신하들 중 간언을 하는 자들은 비방하는 것이라고 여겼으며 고관들은 녹봉을 지키기 위한 몸가짐만 취하니 백성들은 떨며 두려워할 뿐이었다.

使者曰 臣不得與謀 奉書從事 將閭乃仰天大呼天者三 曰 天乎 吾無罪 昆弟三人皆流涕拔劍自殺 宗室振恐 羣臣諫者以爲誹謗 大吏持祿取容 黔首振恐

4월에 2세 황제가 순행에서 돌아와 함양에 이르러 말했다.

"선제께서는 함양 조정이 작다고 여기시어 아방궁을 짓고 실당室堂을 만드셨다. 그러나 다 짓지 못하시고 때마침 선제께서 붕어하셔서 그 작업을 파하고 여산酈山 땅을 복토했다.[1] 여산의 대사가 끝났는데도 지금 아방궁을 내버려두고 짓지 않는다면 이는 선제께서 일으키신 일이 잘못되었음을 나타내는 격이다."

四月 二世還至咸陽 曰 先帝爲咸陽朝廷小 故營阿房宮 爲室堂未就 會上崩 罷其作者 復土[1]酈山 酈山事大畢 今釋阿房宮弗就 則是章 先帝舉事過也

① 復土복토

정의 흙을 퍼내서 능陵을 만드는데 이미 하관下棺이 이루어지면 돌아와 그 흙을 덮는다. 그래서 복토復土라고 말하는 것이다.

【正義】 謂出土爲陵 既成 還復其土 故言復土

다시 아방궁을 짓게 했다. 밖으로는 사방의 오랑캐들을 위무하는 것이 시황제의 계획과 같았다. 재사材士(무사)① 5만 명을 모두 징발해 함양에 주둔시키고 활로 개나 말이나 짐승이나 새를 쏘는 훈련을 시키게 했다. 마땅히 먹어야 할 자들은 많은데② 헤아려보니 식량이 부족하자 군과 현에서 콩, 곡식, 꼴, 볏짚들을 고르게 수송하도록 명을 내리고,③ 모든 인부들에게 자신의 양식을 싸가지고 오게 해서 함양 300리 안에서는 먹을 곡식을 얻지 못했다. 법을 적용하는 일이 더욱 가혹해졌다.

復作阿房宮 外撫四夷 如始皇計 盡徵其材士①五萬人爲屯衛咸陽 令教射狗馬禽獸 當食者多② 度不足 下調③郡縣轉輸菽粟芻藁 皆令自齎糧食 咸陽三百里內不得食其穀 用法益刻深

① 材士재사

 정의 재관材官으로 쇠뇌를 발로 밟고 당기는 사士를 이른다.
【正義】 謂材官蹶張之士

 신주 재사는 쇠뇌를 발로 밟고 당기는 무관武官이다.

② 當食者多당식자다

정의 재사와 개와 말을 이르는 것이다.

【正義】 謂材士及狗馬

③ 度不足下調탁부족하조

정의 度은 '작[田洛反]'으로 발음하고, 下는 '하[行嫁反]'로, 調는 '조[田弔反]'로 발음한다. 영슈을 내려서 조정하고 수렴하는 것을 이르는 것이다.

【正義】 度田洛反 下行嫁反 言 田弔反 謂下令調斂也

7월, 수자리로 가던 진승陳勝[1] 등이 옛 형荊 땅에서 반란을 일으켜 '장초長楚'라고[2] 이름지었다. 진승이 스스로 서서 초왕이 되어 진陳 땅에 거처하면서 여러 장수들을 보내 땅을 빼앗게 했다. 산동의 군현에서는 소년들이 진秦나라 관리에게 고초를 겪어 모두가 그 군수, 위尉, 현령縣令, 현승縣丞들을 살해하며 반란을 일으켜 진섭陳涉(승)에게 호응하고 서로 후侯나 왕王이 되어 연합해서 서쪽을 향하면서[3] 진나라 정벌을 명분으로 삼았는데 그 수가 헤아릴 수 없이 많았다.

七月 戍卒陳勝[1]等反故荊地 爲張楚[2] 勝自立爲楚王 居陳 遣諸將徇地 山東郡縣少年苦秦吏 皆殺其守尉令丞反 以應陳涉 相立爲侯王 合從西鄕[3] 名爲伐秦 不可勝數也

① 陳勝진승

정의 勝은 '승升'으로 읽는다.
【正義】 音升

신주 진秦나라 말기에 처음 봉기한 인물이다. 진승은 연작안지홍곡
지지燕雀安知鴻鵠之志(연작이 어찌 홍곡의 뜻을 알겠는가) 왕후장상영유종호
王侯將相寧有種乎(왕후 장상이 어찌 씨가 따로 있겠는가) 등의 명구名句를 남긴
것으로도 유명하다.

② 張楚장초

집해 이기李奇는 "장대張大한 초국楚國이란 뜻이다."라고 말했다.
【集解】 李奇曰 張大楚國也

③ 鄉향

신주 향하다. 向향과 뜻이 같다.

알자謁者가① 동쪽에 사신으로 갔다가 돌아와서 반란이 일어난 것을 2세 황제에게 아뢰었다. 2세 황제는 노해서 그 관리를 하옥시켰다. 뒤에 사신이 이르러 2세가 상황을 묻자 사자가 대답했다. "도적의 무리들을 군수와 군위郡尉가 바로② 쫓아가 체포했으며 지금은 다 잡았으니 근심할 것이 없습니다."

황제가 기뻐했다. 무신武臣은③ 스스로 서서 조왕趙王이 되었고, 위구魏咎는④ 위왕魏王이 되었으며, 전담田儋은⑤ 제왕齊王이 되었다. 패공이⑥ 패 땅에서 일어났다. 항량이⑦ 회계군에서 군사를 일으켰다.

謁者①使東方來 以反者聞二世 二世怒 下吏 後使者至 上問 對曰 羣盜 郡守尉方②逐捕 今盡得 不足憂 上悅 武臣③自立爲趙王 魏咎④爲魏王 田儋⑤爲齊王 沛公⑥起沛 項梁⑦舉兵會稽郡

① 謁者알자

집해 《한서》〈백관표〉에 '알자는 진秦나라의 관직으로 빈객을 인도하고 받드는 것을 관장한다.'고 했다.

【集解】 漢書百官表曰 謁者 秦官 掌賓贊受事

② 方방

바로. 正정과 뜻이 같다.

③ 武臣무신

진승陳勝의 부장이다.

④ 魏咎위구

진승陳勝의 부장이다.

⑤ 田儋전담

전담(?~서기전 208)은 진나라 말기 제齊(산동) 땅의 북적北狄현 사람으로 제왕 전씨田氏의 종족이다. 이세 황제 2년(서기전 208) 10월 진섭이 봉기했을 때 전담과 동생 전영田榮, 전횡田橫 등은 현령을 죽이고 자립해서 제왕이 되었다가 패해 죽었다. 《사기》〈전담열전〉에 자세하게 기록했다.

⑥ 沛公패공

평민 출신으로 황제가 된 한고조 유방劉邦을 가리킨다.

⑦ 項梁항량

신주　항량(?~서기전 208년)은 초楚나라 귀족 항씨項氏의 후예로서 항연項燕의 아들이고, 항우의 숙부다. 반진전쟁反秦戰爭 중에 진秦나라 장수 장함章邯에게 패해 전사했다.

조고趙高, 황제와의 조현朝見을 막다

2년 겨울, 진섭이 주장[1] 등을 보내서 서쪽 희戱에[2] 이르니 군사
들의 수가 10만 명이나 되었다. 2세 황제가 크게 놀라 여러 신
하들과 함께 논의해서 말했다.

"어찌해야 하겠는가?"

소부 장함이[3] 말했다.

"도적들이 이미 이르렀으며 수가 많고 강력해 지금 가까운 현에
서 징발한다고 해도 늦었습니다. 여산에는 죄수들이[4] 많으니 청
컨대 사면시켜 병기를 주어 공격하게 하십시오."

이에 2세 황제가 천하에 대사령을 내리고 장함에게 거느리게 해
서 주장의 군사를 공격해 쳐부수자 주장이 달아났다. 드디어 주
장을 조양에서[5] 죽였다.

二年冬 陳涉所遣周章[1]等將西至戲[2] 兵數十萬 二世大驚 與羣臣謀
曰 柰何 少府章邯[3]曰 盜已至 衆彊 今發近縣不及矣 酈山徒[4]多 請
赦之 授兵以擊 之 二世乃大赦天下 使章邯將 擊破周章軍而走 逐殺
章曹陽[5]

① 周章주장

이름은 문文, 자는 장章. 진승의 부장이다.

② 戲희

응소는 "희는 홍농호弘農湖의 서쪽 경계이다."라고 했다. 맹강은 "희는 강 이름이다. 지금의 희정戲亭이 이것이다."라고 했다. 소림은 "읍 이름이고 신풍新豊 동남쪽 30리에 있다."고 했다.

【集解】 應劭曰 戲 弘農湖西界也 孟康曰 水名 今戲亭是也 蘇林曰 邑名 在新豊東南三十里

戲는 '희[許宜反]'로 발음한다.《괄지지》에는 "희수戲水의 근원은 옹주雍州 신풍현新豊縣 서남쪽 여산에서 나온다."《수경水經》에 "희수는 여산의 풍공곡馮公谷에서 나와 동북쪽으로 흐른다, 지금 신풍현 동북 11리에 희수가 관도官道와 마주하는데 곧 그곳이다."라고 했다.

【正義】 戲音許宜反 括地志云 戲水源出雍州新豊縣西南驪山 水經注云戲水出驪山馮公谷 東北流 今新豊縣東北十一里戲水當官道 卽其處

③ 少府章邯소부장함

《한서》〈백관표〉에는 "소부는 진나라 관직이다."라고 했다. 응소는 "산택山澤과 피지陂地(늪지)의 세금을 관장하는데 금전禁錢이라고 부른다. 사사로이 기르는 것을 제때에 하게하고 스스로 분별해서 저장한다. 소少는 소小이다. 그래서 소부少府라고 칭한다."고 했다.

【集解】 漢書百官表曰 少府 秦官 應劭曰 掌山澤陂池之稅 名曰禁錢 以給私養 自別爲藏 少者小也 故稱少府

[정의] 邯은 '함[胡甘反]'으로 발음한다.

【正義】 邯 胡甘反

④ 酈山徒여산도

[신주] 여산에 있는 진시황릉을 수축修築하는 고역범苦役犯을 말한다.

⑤ 曹陽조양

[집해] 진작은 "조양은 정亭 이름이다. 홍농弘農 동쪽 13리에 있다. 위무제魏武帝가 고쳐서 호양好陽이라고 했다.

【集解】 晉灼曰 亭名 在弘農東十三里 魏武帝改曰好陽

[정의] 《괄지지》에는 "조양의 옛날 정亭은 일명 호양정好陽亭이다. 섬주陝州 도림현桃林縣 동남쪽 14리에 있는데 곧 장함이 주문周文을 죽인 곳이다."라고 했다.

【正義】 括地志云 曹陽故亭一名好陽亭 在陝州桃林縣東南十四里 卽章邯

殺周文處

> 2세는 장사 사마흔과 동예를 더 파견해서 장함을 도와 도적들을
> 공격하게 했다. 이에 진승을 성보에서[1] 죽이고 항량을 정도에서[2]
> 쳐부수고 위구를 임제에서[3] 궤멸시켰다. 초 땅의 도적들 중 이름
> 난 장수들이 죽자 장함은 북쪽으로 하수를 건너 조왕 헐歇[4] 등
> 을 거록에서[5] 공격했다.
>
> 二世益遣長史司馬欣 董翳佐章邯擊盜 殺陳勝城父[1] 破項梁定陶[2]
> 滅魏咎臨濟[3] 楚地盜名將已死 章邯乃北渡河 擊趙王歇[4]等於鉅鹿[5]

① 城父성보

정의　父는 '보甫'로 발음한다. 《괄지지》에는 "성보는 박주亳州에서
다스리는 현縣이다."라고 했다.
【正義】 父音甫 括地志云 城父 亳州所理縣

② 定陶정도

정의　지금의 조주曹州 정도현定陶縣이다.
【正義】 今曹州定陶縣

③ 臨濟임제

정의 지금의 제주현濟州縣이다.
【正義】 今齊州縣

④ 趙王歇조왕헐

신주 육국시대 조왕의 후대로 진승의 장령 무신이 한단에 있을 때
왕이라고 칭했으나 오래 가지 못하고 그의 부장 이량李良에게 피살당
했다.

⑤ 鉅鹿거록

정의 《괄지지》에는 "형주邢州 평향현平鄉縣의 성인데 본래 거록이
다. 왕리王離가 조왕 헐을 포위한 곳이 바로 이 성이다."라고 했다.
【正義】 括地志云 邢州平鄉縣城 本鉅鹿 王離圍趙王歇卽此城

신주 지금의 하북성 평향현 서북쪽에 있다.

조고가 2세에게 설득하며 말했다.

"선제께서는 천하에 군림하셔서 다스리신지 오래 되었습니다. 그래서 모든 신하들이 감히 그르다고 하거나 사특한 말들을 진언하지 못했습니다. 지금 폐하께서는 춘추가 어리신데[1] 처음 즉위하시자마자 왜 공경들과 함께 조정의 일을 결정하려 하십니까? 일에 잘못이 있게 되면 여러 신하들에게 단점만을 보이게 될 것입니다. 천자가 짐이라고 스스로 일컫는 것은 진실로 천자의 소리를 다른 사람들이 듣지 못하게 하려고 한 것이었습니다."[2]

이에 2세는 항상 금중禁中에[3] 거처하며 조고와 함께 여러 일들을 처결했다. 그 뒤로는 공경들이 황제를 조현하는 일이 아주 드물어졌고 도적들이 더욱 많아졌다.[4] 관중의 병졸들을 징발해서 동쪽의 도적들을 공격하는 일이 그치지 않았다.

趙高說二世曰 先帝臨制天下久 故羣臣不敢爲非 進邪說 今陛下富於春秋[1] 初卽位 柰何與公卿廷決事 事卽有誤 示羣臣短也 天子稱朕 固不聞聲[2] 於是二世常居禁中[3] 與高決諸事 其後公卿希得朝見 盜賊益多[4] 而關中卒發東擊盜者毋已

① 富於春秋부어춘추

신주 나이가 어리다. '부富'는 '어리다(小)'는 뜻이다.

② 固不聞聲고불문성

[색은] 다른 판본에는 '고문성固聞聲'으로 되어 있다. 천자는 항상 금중에 거처하면서 신하들이 복종하며 우러르면서 조금 조짐兆朕이 있어도 그 소리만 귀로 들을 뿐 그 형체는 보이지 않는 것을 말한 것이다.

【索隱】 一作固聞聲 言天子常處禁中 臣下屬望 纔有兆朕 聞其聲耳 不見其形也

③ 禁中금중

[집해] 채옹은 "금중이란 문호門戶를 막는 것이 있어서 곁에서 모시는 자[侍御者]가 아니면 들어가지 못하므로 '금중'이다."라고 했다.

【集解】 蔡邕曰 禁中者 門戶有禁 非侍御者不得入 故曰禁中

④ 盜賊益多도적익다

[신주] 진승과 오광의 봉기로 진나라가 어지러워지자 항우의 숙부 항량項梁은 강소성 숙천 등지에서 봉기해 항우는 진의 장수 왕리를 사로잡고, 유방은 강소성 패현에서 봉기해 무관武關을 함락시켰다. 그뿐만 아니라 연, 조, 제, 초, 한, 위 6국이 스스로 왕을 세우면서 중원은 혼란에 빠져들었다.

우승상 풍거질, 좌승상 이사, 장군 풍겁이 나아가 간쟁해 말했다.

"관동에서 도적떼들이 함께 일어나자 진秦나라에서 군사들을 일으켜 공격하고 처벌해서 죽인 자들이 매우 많았습니다. 그러나 아직도 그치지 않습니다. 도적들이 많아지는 것은 모두 수戌자리와 조운漕運(배로 물자를 나르는 것)과 육운陸運(육지로 물자를 나르는 것)이 고통스러운 데다가 부세가 많기 때문입니다. 청컨대 아방궁 사업을 중지하시고 사방 변방의 수자리와 물자 운송 등을 경감해야 합니다."

右丞相去疾 左丞相斯 將軍馮劫進諫曰 關東羣盜並起 秦發兵誅擊 所殺亡甚衆 然猶不止 盜多 皆以戌漕轉作事苦 賦稅大也 請且止阿 房宮作者 減省四邊戌轉

2세가 말했다.

"내가 듣기에 한비자韓非子가^① 말하기를 '요임금이나 순임금은 다듬지도 않은 서까래를 썼으며^② 띠로 지붕을 이면서 처마 끝을 다듬지도 않았고 질그릇에 밥을 먹고^③ 기와그릇에 국을 담아 마셨다.^④ 비록 궁의 문졸이라도 이보다 궁핍하지는 않았을 것이다.^⑤ 우임금이 용문의 물길을 뚫어 대하大夏로 통하게 하고^⑥ 하수河水를 터 물을 고르게 해서^⑦ 바다로 흐르게 했으며, 자신은 판板과 가래를 가지고 일을 해서^⑧ 정강이의 털이 닳아 없어졌다고 하니 노예의 수고도 이보다는 가혹하지는 않을 것이다.'라고 했다.^⑨ 무릇 천하를 가지는 것을 귀하게 여기는 것은 하려는 것을 마음대로 다 하고 군주가 법을 밝혀 놓은 것을 무겁게 여겨서 아래에서 감히 그른 짓을 하지 못하니 이로써 온 천하를 다스릴 수 있는 것이다.

二世曰 吾聞之韓子^①曰 堯舜采椽不刮^② 茅茨不翦 飯土塯^③ 啜土形^④ 雖監門之養 不觳於此^⑤ 禹鑿龍門 通大夏^⑥ 決河亭水^⑦ 放之海 身自持築臿^⑧ 脛毋毛 臣虜之勞不烈於此矣^⑨ 凡所爲貴有天下者 得肆意極欲 主重明法 下不敢爲非 以制御海內矣

① 韓子한자

신주 전국시대 말기의 한韓나라 귀족출신. 법가사상의 대표인물로 서기전 230년경 《한비자》를 지었다. 특히 그의 사상은 시황이 진나라를 통치하는데 기반이 되었다.

② 采椽不刮채연불괄

색은 채采는 나무 이름이다. 刮은 '괄括'로 발음한다.
【索隱】 采 木名 刮音括

신주 다듬지 않은 서까래로 집을 지었다는 뜻이다.

③ 飯土塯반토류

집해 서광은 "여정呂靜이 이르기를 '반기飯器(밥그릇)는 궤簋'이다."라고 했다.
【集解】 徐廣曰 呂靜云飯器謂之簋

색은 글자대로 발음하며, 다른 발음은 '루鏤'이다. 다른 본에는 '궤簋'로 되어 있다.
【索隱】 如字 一音鏤 一作簋

신주 밥을 질그릇에 담아 먹었다는 뜻이다.

④ 啜土形철토형

집해 여순은 "토형土形은 반기飯器에 속하는데 와기瓦器이다."라고
했다.

【集解】 如淳曰 土形 飯器之屬 瓦器也

색은 반기는 기와로 만들었다.

【索隱】 飯器 以瓦爲之

신주 《금석》: 국은 토기土器에 담아 먹었다는 뜻이다. '형形'은 '형鉶
(국그릇)'이란 뜻이다.

⑤ 監門之養不戆於此감문지양불학어차

색은 문을 지키는 졸병을 이른 것이다. 양養은 곧 졸병이다. 무덤에
양졸을 두었다. 戆의 음은 '학學'인데 '다하다'는 뜻이다. 또한 '작[占學
反]'으로 발음한다.

【索隱】 謂監門之卒 養卽卒也 有塚養卒 戆音學 謂盡也 又占學反

정의 또는 戆은 '각[苦角反]'으로 발음한다. 《이아》에는 "학戆은 다한
다는 뜻이다."라고 했다. 요순堯舜이 서까래를 채취해서 다듬지 않았고,
띠로 이은 지붕의 처마를 다듬지도 않았으며, 밥은 뚝배기에 담아 먹고
국은 토기에 담아 먹었으니 비록 문을 지키는 사람을 봉양하는 것도 또
한 이보다 못하지는 않았다고 말한 것이다.

【正義】 又苦角反 爾雅云 戆 盡也 言堯舜采椽不刮 茅茨不翦 飯土塯 啜土

形 雖監守門之人 供養亦不盡此之疏陋也

⑥ 龍門通大夏용문통대하

　정의　《괄지지》에는 "대하大夏는 지금의 병주并州 진양晉陽과 분汾,
강絳 등의 주州가 이곳이다. 옛날 고신씨高辛氏의 아들 실침實沈이 살았
던 서쪽 하수에 가까운 곳이다."라고 했다. 우임금이 용문을 파서 하수
의 물길을 크게 통하게 함으로써 병주 땅이 막혀서 넘치지 않게 한 것
을 말한 것이다.

【正義】 括地志云 大夏 今并州晉陽及汾 絳等州是 昔高辛氏子實沈居之
西近河 言禹鑿龍門 河水道 得大通 并州之地不壅溢也

⑦ 決河亭水결하정수

　정의　정亭은 '고르게 하는 것平'이다. 또 이르기를 "막혀서 정체된
물을 터주는 것이다."라고 했다.

【正義】 亭 平也 又云 決亭壅之水

⑧ 築臿축삽

　정의　臿은 '찹[初洽反]'으로 발음한다. 축築은 '담을 쌓는 기구'이다.
삽臿은 '가래鍬(추)'이다. 《이아》에도 "추鍬는 가래를 이른다."고 했다.

【正義】 臿音初洽反 築牆杵也 臿 鍬也 爾雅云 鍬謂之臿

⑨ 臣虜之勞不烈於此矣 신노지노불열어차의

[정의] 열烈은 '미美'이다. 노예의 수고로움도 오히려 이보다는 아름답
지 못할 것이라고 말한 것이다. 또 열烈은 '가혹하다'는 뜻이다. 우임금
이 용문을 파서 대하를 통하게 하고 황하의 길을 파서 홍수가 바다로
이르게 하는데 자신도 가래로 가지고 무릎과 정강이에 털이 없어질 정
도로 천한 신하와 노예처럼 수고를 했으니 이보다 혹독한 고생은 없었
다는 것이다.

【正義】 烈 美也 言臣虜之勞 猶不美於此矣 又烈 酷也 禹鑿龍門 通大夏 道
決黃河洪水放之海 身持鍬杵 使膝脛無毛 賤臣奴虜之勤勞 不酷烈於此辛
苦矣

대저 우虞나라와 하夏나라의 군주는① 귀한 천자가 되었어도 몸소 가난하고 고통스러운 실정에 처함으로써 백성들을 따르게 했는데 어찌 이를 본받겠는가? 짐은 존귀한 만승萬乘의 천자지만 그 실상이 없으니 천승千乘의 가마와 만승의 군대를 만들어 내 호칭에 알맞게 채우려고 한다. 또 선제께서는 제후에서 일어나 천하를 병합하셔서 천하를 평정한 후에는 밖으로 사방의 이민족을 물리치셔서 변경을 편안하게 하시고 궁실을 지어서 뜻이 성취된 것을 나타내 보이셨으니 그대들도 선제의 공업에 실마리가 있는 것을 보았을 것이다. 지금 짐이 즉위한 지 2년 사이에 도적떼들이 함께 일어났는데도 그대들은 금지시키지 못하고 또 선제께서 하시려고 했던 것을 파하려고만 하니② 이것은 위로는 선제께 보답하지 못하는 것이고 그 다음으로는 짐에게 충력忠力을 다하지 않는 것인데 어떻게 그 자리에 있겠는가?"

이에 풍거질, 이사, 풍겁 등을 관리에게 내려서 다른 죄를 조사하고 문책하게 했다. 풍거질과 풍겁이 말했다.

"장군이나 재상은 모욕을 받지 않는 것이오."

이에 자살했다. 이사는 마침내 옥에 갇히고③ 오형을④ 받게 되었다.

夫虞 夏之主① 貴爲天子 親處窮苦之實 以徇百姓 尙何於法 朕尊萬乘 毋其實 吾欲造千乘之駕 萬乘之屬 充吾號名 且先帝起諸侯 兼天下 天下已定 外攘四夷以安邊竟 作宮室以章得意 而君觀先帝功業有緒 今朕卽位二年之閒 羣盜并起 君不能禁 又欲罷先帝之所爲② 是上毋以報先帝 次不爲朕盡忠力 何以在位 下去疾 斯 劫吏 案責他罪 去疾 劫曰 將相不辱 自殺 斯卒囚③ 就五刑④

① 虞夏之主우하지주

신주 우나라 왕은 순제舜帝를, 하나라 왕은 우왕禹王을 가리킨다.

② 欲罷先帝之所爲욕파선제지소위

신주 이 말은 선제先帝의 공업功業을 이르는 것으로 이 문구의 위에 상술하였다. 且先帝起諸侯~君不能禁 참고

③ 斯卒囚사졸수

정의 卒은 '쥴[子律反]'로 발음하고, 囚은 '쥬[在由反]'로 발음한다. 수囚는 금고禁錮를 이른다.
【正義】 卒 子律反 囚 在由反 謂禁錮也

신주 이사가 마침내 감옥에 갇혔다는 뜻이다.

④ 五刑오형

신주 오형은 《서경》 〈순전舜典〉의 유유오형流宥五刑에서 비롯되었다. 주나라 형서刑書인 《여형呂刑》에 다섯 가지 형벌이 실려 있는데, 묵墨(이마에 먹으로 죄명을 새기는 것) · 의劓(코를 베는 것) · 궁宮(생식기를 거세하는 것) · 비剕(발뒤꿈치를 베는 것) · 살殺(사형)이다.

2세가 자살하다

3년, 장함① 등이 그의 군졸들을 인솔하고 거록을② 포위하자 초
나라의 상장군 항우가 초나라 군사들을 거느리고 가서 거록을
구원했다. 겨울, 조고가 승상이 되어 마침내 이사의 죄를 조사해
살해했다. 여름에 장함 등이 여러 차례 싸우다가 후퇴하자 2세
가 사신을 보내 장함을 꾸짖었다. 장함은 두려워서 장사 사마흔
을③ 보내서 사정을 알리려 했다. 조고는 만나 주지도 않고 또 믿
어 주지도 않았다. 사마흔이 두려워서 도망을 가버리자 조고가
사람을 시켜 추격해 체포하려 했지만 미치지 못했다. 사마흔이
장함을 만나서 말했다.

"조고가 궁중에서 일을 처리하고 있으니 장군께서는 공로가 있
어도 처형될 것이고 공로가 없어도 처형될 것이오."

三年 章邯①等將其卒圍鉅鹿② 楚上將軍項羽將楚卒往救鉅鹿 冬 趙
高爲丞相 竟案李斯殺之 夏 章邯等戰數卻 二世使人讓邯 邯恐 使長
史欣③請事 趙高弗見 又弗信 欣恐 亡去 高使人捕追不及 欣見邯曰
趙高用事於中 將軍有功亦誅 無功亦誅

① 章邯장함

신주 《상밀주석통감언해詳密註釋通鑑諺解》에 邯은 발음이 '함邯'이라고 했다. 진秦나라 장수로 초나라의 형양성滎陽城, 허許, 임제臨濟 등을 무너뜨리고 진승을 죽인 그의 마부 장고莊賈를 항복시켰으며, 산동성 정도定陶에서 항량項梁을 전사시켜서 큰 공을 세웠다. 그러나 항우와 하북성 전투에서 패했고, 조고의 박해를 예상하여 진군秦軍을 이끌고 항우에게 투항하였다. 그 후 사마흔, 동예董翳와 더불어 진나라 땅을 삼분三分하여 봉토를 받았지만 한군漢軍의 기습으로 폐구廢丘(지금의 섬서성 홍평)로 물러났다. 한군이 강물을 끌어들여 수공을 가해오자 자결하고 말았다.

② 鉅鹿거록

신주 전국戰国 시대 조趙나라의 도시였으며 진시황 때 36군 중의 하나였다. 지금의 하북성 형태시邢台市 평향현平鄕縣이다.

③ 欣흔

신주 사마흔司馬欣(?~서기전 204년)을 말한다. 장함 수하의 장사長史로 항량을 체포했다가 석방시켜 주어 초나라 항씨들과 인연을 맺게 되었고, 장함과 함께 초나라에 투항하였다. 항우가 관중을 점령하자 장함, 동예와 함께 삼진왕三秦王에 봉해졌다. 그 후 유방에게 삼진三秦을 점령

당해 한나라에 항복했다가 항우가 유방을 수수雎水 싸움에서 대파하자 다시 항우에게 돌아왔다. 한왕 4년(서기전 204년)에 조구曹咎와 함께 성고成皐를 지키다가 사수泗水에서 패하자 자결하였다.

이때 항우가 갑자기 진군秦軍을 공격해 왕리王離를 포로로 삼으니 장함 등이 마침내 군사들을 이끌고 제후에게① 항복했다. 8월 기해일에② 조고가 반란을 일으키려고 했지만 여러 신하들이 듣지 않을 것을 걱정해서 이에 먼저 시험해 보기 위해 사슴을 2세에게 바치면서 말했다.

"이것은 말입니다."

2세가 웃으면서 말했다.

"승상이 잘못 알고 있다. 사슴을 말이라고 이르다니."③

좌우에게 묻자 좌우에서 어떤 이들은 묵묵히 대답하지 않았고, 어떤 이들은 말이라고 말하며 조고에게 아부했고, 어떤 이들은 사슴이라고 말했다. 조고는 사슴이라고 말한 자들을 몰래 법④으로 처단했다. 그 후 모든 신하들이 다 조고를 두려워했다.

項羽急擊秦軍 虜王離 邯等遂以兵降諸侯① 八月己亥② 趙高欲爲亂 恐羣臣不聽 乃先設驗 持鹿獻於二世 曰馬也 二世笑曰 丞相誤邪 謂鹿爲馬③ 問左右 左右或默 或言馬以阿順趙高 或言鹿(者) 高因陰中諸言鹿者以法④ 後羣臣皆畏高

① 諸侯제후

신주　항우를 가리킨다.

② 己亥기해

[집해]　서광은 "어떤 본에는 '기묘己卯'로 되어 있다."고 했다.
【集解】　徐廣曰 一作卯

③ 謂鹿爲馬위록위마

신주　사슴을 일러 말이라고 한다는 말로 윗사람을 농락하여 권세를
휘두르는 경우를 일컫는다. 지금 '지록위마指鹿爲馬'라는 성어로 널리
알려져 있다.

④ 以法이법

신주　의도적으로 법망에 걸리게 해서 이를 이유로 처단했다는 뜻이다.

조고가 이전에 여러 차례 "관동의 도적들은① 능력이 없다."고 말한 적이 있었는데, 항우가 진나라 장수인 왕리 등을 포로로 잡고 거록을 함락시키고 전진하자 장함 등의 군사는 여러 차례 퇴각하면서 글을 올려서 더 많은 증원을 청했으며, 연燕, 조趙, 제齊, 초楚, 한韓, 위魏 가 모두 스스로 나라를 세워 왕이 되니 관동은 대부분② 진나라의 관리들을 배반하고 제후들에게 호응했다. 제후들도 모두 자신의 군사들을 인솔하고 서쪽으로 향했다. 패공(유방)은 수만 명의 군사들을 이끌고 이미 무관을③ 무찌른 후 사람을 시켜 조고에게 사사로이 교섭하니, 조고는 2세가 노하여 주벌이 자신에게 미칠 것이 두려워서 병을 핑계로 조회에 나아가지 않았다.

高前數言 關東盜①毋能爲也 及項羽虜秦將王離等鉅鹿下而前 章邯等軍數郤 上書請益助 燕 趙 齊 楚 韓 魏皆立爲王 自關以東 大氐②盡畔秦吏應諸侯 諸侯咸率其衆西鄉 沛公將數萬人已屠武關③ 使人私於高 高恐二世怒 誅及其身 乃謝病不朝見

① 關東盜관동도

신주 관동은 함곡관函谷關 동쪽의 조趙, 위魏, 한韓, 연燕, 제齊, 초楚나라를 일컫는다. 따라서 관동의 도적은 이들 6국의 반란군을 가리킨다.

② 大氐대저

정의 氐는 '제[丁禮反]'로 발음한다. 대략大略과 같다고 했다.

【正義】 丁禮反 氐猶略

③ 武關무관

신주 장안성을 기준으로 남쪽 관문이다. 지금의 섬서성陝西省 상락시商洛市 단봉현丹鳳縣 동남쪽에 위치하고 있다.

2세는 백호白虎가 자신의 좌참마左驂馬를 물어서 죽이는 꿈을 꾸고서 마음이 즐겁지 않았고, 괴이해서 꿈에 대해서 묻고 점치게 했다. 복사卜師가 말했다.

"경수涇水가 재앙의 빌미입니다."①

2세가 이에 망이궁望夷宮에서② 재계를 하고 경수에 제사를 지내려고 백마白馬 네 필을 경수에 빠뜨렸다. 또 사신을 보내 조고를 도적의 일로③ 책임을 따져 꾸짖었다. 조고는 두려워서 몰래 그의 사위인 함양령咸陽令 염락閻樂과④ 그 아우 조성趙成과 모의해서 말했다.

"상께서 간언을 듣지 않더니 지금 사세가 급해지자 화禍를 우리 가문에 돌리려고 한다. 나는 황제를 바꾸어 다시 공자公子 영嬰을⑤ 옹립하겠다. 자영子嬰은 인자하고 검소하니 백성들이 모두 그의 말을 떠 받들 것이다."⑥

二世夢白虎齧其左驂馬 殺之 心不樂 怪問占夢 卜曰 涇水爲祟① 二世乃齋於望夷宮② 欲祠涇 沈四白馬 使使責讓高以盜賊事③ 高懼 乃陰與其婿咸陽令閻樂④ 其弟趙成謀曰 上不聽諫 今事急 欲歸禍於吾宗 吾欲易置上 更立公子嬰 子嬰仁儉 百姓皆載⑤其言

① 祟수

정의   祟는 '수[雖遂反]'로 발음한다.

【正義】 雖逐反

신주 '수祟'는 재앙이나 탈 따위가 생기는 원인을 말하는 것으로 여기서는 귀신이 훼방을 놓아 진나라를 해치고 있다는 것을 의미한다. 진나라의 미래를 예견할 수 있는 말이다.

② 望夷宮망이궁

집해 장안은 "망이궁은 장릉長陵 서북쪽 장평관長平觀의 길 동쪽에 있는데, 옛 정자의 터이다. 경수涇水에 임해서 이를 지었는데 북이北夷를 바라본다."고 했다.

【集解】 張晏曰 望夷宮在長陵西北長平觀道東故亭處是也 臨涇水作之 以望北夷

정의 《괄지지》에는 "진秦나라의 망이궁은 옹주 함양현 동남쪽 8리에 있다."고 했다. 장안이 이르기를 "경수에 임해서 이를 지었는데 북이北夷를 바라본다."고 했다.

【正義】 括地志云 秦望夷宮在雍州咸陽縣東南八里 張晏云臨涇水作之 望北夷

③ 盜賊事도적사

신주 동쪽의 반란군과 교섭한 일, 즉 조고가 유방의 명을 받은 사신과 사사로이 교섭한 일을 가리킨다.

④ 咸陽令閻樂함양령염락

신주 함양령은 벼슬이름으로 도읍의 장관이다. 염락은 환관 조고의 사위이다. 그래서 조고가 유년기에 모친의 죄에 연좌되어 궁형宮刑에 처해졌다는 기록은 의문스럽다.

⑤ 載대

신주 '대'로 읽으며 '떠받들다'의 뜻이다.

낭중령에게① 안에서 내응하게 하고 거짓으로 큰 도적이 있다면서 염락에게 관리들을 불러 군사를 발병하게 하고는 염락의 어머니를 급습하여 조고의 관사에 안치시켰다.② 조고는 또 염락에게 관리와 군사 천여 명을 인솔하여 망이궁의 전문殿門에 보내서 위령衛令과 복야僕射를 포박하게 하고, "도적이 이곳까지 쳐들어왔는데 왜 막지 않았는가?"라고 말했다. 위령이 말했다.

"궁전을 빙 둘러서 군사들을 삼엄하게 배치했는데③ 어떻게 도적들이 감히 궁 안으로 들어올 수가 있겠습니까?"

염락이 마침내 위령을 참수하고는 곧바로 관리들을 거느리고 들어가 활을 쏘았다. 낭환郎宦(환관)들이 크게 놀라서 혹 달아나기도 하고 혹 맞서기도 하였는데, 맞선 자들을 번번이 죽이니 죽은 자가 수십여 명이었다. 낭중령과 염락이 함께 들어가 황제의 휘장 안 좌석에 활을 쏘았다.

使郎中令①爲內應 詐爲有大賊 令樂召吏發卒 追劫樂母置高舍② 遣樂將吏卒千餘人至望夷宮殿門 縛衛令僕射 曰 賊入此 何不止 衛令曰 周廬設卒甚謹③ 安得賊敢入宮 樂遂斬衛令 直將吏入 行射 郎宦者大驚 或走或格 格者輒死 死者數十人 郎中令與樂俱入 射上幄坐幃

① 郎中令낭중령

집해 서광은 "일설에는 낭중령은 조성趙成을 이른다."고 했다.

【集解】 徐廣曰 一云郎中令趙成

진나라 때 황궁문의 수위를 관장하는 벼슬이다.

② 追劫樂母置高舍추겁락모치고사

염락이 중도에서 마음이 변할까 근심하여 그의 어머니를 인질로 삼아 협박한 것을 말한다.

③ 周廬設卒甚謹주여설졸심근

집해 《서경부》에는 "요도徼道(샛길)는 밖을 두르고 1,000의 여막을 안으로 들였다."고 했다. 설종薛綜은 "사부궁土傳宮의 밖깥이며 안에는 여사廬舍를 만들어 낮에는 예사롭지 않게 순행하고 밤이면 헤아리지 못한 것을 경비한다."고 했다.

【集解】 西京賦曰 徼道外周 千廬內傳 薛綜曰 土傳宮外 內爲廬舍 晝則巡行非常 夜則警備不虞

2세가 노해서 좌우를 불렀지만 좌우는 모두 두려움에 떨면서 싸우려 하지 않았다. 곁에 있는 환관 한 사람이 2세를 시중하며 감히 떠나려 하지 않았는데, 2세가 안으로 들어가 그에게 말했다.

"그대는 왜 일찍이 나에게 고하지 않았는가? 이 지경에 이르도록."

환관이 말했다.

"신이 감히 말하지 않았기에 생명을 보전했습니다. 신이 일찍이 말했다면 이미 다 죽었을 것이니 어찌 살아서 지금에 이르렀겠습니까?"

염락이 2세 앞으로 나아가 죄를 꾸짖으며[1] 말했다.

"족하足下께서는[2] 교만하고 방자해서 처벌하고 죽이는 것이 도가 없어 천하가 모두 족하를 배반했으니 족하는 스스로 계획을 세우시오."[3]

2세가 말했다.

"승상을 만나 볼 수 있겠소?"

염락이 말했다.

"불가합니다."

2세가 말했다.

"나는 1개의 군郡을 얻어서 왕이 되기를 바라오."

허락하지 않았다. 또 말했다.

"1만 호의 후侯가 되기를 바라오."

허락하지 않았다. 2세가 말했다.

"처자식과 함께 백성이 되어 여러 공자들과 같이 되기를 원하오."

염락이 말했다.

"신臣은 승상의 명을 받아 천하를 위해 족하를 처단할 뿐이오. 족하께서 비록 말을 많이 했지만 신은 감히 보고할 수 없소."

그 병졸들의 진격을 깃발로 지시하자④ 2세가 자살했다.⑤

二世怒 召左右 左右皆惶擾不鬪 旁有宦者一人 侍不敢去 二世入內
謂曰 公何不蚤告我 乃至於此 宦者曰 臣不敢言 故得全 使臣蚤言 皆
已誅 安得至今 閻樂前卽二世數①曰 足下②驕恣 誅殺無道 天下共畔
足下 足下其自爲計③ 二世曰 丞相可得見否 樂曰 不可 二世曰 吾願
得一郡爲王 弗許 又曰 願爲萬戶侯 弗許 曰 願與妻子爲黔首 比諸公
子 閻樂曰 臣受命於丞相 爲天下誅足下 足下雖多言 臣不敢報 麾④
其兵進 二世自殺⑤

① 數수

신주 죄를 하나하나 들어 꾸짖는 것을 말한다.

② 足下족하

집해 채옹은 "여러 신하와 사士와 백성들이 서로 더불어서 전하殿

下, 각하閣下, 족하足下, 시자侍者, 집사執事라고 말하는 것은 모두 겸손한 종류이다."라고 말했다.

【集解】 蔡邕曰 羣臣士庶相與言 曰殿下 閣下 足下 侍者 執事 皆謙類

신주 일본 한학가 농천구태랑瀧川龜太郎은 '폐하라고 말하지 않고 족하라고 한 것은 가볍게 모욕하는 말이다.[不曰陛下 曰足下 輕侮之辭]'라고 했다.

③ 其自爲計기자위계

신주 자결할 것을 압박하는 말이다.

④ 麾휘

신주 '揮휘'와 같다. 대장기로 전쟁에서 진퇴進退를 지시할 때 쓰인다.

⑤ 二世自殺이세자살

신주 〈진초지제월표秦楚之際月表〉에 이세 3년(서기전 207년) 8월에 자결한 것으로 나와 있으며, 그의 묘지는 지금의 서안시西安市 안탑구雁塔區 곡강曲江의 지촌池村에 있다.

자영이 조고를 죽이고
패공에게 투항하다

염락閻樂이 돌아와 조고에게 보고하자 조고는 여러 대신과 공자
公子들을 모두 불러 2세를 주벌한 상황을 고했다.

"진秦나라는 본래 왕국王國이었는데 시황제가 천하의 군주가 되
었기 때문에 제帝라고 칭했소. 지금은 여섯 나라가 다시 스스로
서서 진나라 땅이 더욱 좁아졌는데 헛된 이름으로 제帝라고 하
는 것은 불가한 일이오. 마땅히 옛날 같이 왕이 되는 것이 편리
할 것입니다."

이에 2세의 형의 아들인 공자 영公子嬰을① 세워 진왕秦王으로
삼았다. 백성의 예로써 2세를 두남杜南의 의춘원宜春苑② 안에서
장사 지냈다. 자영子嬰에게 재계하고 사당에 당도해서 예를 올리
고 옥새를 받게 했다.

閻樂歸報趙高 趙高乃悉召諸大臣公子 告以誅二世之狀 曰 秦故王
國 始皇君天下 故稱帝 今六國復自立 秦地益小 乃以空名爲帝 不可
宜爲王如故 便立二世之兄子公子嬰①爲秦王 以黔首葬二世杜南宜
春苑②中 令子嬰齋 當廟見 受王璽

① 公子嬰공자영

　신주　사가史家들은 자영이 호해형의 아들이냐, 호해의 형이냐, 시황 제의 아우냐에 대한 의견이 분분하다. 《사기》〈육국연표〉에는 "조고가 반란하니 이세가 자살을 했고, 조고가 이세 형 자영을 세웠다.[趙高反, 二世自殺, 高立二世兄子嬰]"고 하여 자영을 이세의 형으로 보았다. 《사기》의 〈이사열전〉에는 "스스로 하늘이 부여해 주지 않을 것과 여러 신하들이 허락하지 않을 것을 알고 진시황의 동생을 불러서 그에게 옥새를 주었 다.[自知天弗與, 君臣不許, 乃召始皇弟, 授之璽]"라 하여 자영을 시황제 동생 으로 기록하였다. 《사기》〈진시황본기〉에 "진이세 형의 아들인 공자 영 을 왕으로 삼았다.[秦二世兄子公子嬰爲秦王]"고 하여 자영을 형의 아들로 표현하고 있다. 또 동진東晉의 학자 서광은 진시황의 조카로 주장하고 있으나 많은 사가들은 이세 형의 아들임을 정설로 받아들이고 있다.

② 宜春苑의춘원

　신주　진나라 때의 정원으로 옛터가 지금의 서안시西安市 동남쪽의 곡강지曲江池 지구이다.

닷새 동안 재계한 자영은 그의 두 아들과 의논해서 말했다.

"승상 조고가 2세를 망이궁에서 시해하고 여러 신하들이 처벌할 것이 두려워서 거짓으로① 의義를 내세우며 나를 세우려 한다. 내가 듣자니 조고가 초나라와 약속해 진나라 종실을 멸망시키고 관중關中의 왕이 되려 한다고 한다. 지금 나로 하여금 재계하게 하고 사당을 배알하게 하는 것은 사당 안에서 나를 죽이려고 하는 것이다. 내가 병을 일컫고 가지 않으면 승상은 반드시 스스로 올 것이니 오면 그를 죽여라."

齋五日 子嬰與其子二人謀曰 丞相高殺二世望夷宮 恐羣臣誅之 乃詳①以義立我 我聞趙高乃與楚約 滅秦宗室而王關中 今使我齋見廟 此欲因廟中殺我 我稱病不行 丞相必自來 來則殺之

---

① 詳양

집해 詳은 '양羊'으로 발음한다.

【集解】 詳音羊

신주 詳은 '양佯'이다. 거짓이란 뜻이다.《상밀주석통감언해詳密註釋通鑑諺解》에는 양佯이라 하고 주註에 佯은 '양陽'으로 발음한다고 기록하고 있다.

조고가 사람을 시켜 자영을 여러 차례 불렀으나 자영이 가지 않자 조고가 과연 스스로 가서 말했다.

"종묘의 일은 중대한 것인데 왕께서 어찌해 행하지 않으십니까?"

자영이 드디어 조고를 재궁齋宮에서 찔러 죽이고 조고의 삼족을① 죽여서 함양 백성들에게 돌렸다. 자영이 진왕秦王이 된 지 46일 만에 초나라 장수 패공沛公이 진秦나라 군사들을 쳐부수고 무관으로 들어가 드디어 패상霸上에② 이르렀다. 그리고 사람을 보내③ 자영에게 투항을 약속받았다.

高使人請子嬰數輩 子嬰不行 高果自往 曰 宗廟重事 王柰何不行 子嬰遂刺殺高於齋宮 三族①高家以徇咸陽 子嬰爲秦王四十六日 楚將沛公破秦軍入武關 遂至霸上② 使③人約降子嬰

① 三族삼족

신주 부족父族, 모족母族, 처족妻族을 말한다.

② 霸上패상

집해 응소는 "패수霸水 위의 지명이다. 장안의 동쪽 30리에 있다. 옛날 이름은 자수滋水였는데, 진 목공秦穆公이 고쳐 패수로 이름 했다."고 했다.

【集解】 應劭曰 霸水上地名 在長安東三十里 古名滋水 秦穆公更名霸水

③ 使시

신주 '시'로 읽고 '보내다'의 뜻이다.

자영이 곧바로 목에 인끈을 걸고 흰 말이 끄는 흰 수레를 타고 서① 천자의 옥새와 부절符節을② 받들고 지도軹道③ 근방에서 항복했다. 패공이 드디어 함양으로 들어가 궁실과 부고府庫를 봉하고 군사들을 돌아오게 해서 패상에 주둔했다. 한 달 남짓 되어 제후의 군사들이 이르렀는데 항적項籍(항우)이 종장從長이④ 되어 자영과 진秦나라의 여러 공자들과 그 종족들을 살해했다. 마침내 함양을 도륙하고 그 궁실을 불살랐으며 그 자녀들을 포로로 잡고서 그곳의 보물과 재화를 거두어 제후들과 함께 나누어 가졌다.

子嬰卽係頸以組 白馬素車① 奉天子璽符② 降軹道③旁 沛公遂入咸陽 封宮室府庫 還軍霸上 居月餘 諸侯兵至 項籍爲從長④ 殺子嬰及秦諸公子宗族 遂屠咸陽 燒其宮室 虜其子女 收其珍寶貨財 諸侯共分之

① 係頸以組白馬素車계경이조백마소거

집해 응소는 "조組는 천자의 불韍(수놓은 예복)이다. 계경係頸은 자살하려고 하는 것을 말한 것이다. 소거素車와 백마白馬는 상인喪人의 의복이다.”라고 했다.

【集解】 應劭曰 組者 天子綬也 係頸者 言欲自殺 素車白馬 喪人之服也

② 璽符새부

신주 옥새와 부절을 가리킨다. 옥새玉璽는 왕명의 문서 날인, 왕위계
승의 정통성 등 임금의 권위를 상징하는 것으로써, 고대 중국의 왕들은
금인金印을 사용하였으나, 진시황제秦始皇帝 때 ‘화씨벽和氏璧’에 글자를
새겨 인장을 제작하고부터 후대에는 옥새를 사용하였다. 부절符節은 임
금의 명을 받은 관리에게 그 권한을 대신하여 수행할 수 있게 하는 상
징물을 말한다. 즉 임금이 부절을 내려서 군정軍政의 권한을 대행하게
하거나 지방을 순방하게 하는 등 여러 가지 국가사國家事를 임금 대신
대행하게 하는 징표로 쓰였다.《주례周禮》〈장절掌節편〉에 “사신使臣이
신표信標로 가지던 옥이나 대나무로 만든 부신符信으로, 이를 둘로 갈
라 하나는 조정에 보관하고 하나는 본인이 가졌다.”는 내용이 보인다.

③ 軹道지도

집해 서광은 “패릉霸陵에 있다”고 했다. 나 배인이 상고해보니 소림
은 “정명亭名인데 장안 동쪽 13리에 있다.”고 했다.

【集解】 徐廣曰 在霸陵 駰案 蘇林曰 亭名 在長安東十三里

④ 從長종장

관동關東을 합해서 종장從長이 되었다는 것을 이른 것이다.

【索隱】 謂合關東爲從長也

진나라를 멸망시킨 뒤에 각각 그 지역을 나누어 셋으로 만들어 옹왕雍王, 새왕塞王, 적왕翟王이라 이름짓고 삼진三秦이라고 불렀다.① 항우는 서초패왕西楚覇王이 되어 명령을 주관해서 천하를 나누고 제후들을 왕으로 봉하니 진나라가 마침내 멸망하게 되었다. 그 5년 후에 한漢나라가 천하를 평정했다.

滅秦之後 各分其地爲三 名曰雍王 塞王 翟王 號曰三秦① 項羽爲西楚覇王 主命分天下王諸侯 秦竟滅矣 後五年 天下定於漢

---

① 雍王塞王翟王號曰三秦옹왕새왕적왕호왈삼진

신주 항우가 진나라를 정복한 후 관중關中을 세 지역으로 나누어 자신의 수하에게 봉토하였는데, 장함章邯을 옹왕으로, 사마흔司馬欣을 새왕으로, 동예董翳를 적왕으로 임명하여 다스리게 했다, 이를 삼진三秦이라고 한다. 이들은 진나라 장수였다가 항우에게 투항한 자들로 항우가 이들을 삼진왕으로 제수한 것은 진나라의 지리地理를 잘 아는 이들을 이용하여 유방이 파·촉·한중의 땅에서 관중으로 진출하지 못하게 하려는 의도가 있었다.

태사공이 평하다

태사공은 말한다.

"진秦나라 선조는 백예伯翳이다.[1] 일찍이 당唐과 우虞의 시대에 공로가 있어 땅을 받고 성을 하사 받았다. 하나라와 은나라 시대에는 미약해져서 사방으로 흩어졌다가 주나라가 쇠약해지자 진秦나라가 일어나 서수에 도읍했다.[2] 목공繆公 이래로 점점 제후들을 잠식해 마침내 시황제가 성공했다. 시황제는 스스로 공과功過가 오제五帝를 뛰어넘고 땅을 삼왕三王보다 넓혔다고 여겨서 이들과 비교하는 것을 수치로 여겼다. 훌륭하도다! 가생賈生 (가의)이[3] 미루어 말한 것이.

太史公曰 秦之先伯翳[1] 嘗有勳於唐虞之際 受土賜姓 及殷夏之閒微散 至周之衰 秦興 邑于西垂[2] 自繆公以來 稍蠶食諸侯 竟成始皇 始皇自以爲功過五帝 地廣三王 而羞與之侔 善哉乎賈生[3]推言之也

① 伯翳백예

신주 백익柏益, 화익化益, 대비大費라고도 한다. 고요皐陶의 후손으로 대업大業의 아들이다. 순임금 때 우禹의 치수사업을 도운 공으로 순임금으로부터 영嬴(언偃)땅에 봉해졌고 영성嬴姓을 하사下賜받았다. 그래서 백예는 영성의 시조이자 진족秦族의 선조가 된 것이다. 영 땅은 지금의 산동성의 곡부시曲阜市, 제령시濟寧市, 태안시太安市, 내무시萊蕪市 일대를 말하는데 동이족의 활동지역이고 백예도 동이족이다. 이로써 진에서 소호에게 제사지내는 것이다.

② 邑于西垂읍우서수

신주 서수西垂는 성읍 명으로 서태구西太丘를 가리킨다. 후한 말의 학자 응소는 "진양공秦襄公이 서기전 770년, 서태구에 도읍했는데, 소호少皞를 주신으로 삼아 서치에서 백제白帝(소호)에게 제사하였다."고 했다. 지금의 감숙성甘肅省 천수시天水市 예현禮縣의 영흥永興 일대로 비정한다.

③ 賈生가생

신주 가의賈誼(서기전 200~서기전 168)이다. 전한前漢시대 낙양 사람으로 장사왕태부長沙王太傅를 지내서 가태부賈太傅, 가장사賈長沙, 가생賈生으로도 불렸다. 20세에 문제의 부름을 받아 박사가 되었고, 태중대부

太中大夫로 승진하여 제도와 역법 개정에 힘썼다. 그러나 대신들의 반대에 부딪혀 25세에 장사왕의 태부로 좌천되었다가 그 후 문제의 막내아들 양회왕의 태부로 있을 때 양회왕의 낙마사落馬死로 인하여 이를 슬퍼하다가 이듬해 33세로 죽었다. 사마천이 여기에 인용하여 올린 문장〈과진론過秦論〉 상하편은 한漢 문제文帝에게 지어 올린 글이다. 이외에도 치안책治安策 등의 저서가 있다.

가생은 말했다. 진秦나라는 제후로서 산동의 30여 군을 겸병하여① 나루와 관關문을 수리하고 험한 요새에 의지하면서 갑옷과 병기를 손질해서 수비했다. 그러나 진섭陳涉(진승)이 흩어지고 어지러워진 수졸戍卒의 무리 수백 명을 거느리고② 팔을 걷어 부치며 크게 구호를 외쳤다. 또한 활과 창 같은 병기도 없이 호미와 곰방메와 몽둥이만 들고③ 민가를 책망하고 잠식하면서④ 천하를 횡행했다.⑤

曰 秦并兼諸侯山東三十餘郡① 繕津關 據險塞 修甲兵而守之 然陳涉以戍卒散亂之衆數百② 奮臂大呼 不用弓戟之兵 鉏櫌白梃③ 望屋而食④ 橫行天下⑤

① 山東三十餘郡산동삼십여군

신주 진나라가 병합한 후 동쪽 6국의 옛 땅에 30여 군을 설치한 것을 말한다.

② 陳涉以戍卒散亂之衆數百진승이수졸산란지중수백

진승이 이문里門 왼쪽에 사는 빈민들을 변방인 어양漁陽으로 이주시키는 도중에 봉기했는데 그 때 함께한 자들이 900인이었다.

③ 鉏櫌白梃서우백정

서광은 "우櫌는 전기田器(밭을 가는 농구)이다. 櫌는 '우憂'로 발음한다."고 했다.
【集解】 徐廣曰 櫌 田器 音憂

서광이 "우櫌를 전기田器라고 한 것은 잘못이다."라고 했다. 맹강은 "우櫌는 호밋자루가 되어야 대개 그 뜻에 가까울 것이다."라고 했다.
【索隱】 徐以櫌爲田器 非也 孟康以櫌爲鉏柄 蓋得其近也

④ 望屋而食망옥이식

그 병사들이 천하를 잠식蠶食할 때 양식도 준비하지 못하고 행동한 것을 말한 것이다.
【索隱】 言其兵蠶食天下 不裹糧而行

⑤ 橫行天下횡행천하

눈앞의 적을 가볍게 여기고 부대의 대오를 지어서 진격하지 않는 것을 이른다. 무양후舞陽侯가 "흉노 안에서 멋대로 행한다."라고 한 것이 이런 뜻이다.

【索隱】 謂輕前敵 不部伍旅進也 舞陽侯曰 橫行匈奴中是也

신주 거리낌 없이 제멋대로 세상을 나돌아 다녀 통제가 불가능했음을 말한다.

진秦나라 사람들은 험준한 지세에서도 수비하지 못했고 관문이 나 교량을 닫지도 못했으며, 긴 창으로 찌르지도 못했고 강한 쇠 뇌도 발사하지 못했다. 초楚나라 군사가 깊숙이 들어와 홍문鴻 門에서[1] 싸웠는데 일찍이 장애물로 인한 어려움이 없었다. 이에 산동이 크게 시끄러워지자 제후들이 함께 일어나 호걸과 준걸 들이 서로 자립했다.[2] 진나라에서는 장함章邯 장군을 시켜 동쪽 을 정벌하게 했는데, 장함은 삼군三軍의 군사로 바깥에서 협상 하다가[3] 그의 황제를 모반했다. 여러 신하들이 서로 믿지 않았 다는 것이 여기에서도 볼 수 있다.

秦人阻險不守 關梁不闔 長戟不刺 彊弩不射 楚師深入 戰於鴻門[1] 曾無藩籬之艱 於是山東大擾 諸侯並起 豪俊相立[2] 秦使章邯將而東 征 章邯因以三軍之衆要市於外[3] 以謀其上 羣臣之不信 可見於此矣

① 鴻門홍문

신주 당시 함양성 동남쪽, 희수戲水가 희정戲亭의 서남쪽에 있었다. 지금의 서안시西安市 임동구臨潼區 신풍진新豊鎮 홍문보촌鴻門堡村이다.

② 豪俊相立호준상립

집해 나 배인이 상고해보니 《갈관자鶡冠子》에는 "1만 명에게 덕이 있는 자는 준俊이라 이르고 1,000명에게 덕이 있는 자는 호豪라고 이르고 100명에게 덕이 있는 자는 영英이라고 이른다."고 했다.

【集解】 駰案 鶡冠子曰 德萬人者謂之俊 德千人者謂之豪 德百人者謂之英

색은 무신武臣, 전담田儋, 위표魏豹의 무리를 이른다.

【索隱】 謂武臣田儋 魏豹之屬

③ 三軍之衆要市於外 삼군지중요시어외

색은 이 비평은 잘못되었다. 장함章邯이 항복한 것은 조고趙高가 전권을 휘두르고 장군을 신임하지 않았는데, 첫째는 처벌될까 두려워했기 때문이고 둘째는 초나라의 군사들이 이미 성대해졌기 때문이다. 왕리王離가 사로잡힌 것을 보자 드디어 군사를 들어서 항복한 것이다. 삼군三軍의 군사들을 가지고 바깥에서 제후로 봉해 달라고 구한 것이 아님은 명백하다. 요要는 평성平聲이다.

【索隱】 此評失也 章邯之降 由趙高用事 不信任軍將 一則恐誅 二則楚兵既盛 王離見虜 遂以兵降耳 非三軍要市於外以求封明矣 要 平聲

三軍삼군

신주 《주례》에서 "1만 2,500명을 1군軍이라 하는데, 왕은 6군軍, 대국은 3군軍, 차국次國은 2군軍, 소국은 1군軍을 가진다."라고 규정하고 있어 대국 군대의 규모를 말한다.

要市요시

봉토封土를 요구하기 위해 협상하는 것을 말하는 것이다.

자영子嬰은 즉위하고도 결국 깨닫지 못했다. 가령 자영에게 보통의 군주의 자질이라도 있어서 근근이 중간 정도의 보좌만 받았다면 산동은 비록 혼란했을지라도 삼진三秦의 땅을 보전할 수 있었으며 종묘의 제사가 마땅히 끊이지 않았을 것이다.

子嬰立 逐不寤 藉使子嬰有庸主之材 僅得中佐 山東雖亂 秦之地可全而有 宗廟之祀未當絕也

진秦나라 땅은 산을 끼고 하수河水를 거느렸으니 견고해서 사방
이 요새인[①] 나라였다. 목공繆公 이래로 진왕秦王에 이르기까지
20여 명의 군주는 항상 제후들의 영웅이 되었는데 어찌 대대로
현명했기 때문이었겠는가? 그 형세가 그러한데 있었을 뿐이다.
또 천하에서 일찍이 한 마음으로 힘을 합쳐서 진나라를 공격했
다.[②] 이런 세상을 만나서 어진 이와 지혜 있는 이가 함께 나란히
서고, 좋은 장수들이 그 군사를 움직였으며, 어진 재상들이 서
로 그 계책을 통했지만 험난한 지역에 막혀 나아가지 못했다. 그
러나 진나라가 적들을 불러들여 싸우기 위해 관문을 열자 백만
군사들이 패배해 달아나서[③] 드디어 무너졌다. 이것이 어찌 용력
이나 지혜가 부족했기 때문이겠는가? 형세도 불리하고 세력도
편안하지 못했기 때문이다.

秦地被山帶河以爲固 四塞[①]之國也 自繆公以來 至於秦王 二十餘君
常爲諸侯雄 豈世世賢哉 其勢居然也 且天下嘗同心幷力而攻秦矣[②]
當此之世 賢智並列 良將行其師 賢相通其謀 然困於阻險而不能進
秦乃延入戰而爲之開關 百萬之徒逃北[③]而逐壞 豈勇力智慧不足哉
形不利 勢不便也

① 四塞사새

신주 진나라는 동쪽에 함곡관函谷關, 서쪽에 산관散關, 남쪽에 무관

武關, 북쪽에 소관蕭關이 있다. 그 안을 관중關中이라고 부른다.

② 天下嘗同心幷力而攻秦矣천하상동심병력이공진의

신주　6국이 소진蘇秦의 합종책合從策으로 진나라에 대항했던 일을 말한 것이다.

③ 逃北도배

신주　도망하여 배반하다. '배北'는 '배반하다背'의 뜻이다.

진나라는 소읍小邑으로서 큰 성을① 아우르고② 험난한 요새를
지켜서 군대는 높은 보루에서 싸우지 않으면서도 관문을 닫고
험난한 곳에 의지해 창을 메고도 수비할 수 있었다. 제후들은
필부로 일어나서③ 이익으로 모였으므로 소왕素王의④ 행동도 가
지지 못했다. 그들의 사귐은 친밀하지도 않았고 그 부하들도 좇
지 않았으며, '진나라를 멸망시키겠다.'라는 명분을 댔지만 실제
로는 자신들의 이익만 따랐을 뿐이다. 저들은 진나라의 요새가
험준해서 침범하기 어렵다는 것을 알게 되면 반드시 군사를 물
러나게 했을 것이다. 그 동안 사士들을 편안하게 하고⑤ 백성들
을 휴식시키면서 그들이 피폐할 때를 기다려서 약한 것을 수습
하고 고달픈 것을 도와 대국의 군주로써 호령했다면 온 천하에
뜻을 얻지 못했다고 근심하지 않았을 것이다. 천자의 귀한 몸으
로 천하의 부를 소유했으면서도 자신이 포로가 된 것은⑥ 실패한
정책을 구제하는 방법이⑦ 잘못되었기 때문이다.

秦小邑幷大①城② 守險塞而軍 高壘毋戰 閉關據阨 荷戟而守之 諸侯
起於匹夫③ 以利合 非有素王④之行也 其交未親 其下未附 名爲亡秦
其實利之也 彼見秦阻之難犯也 必退師 安⑤土息民 以待其敝 收弱
扶罷 以令大國之君 不患不得意於海內 貴爲天子 富有天下 而身爲
禽⑥者 其救敗⑦非也

① 大대

집해 서광은 "대大는 한 곳에는 '소小'로 되어 있다."고 했다.
【集解】 徐廣曰大 一作小

② 秦小邑幷大城~荷戟而守之진소읍병대성~하극이수지

신주 이것은 가의賈誼가 진왕秦王 자영이 했어야하는 방어의 책략이
었다.

③ 諸侯起於匹夫제후기어필부

신주 동방 6국의 사병, 의병, 수령들이 모두 평민출신이었음을 뜻한다.

④ 素王소왕

신주 왕은 아니지만 왕자王者의 덕과 자질을 갖춘 사람이라는 뜻이
지만 여기서는 왕으로서 최소한의 자질도 갖추지 못한 사람을 이른다.

⑤ 安안

색은 《가의서》에는 안安은 '안案'으로 되어 있다.
【索隱】 賈誼書安作案

⑥ 禽금

금禽은 '금擒(사로잡다)'과 같다.

⑦ 救敗구패

실패한 방침이나 정책을 고쳐 구원하는 방법을 말한 것이다.

진왕秦王은 스스로 만족하면서 남에게 묻지 않았고① 마침내 과실이 있어도 변하지 않았다. 2세는 이를 그대로 받아서 고치지 않았고 포학함으로써 화禍를 가중시켰다. 자영은 고립되어 친한 자가 없었으며, 위태롭고 허약하면서도 보좌를 받지 못했다. 이세 군주는 미혹되었음에도 죽을 때까지 깨닫지 못했으니 망한 것 또한 마땅하지 않겠는가?

秦王足己不問① 遂過而不變 二世受之 因而不改 暴虐以重禍 子嬰孤立無親 危弱無輔 三主惑而終身不悟 亡 不亦宜乎

① 足己不問족기불문

자기 생각만 옳다고 여겨 묻지 않은 것이다.

이때 세상에 깊은 계책과 변화를 아는 선비가 없었던 것은 아니었지만 감히 충성을 다해 과실을 바로잡지 않은 까닭은[1] 진나라의 풍속이 꺼리고 피해야 하는 금지사항이 많아서 충언忠言을 하는 사람들이 말도 끝나기 전에 몸이 도륙되어 죽었기 때문이다. 그래서 천하의 선비들로 하여금 귀 기울여 듣고 두 발을 모으고 서서 입은 다물게 함으로써 말하지 않았던 것이다. 이로써 세 군주는 도를 잃었고 충신들은 감히 간쟁하지 않았으며 지혜 있는 선비는 계책을 세우지 않았다. 천하가 이미 어지러워지자 간신들은 군주에게 이 소문마저 전하지 않았으니 어찌 슬프지 않겠는가?

當此時也 世非無深慮知化之士也 然所以不敢盡忠拂過者[1] 秦俗多忌諱之禁 忠言未卒於口而身爲戮沒矣 故使天下之士 傾耳而聽 重足而立 拑口而不言 是以三主失道 忠臣不敢諫 智士不敢謀 天下已亂 姦不上聞 豈不哀哉

① 不敢盡忠拂過者불감진충불과자

신주 감히 충성을 다해 잘못한 것을 바로잡지 않았다로 풀이된다. 그래서 불拂은 여기서 '교정함[矯]'을 뜻하고 있다.

선왕들은 언로가 막히면① 나라가 상傷한다는 사실을 알았다. 그래서 공경과 대부와 사士를 두어 법을 정비하고 형벌을 실시해서 천하를 다스렸다. 주나라가 강성할 때에는 제후들의 포악한 짓을 금지시키고 난리를 처벌해서 천하를 복종시켰으며,② 약할 때에는 오백五伯(오패)이③ 정벌해서 제후들을 따르게 했다.④ 나라가 작아질 때는 안으로는 지키고 밖으로는 패주에게 부합해서 사직을 보존했다.⑤

先王知雍蔽①之傷國也 故置公卿大夫士 以飾法設刑 而天下治 其彊也 禁暴誅亂而天下服② 其弱也 五伯③征而諸侯從④ 其削也 內守外附而社稷存⑤

① 雍蔽용폐

신주 옹雍은 '물의 흐름을 막는다', 폐蔽는 '차단하고 가린다'는 뜻으로 소통하지 못함을 의미한다.

② 其彊也禁暴誅亂而天下服기강야금폭주란이천하복

신주 주나라는 종법제宗法制와 봉건제를 실시했다. 종법제란 혈연으로 집단의 질서를 유지하는 제도적 장치로써 천자의 직할지와 그 바깥 변경지역까지 대리 통치자들을 가까운 혈연 순서로 배치한 것을 가리킨다. 봉건제는 종법제를 정치체제에 적용한 것으로 천자의 혈족을 각지의 제후로 봉하는 것이다. 제후 중 주 왕조의 일족이 약 50여 개국, 공신, 친분 등에 의한 이성異姓제후국이 70여 개나 되었다. 이로써 주나라의 통치질서를 유지했지만 대가 내려갈수록 동족의식이 약해지는 문제가 발생했다.

③ 五伯오백

신주 춘추오패를 뜻한다. 백伯과 패霸는 모두 장자長者를 뜻하는 말인데, 패霸란 패주霸主, 즉 제후들의 영수領袖를 뜻한다. 패주는 주나라 왕실을 높인다는 존왕양이尊王攘夷와 겸병兼併금지 등의 명분으로 천하를 안정시켰다. 오패에 대해서는 학자나 사서史書에 따라서 다른데 제환공齊桓公, 진문공晉文公, 초장왕楚莊王에 대해서는 이견이 없다. 나머지 두 명은 오부차吳夫差 월구천越句踐이라는 설과 진목공秦穆公, 송양공宋襄公이라는 설이 있다.

④ 其弱也五伯征而諸侯從기약야오백정이제후종

신주 춘추시대(서기전 770~서기전 403)를 가리킨다. 주나라가 세력이 약해지자 호경鎬京에서 낙읍洛邑으로 동천東遷했을 때, 강한 제후국들이 1800여 국의 소국을 병합하여 영토를 확장해 나갔다. 그래서 춘추오패가 형성되었고 이들은 회맹을 통해 존왕양이의 명분으로 주나라 왕을 정신적인 지주로 인정하였다. 이로 인해 제후들은 '왕'이란 칭호를 사용하지 않았다.

⑤ 其削也內守外附而社稷存기삭야내수외부이사직존

신주　전국시대(서기전 403년~서기전 221년)를 가리킨다. 전국 시대의 시작은 진晉나라의 대부 조趙·위魏·한韓의 세 가문에 주나라 왕실이 제후로 인정하면서 부터다. 그만큼 주나라의 위세는 제후들의 요구를 거부할 수 없을 정도로 미미하였다. 또한 강력한 제후들은 스스로 왕이라 칭하면서 사회적 질서와 정치적 균형을 유지시켜오던 봉건제도에 균열이 일어났고, 종주국宗主國의 지위도 붕괴되고 있었다. 왕의 칭호가 처음 등장한 것은 제나라 강태공姜太公의 후손 제후 강씨姜氏를 몰아내고 전씨田氏가 지배하면서부터이다. 이 후 강한 힘을 가진 제후들이 제각기 왕으로 칭하고 주나라를 종주국으로 인정하지 않았다. 그 후 주나라는 진시황의 아버지 장양왕이 침공하여 정복함으로써 역사에서 사라지게 되었다.

그러나 진秦나라가 강성할 때에는 법이 번거롭고 형벌이 엄해서 천하가 떨었지만① 그들이 쇠약하게 되자 백성들이 원망하고 온 천하가 배반했다.② 그런 까닭으로 주나라는 오서五序가③ 그 도를 얻어 천년 동안이나 사직이 단절되지 않았지만,④ 진나라는 근본과 끝을 함께 잃었기에 오래가지 못했던 것이다.⑤ 이로 미루어 살펴본다면 안전함과 위태함의 실마리는⑥ 서로 거리가 먼 것이리라.

故秦之盛也 繁法嚴刑而天下振① 及其衰也 百姓怨望而海內畔矣②
故周五序③得其道 而千餘歲不絕④ 秦本末並失 故不長久⑤ 由此觀之
安危之統⑥相去遠矣

① 秦之盛也繁法嚴刑而天下振진지성야번법엄형이천하진

신주　진효공秦孝公은 위衛나라 출신 상앙商鞅을 등용하여 두 번(서기전 359년과 서기전 351년)에 걸친 법률 제도 개정, 정치 개혁 등에 대한 변법을 시행함으로써 국력이 급속하게 신장되었다. 상앙은 엄벌주의, 연좌제, 밀고의 장려, 신상필벌信賞必罰에 대한 법을 제정하고 '훌륭한 법률과 제도가 있다 하더라도 준수하지 않는다면 아무런 쓸모가 없다'고 주장하며 이를 철저히 시행하였다. 진시황제 역시 법가사상가 이사를 등용하고 법가 이외의 사상을 불법으로 규정하며 엄격하게 법을 적용하여 기강을 확립하였다. 또한 주나라의 봉건제를 무너뜨리고 군현제를 실시하여 강력한 중앙집권적 법치주의 국가를 실현하였다. 이와 같은 정책시행은 모든 백성들에게 가혹하게 적용되어 이를 몹시 두려워하였다.

② 及其衰也百姓怨望而海內畔矣급기쇠야백성원망이해내반의

신주 진시황제 사후 조고가 정권을 좌지우지하는 상황이 되자 나라의 형세가 급격하게 쇠퇴하였다. 또한 강력한 법치주의로 인한 백성들의 불만이 고조되어 진승과 오광의 난이 일어났고, 이를 기점으로 전국 곳곳에서 일어난 난으로 사분오열四分五裂됨으로써 결국 진나라는 유방에게 정복당하고 말았다.

③ 五序오서

색은 《가의서賈誼書》에는 오五가 '왕王'으로 되어 있다.
【索隱】 賈誼書五作王

신주 오서五序는 일반적으로 공公, 후侯, 백伯, 자子, 남男을 가리키지만 《가의서》의 해석대로 오五자가 왕王자라면 다섯 왕이라고 해석해야 한다.

④ 周五序得其道而千餘歲不絕주오서득기도이천여세부절

신주 주나라는 문왕이 나라를 건국하여 서주시대 약 300년(서기전 1046년~서기전 771년), 동주시대 약 500년(서기전 771년~서기전 256년), 도합 800년을 이었다.

⑤ 秦本末並失故不長久진본말병실고불장구

신주 진시황제가 통일 후(서기전 221년) 3세 왕 자영子嬰이 망하기까지(서기전 207년) 도합 15년을 이었다.

⑥ 統통

신주 강령綱領을 뜻한다.

항간의 속담에 '지난 일을 잊지 않는 것이 나중 일의 스승이 된
다.'라고 했다. 그래서 군자는 나라를 위해서 상고上古를 관찰해
서 지금 시대의 증거로 삼았고, 인사人事를 참고해서 성하고 쇠
약해지는 이치를 살폈으며, 권세가 마땅한지 살펴서 거취의 실
마리로 삼아 시세의 변화에 대응했다. 그래서 긴 세월 동안 사
직을 편안하게 할 수 있었던 것이다.

野諺曰 前事之不忘 後事之師也 是以君子爲國 觀之上古 驗之當世
參以人事 察盛衰之理 審權勢之宜 去就有序 變化有時 故曠日長久
而社稷安矣

진秦나라의 효공孝公이① 효산殽山과 함곡관의 견고함에 의지해서 옹주 땅을 차지하고 군주와 신하 사이를 굳게 지키면서 주나라 왕실을 엿보았다. 이는 천하를 석권하고② 천하를 남김없이 취해 사해四海를 주머니로 싸듯이 차지하고서③ 팔황八荒을④ 아울러 삼키려는 마음이었다. 이때 상군商君(공손앙)이⑤ 보좌해서 안으로는 법도를 세우고 농사와 길쌈에 힘쓰게 하면서 수비하고 싸울 준비를 갖추게 했다. 밖으로는 연횡책連橫策을⑥ 사용해 제후들끼리 싸우게 하니 진秦나라 사람들은 팔짱을 끼고 앉아서도 서하西河 밖을 취했다.

秦孝公①據殽函之固 擁雍州之地 君臣固守而窺周室 有席卷②天下 包擧宇內 囊括③四海之意 幷吞八荒④之心 當是時 商君⑤佐之 內立法度 務耕織 修守戰之備 外連衡⑥而鬪諸侯 於是秦人拱手而取西河之外

① 秦孝公진효공

신주 재위기간은 서기전 361~서기전 338년이다. 성은 영嬴이고, 씨氏는 조趙, 이름은 거량渠梁이다. 전국시대 진秦나라 군주로 진헌공秦献公의 아들이다.

② 席券석권

색은　상고해보니〈춘추위春秋緯〉에는 "제후가 얼음처럼 부숴버리고 남김없이 빼앗아 버리는 것이다."라고 했다.

【索隱】 按 春秋緯曰諸侯冰散席卷也

신주　가의의 이 대목에 대한 주석에서〈춘추악성도春秋握誠圖〉는 "제후가 얼음처럼 부숴버리고 석권하고자 각자 싸우기를 방자하고 망령되게 한다.[諸侯冰散席卷, 各争恣妄]"라고 했다.

③ 囊括낭괄

집해　장안은 "괄括은 '주머니의 주둥이를 묶다'의 뜻이다. 이는 천하를 차지한 것을 말한 것이다."라고 했다.

【集解】 張晏曰 括 結囊也 言其能包含天下

색은　주석이 동일하다.

【索隱】 注同

④ 八荒팔황

신주　천하, 온 세상을 말한다. 팔굉八紘, 팔극八極, 팔방八方과 같은 말이다.

⑤ 商君상군

상군商君은 위衛나라의 공손앙公孫鞅으로서 진秦나라에 출사
해 좌서장左庶長이 되어 드디어 진나라 법을 만들어 효공孝公이 패자霸
者가 되게 한 공으로 상商 땅에 봉해졌으므로 상군商君이라고 불렀다.

【索隱】 商君 衛公孫鞅 仕秦爲左庶長 逐爲秦制法 孝公致霸 封之於商 號
商君

⑥ 連橫策연횡책

《전국책》에는 '소진蘇秦이 또한 진秦나라를 위해서 연횡連橫을
하다'라고 했다. 고유高誘는 "관동關東이 합하면 진秦나라에 종從으로
통하므로 연횡連橫이라 한다."고 했다.

【索隱】 戰國策曰 蘇秦亦爲秦連衡 高誘曰 合關東從通之秦 故曰連衡也

연횡連橫과 합종合從은 전국시대 제齊, 초楚, 연燕, 한韓, 조趙,
위魏, 진秦의 일곱 나라가 취했던 외교정책이다. 한·위·조를 중심으로
북쪽의 연과 남쪽의 초가 서로 연결하는 것이 종縱이고, 동으로 제 또
는 서쪽의 진과 연결되는 것이 횡橫이다. 합종은 진나라에 맞서는 것이
었는데 소진이 6국의 재상이 되어 이 정책을 구사하여 진나라에 대항
하였다. 위나라 출신으로 진나라의 재상인 장의張儀는 이에 맞서 여섯
나라를 동맹국으로 묶는 연횡책을 써서 합종을 타파함으로써 6국을
차례로 멸망시키고 중국을 통일하였다. 따라서 《색은》에서 말한 내용에
시비是非를 가리기보다는 그 의도가 무엇인지를 파악해 볼 필요가 있다
고 여겨진다.

효공이 죽자 혜왕惠王과 무왕武王 등은 선왕들의 유업遺業을 계
승해서 남긴 계획에 따라 남쪽으로는 한중을 겸합兼合하고, 서쪽
으로는 파와 촉을 빼앗았으며, 동쪽으로는 기름진 땅을 떼어 받
고 요충지의 고을들을 거두어들였다. 이를 두려워 한 제후들은
회맹해서 진秦나라를 약화시킬 방안을 논의했으며, 진귀한 기물
과 중요한 보물과 비옥한 땅을 아끼지 않고 천하의 선비들을 초
치해서 합종책合從策으로 교분을 맺고① 서로 하나가 되었다.

孝公既沒 惠王 武王蒙故業 因遺冊 南兼漢中 西擧巴 蜀 東割膏腴之
地 收要害之郡 諸侯恐懼 會盟而謀弱秦 不愛珍器重寶肥美之地 以
致天下之士 合從締①交 相與爲一

① 締체

집해 《한서음의漢書音義》에는 체締는 '결結이다.'라고 했다.

【集解】 漢書音義曰 締 結也

이때 제나라에는 맹상군孟嘗君이 있었고, 조나라에는 평원군平原君이 있었고, 초나라에는 춘신군春申君이 있었고, 위나라에는 신릉군信陵君이 있었다. 이 네 군자는 모두 밝고 지혜로우며 충성과 신의가 있으며 관대하고 후덕하며 사람을 사랑하고 어진 이를 높이고 선비를 중하게 여겼다. 이들은 합종책合從策을 맹약하고 연횡책連橫策을 이탈하여[2] 한韓나라, 위魏나라, 연燕나라, 초楚나라, 제濟나라, 조趙나라, 송 宋나라, 위衛나라, 중산中山의 군사들을 연합했다.

當是時 齊有孟嘗 趙有平原 楚有春申 魏有信陵[1] 此四君者 皆明知而忠信 寬厚而愛人 尊賢重士 約從離衡[2] 并韓 魏 燕 楚 齊 趙 宋 衛 中山之衆

① 孟嘗平原春申信陵맹상평원춘신신릉

신주　이들은 당시 전국시대 4공자로서 서로 현명한 선비들을 초빙하고 재주 있는 빈객들을 모으는데 경쟁했으며, 그 힘으로 나라를 돕고 자기들의 권력을 유지하는데 이용했다. 이들에게 의지하는 식객들이 각각 수천에 이를 정도였으며, 식객들의 말을 잘 경청해서 주요의사를 결정하였다. 계명구도鷄鳴狗盜, 모수자천毛遂自薦, 이화접목移花椄木, 절부구조竊符救趙 등 성어의 전고에서 이들을 참고할 수 있다.

② 約從離衡약종리횡

[집해] 맹상군 등 4명의 군君이 모두 그 나라에 함께 재상이 되어 약
속을 맺어 종從을 하고 진秦나라의 횡橫을 분산시켰다.

【索隱】 言孟嘗等四君皆爲其國共相約結爲從 以離散秦之橫

이에 여섯 나라의 선비들^① 중에는 영월寧越, 서향徐向, 소진蘇
秦, 두혁杜赫의^② 무리들이 있었는데, 계책을 만들고, 제명齊明,
주최周最, 진진陳軫, 소활召滑, 누원樓緩, 습경翟景, 소려蘇厲, 악
의樂毅의^③ 무리들은 그 뜻에 따랐다. 또 오기吳起, 손빈孫臏, 대
타帶佗, 아량兒良, 왕료王廖, 전기田忌, 염파廉頗, 조사趙奢^④같은
무리들은 그의 병사들을 통제하고, 애초부터 진나라의 열 배
가 넘는 땅과 100만의 군사로 함곡관을 두드려 진秦나라를 공
격했다. 진나라 사람이 관문을 열고 적을 맞아들였으나 아홉
나라의 군사는 뒷걸음질 치며 감히 진격하지 못했다. 진나라는
화살과 화살촉을 허비하지 않고도 천하의 제후들을 이미 곤경
에 빠뜨렸다.

於是六國之士^①有寧越 徐尚 蘇秦 杜赫^②之屬爲之謀 齊明 周最 陳軫
昭滑 樓緩 翟景 蘇厲 樂毅^③之徒通其意 吳起 孫臏 帶佗 兒良 王廖
田忌 廉頗 趙奢^④之朋制其兵 常以十倍之地 百萬之衆 叩關而攻秦
秦人開關延敵 九國之師逡巡遁逃而不敢進 秦無亡矢遺鏃之費 而
天下諸侯已困矣

① 六國之士육국지사

색은 육국六國이란 한韓, 위魏, 조趙, 연燕, 제齊, 초楚의 나라들을
말한다. 진秦나라와 함께 하면 7국이므로 또한 칠웅七雄이라고도 일렀

다. 또 6국이 송宋, 위衛, 중산中山과 함께 9국이 되었다. 그 3국은 대개
미약한데다 또 먼저 멸망했다.

【索隱】 六國者 韓 魏 趙 燕 齊 楚是也 與秦爲七國 亦謂之七雄 又六國與
宋 衞 中山爲九國 其三國蓋微 又前亡

② 寧越徐尙蘇秦杜赫영월서상소진두혁

집해 서광은 "월越은 다른 판본에는 '경經'으로 되어 있다. 어떤 사
람이 스스로 이 사람이라고 구별하는 자가 있지만 꼭 영월甯越이라고
하지는 못하겠다."고 했다.

【集解】 徐廣曰 越 一作經 或自別有此人 不必甯越也

집해 영월은 조趙나라 사람인데, 가의賈誼는 '영월甯越'이라고 했다.
서상徐尙은 자세하지 않다. 소진은 동주東周 낙양 사람이다. 《여씨춘추呂
氏春秋》에는 '두혁杜赫은 천하를 안정시킬 방법으로 주나라 소문군昭文
君을 설득했다'고 했다. 고유高誘는 "두혁은 주나라 사람이다."고 했다.

【索隱】 寧越 趙人 賈誼作 甯越 徐尚 未詳 蘇秦 東周洛陽人 呂氏春秋 杜
赫以安天下說周昭文君 高誘曰 杜赫 周人也

③ 齊明周最陳軫昭滑樓緩翟景蘇厲樂毅제명주최진진소활루완적경소려악의

색은 《전국책》에 제명齊明은 동주東周의 신하인데 뒤에 진秦, 초楚,
한韓나라에서 벼슬했다. 주최周最는 주나라 공자인데 또한 진秦에서 벼

슬했다. 진진陳軫은 하夏 땅 사람인데 또한 진에서 벼슬했다. 소활昭滑은 초나라 사람이다. 누완樓緩은 위 문제魏文帝의 아우이며 누자樓子라고 일렀다. 소려蘇厲는 소진蘇秦의 아우이고 제나라에서 벼슬했다. 악의樂毅는 본래 제齊나라 신하인데 연나라로 들어가자 연 소왕燕昭王이 객례客禮로써 대우하고 아경亞卿으로 삼았다. 적경翟景은 자세하지 않다.

【索隱】 戰國策齊明 東周臣 後仕秦 楚及韓 周最 周之公子 亦仕秦 陳軫 夏人 亦仕秦 昭滑 楚人 樓緩 魏文侯弟 所謂樓子也 蘇厲 秦之弟 仕齊 樂毅本齊臣 入燕 燕昭王以客禮待之 以爲亞卿 翟景 未詳也

④ 吳起孫臏~廉頗趙奢오기손빈~염파조사

색은 오기는 위衛나라 사람인데 위 문후魏文侯를 섬겨 장군이 되었다. 손빈孫臏은 손무孫武의 후예이다. 《여씨춘추》에 "왕유王廖가 먼저 귀해지고 아량兒良이 뒤에 귀해졌다."고 했다. 두 사람은 모두 천하의 호사豪士이다. 전기田忌는 제나라 장수이다. 염파廉頗는 조趙나라 장수이다. 조사趙奢는 또한 조나라 장수이다.

【索隱】 吳起 衛人 事魏文侯爲將 孫臏 孫武之後也 呂氏春秋曰 王廖貴先 兒良貴後 二人皆天下之豪士 田忌 齊將也 廉頗 趙將也 趙奢亦趙之將

이에 합종책이 흐트러져 맹약이 깨지니 다투어서 땅을 나눠 진
秦나라에 바쳤다. 진나라는 여세를 가지고 그 피폐한 군사를 제
압하여 도망치는 자를 추격하고 배신한 자들을 쫓으니 패해서
엎어진 시체가 백만이요, 흐르는 피에 큰 방패가① 떠다닐 정도
였다. 이익에 따라 편리한대로 천하를 분할하여 강과 산을 갈라
놓으니 강국은 항복을 청하고 약국은 조회하러 들어왔다. 뒤이
은 효문왕孝文王과 장양왕莊襄王에 이르러서는 재위기간이 짧았
지만② 나라에 별다른 일이 일어나지 않았다.

**於是從散約解 爭割地而奉秦 秦有餘力而制其敝 追亡逐北 伏尸百
萬 流血漂鹵① 因利乘便 宰割天下 分裂河山 彊國請服 弱國入朝 延
及孝文王 莊襄王 享國日淺② 國家無事**

① 鹵로

| 집해 | 서광은 "노鹵는 방패이다."라고 했다.

【集解】 徐廣曰 鹵 楯也

② 及孝文王莊襄王享國日淺급효문왕장양왕향국일천

신주   진나라 30대 효문왕의 재위기간은 1년이다. 소양왕의 차남으
로 태어났지만 그의 형이 죽음으로써 태자가 되어 왕위를 계승하였다.
하지만 즉위한지 3일 만에 죽어서 여불위가 독살을 했다는 소문이 파

다했다. 31대 장양왕은 재위기간이 3년이다. 그가 조나라 인질로 있을 때 여불위의 도움으로 화양부인의 양자로 입적할 수 있었고 태자가 되었다. 왕위를 계승한 후 즉위 3년 만에 죽음으로써 이 역시 당시에 여불위의 독살설이 있었다. 향국일享國日은 임금의 재위기간을 말한다.

그 뒤 시황始皇(秦) 때 이르러 앞서 6세六世① 선대先代 왕들이 남긴 공적을 이어서 긴 채찍을 휘둘러 천하를 몰아 동주東周와 서주西周를 삼키고 여러 제후들을 멸망시켰다. 지존至尊(황제)의 자리에 올라서 천지사방을 통제할 때 회초리를 잡고③ 천하를 채찍질하니 그 위엄이 사해四海에 떨쳤다.

及至秦王 續六世①之餘烈 振長策而御宇內 吞二周而亡諸侯 履至尊而制六合 執棰拊③以鞭笞天下 威振四海

---

① 六世육세

집해 장안은 "효공孝公, 혜문왕惠文王. 무왕武王, 소왕昭王, 효문왕孝文王, 장양왕莊襄王이다."라고 했다.
【集解】 張晏曰 孝公 惠文王 武王 昭王 孝文王 莊襄王

② 棰拊추부

서광은 "拊는 '박拍'의 뜻이고 '부府'로 발음한다. 한 곳에는
'고박橋朴'으로 되어 있다."고 했다.
【集解】 徐廣曰 拊 拍也 音府 一作橋朴

《가의서》에는 '고박橋朴'으로 되어 있다.
【索隱】 賈本論作橋朴

남쪽으로는 백월百越의^① 땅을 빼앗아 계림桂林과 상군象郡으로 삼으니 백월 군주가 머리를 숙이고 목에 줄을 매고 와서 낮은 벼슬아치에게 목숨을 위탁하였다. 몽염蒙恬에게 북쪽에 장성을 쌓게 해서 변방을 지키게 하고 흉노를 700리나 물리치니^② 호인 胡人들은 감히 남쪽으로 내려와 말을 먹이지 못했으며 군사들은 감히 활을 당겨서 원한을 갚으려 하지 못했다. 이에 시황은 선왕 의 도道를 폐지하고 제자백가들의 말들은 불살라서^③ 백성을 어 리석게 만들었다. 이름 있는 성들을 허물고^④ 호걸이나 준걸한 인재를 죽였으며, 천하의 병기들을 거두어 함양에 모아서 무기 를 녹여 악기를 주조하고 12개의 금인金人을 만들어 천하의 백 성을 약하게 만들었다.^⑤

南取百越^①之地 以爲桂林 象郡 百越之君俛首系頸 委命下吏 乃使 蒙恬北築長城而守藩籬 卻匈奴七百餘里^② 胡人不敢南下而牧馬 士 不敢彎弓而報怨 於是廢先王之道 焚百家之言^③ 以愚黔首 墮名城^④ 殺豪俊 收天下之兵聚之咸陽 銷鋒鑄鐻 以爲金人十二 以弱黔首之 民^⑤

① 百越백월

집해 위소는 "월나라에는 여러 읍邑이 있다."고 했다.

【集解】 韋昭曰 越有百邑

신주 백월百越은 중국의 양자강 남쪽에 위치하는 땅으로 절강성浙江省에서 베트남에 이르기까지 그 민족이 폭넓게 퍼져 있었다. 백월이라는 말은 《여씨춘추》〈시군람〉에 처음 보이는데, 춘추시대에는 우월于越로, 전국시대에는 양월揚越로 불렸다. 계림과 상군이 현재 광서성廣西省에 위치하고 있는 것으로 보아 광동성廣東省, 광서성 일대를 말하는 것으로 보인다.

② 北築長城而守藩籬卻匈奴七百餘里북축장성이수번리각흉노칠백여리

신주 진시황이 쌓은 만리장성의 위치와 고조선과 흉노의 관계는 고조선과 진秦, 한漢의 강역을 획정하는데 중요한 요소다. 《한서》〈위현韋賢 열전〉 '자현성子玄成'조는 "동쪽 조선을 정벌하고 현도와 낙랑을 일으켜서 흉노의 왼쪽 어깨를 끊었다.[東伐朝鮮, 起玄菟ㆍ樂浪, 以斷匈奴之左臂]"라고 말했다. 고조선을 멸망시킨 것이 북방 흉노의 왼쪽 팔을 끊었다는 것이다. 고조선이 평안남도 일대의 소국이라면 있을 수 없는 일이다. 《삼국지》 주석에서 인용한 《위략魏略》에는 "한나라가 노관盧綰을 연나라 왕으로 삼고 조선과 패수를 국경으로 삼았다. 노관이 배반해서 흉노로 들어가자 연나라 사람 위만이 망명했는데, 이민족 옷을 입고 동쪽으로 패수를 건너 준왕에게 와서 항복했다[漢以盧綰爲燕王 朝鮮與燕界於浿水 及綰反 入匈奴 燕人衛滿亡命 爲胡服 東度浿水 詣準降]"고 기록하고 있다. 고조선이 평남 일대의 소국이고 국경인 패수가 압록강·청천강·대동강이라면 동쪽으로 패수를 건너는 것이 아니라 남쪽으로 건너야 한다. 노관이 흉노로 들어가자 그 수하의 위만이 준왕에게 항복했다는 것

은 고조선이 흉노와 인접했다는 뜻이다. 고조선은 만주 대륙을 차지한 대국이었다.

③ 焚百家之言분백가지언

신주 분서갱유焚書坑儒를 말한다. 이사는 시황에게 '모두가 옛날의 도道를 말하면서 지금을 해롭다고 하고, 헛된 것을 꾸며 말해서 사실을 어지럽히니, 사람들은 사사로운 학문만 좋게 여겨 폐하가 세운 것을 그르다고 하고 있습니다.'라고 하며 백가쟁명百家爭鳴의 폐해를 말하고 의약醫藥, 점복占卜, 농사 서적 이외에는 모두 불살라버려야 한다는 제언에 시황은 이 정책을 시행하였다.

④ 隳名城휴명성

집해 응소는 "견고한 성을 무너뜨린 것은 사람들이 다시 자신을 해칠까 의심했기 때문이다."라고 했다.
【集解】 應劭曰 壞堅城 恐人復阻以害己也

⑤ 收天下之兵聚之咸陽銷鋒鑄鐻以爲金人十二以弱黔首之民수천하지병취지함양소봉주거이위금인십이이약검수지민

신주 《소미통감절요少微通鑑節要》〈후진기後秦記〉에도 "천하의 병기를 거두어 함양으로 모으게 해서 녹여 종거를 만들고 금인 12개를 각

각 천석의 무게로 하여 궁의 들 안에 거치하였다.[收天下兵聚咸陽 銷以爲
鐘鐻 金人十二 重各千石 置宮庭中]"고 기록하고 있다.

신주 이러한 정책에서 통치자로서의 위엄을 세우고, 백성들에게 무
기가 될 수 있는 쇠붙이를 없애서 반란을 일으킬 수 있는 여지를 주지
않으려는 의도가 있었다.

그런 연후에 화산華山을 깎아서[①] 성을 만들고 황하黃河를 끌어
다 진津(해자)을 만들었으며 억장億丈이나 되는 높은 곳에 의지
하여 장성을 쌓고 깊이를 헤아릴 수 없는 깊은 계곡에 임하여
고관固關을 설치했다.[②] 좋은 장수와 튼튼한 쇠뇌로 요해처要害處
를 지키고 신임하는 신하와 정예 병사들이 예리한 병기를 들고
늘어서니 누가 어찌하겠는가.[③] 천하가 이미 평정되었다. 시황始
皇(秦)이 마음속으로 스스로 관중이[④] 견고하고 금성金城이[⑤] 천
리이니 자손들은 만세萬歲토록 제왕의 사업을 이을 것이라고 생
각했다. 시황始皇은 이미 죽었으나 남은 위세가 풍속이 다른 곳
까지 떨쳤다.

然後斬華[①]爲城 因河爲津 據億丈之城 臨不測之谿以爲固[②] 良將勁
弩守要害之處 信臣精卒陳利兵而誰何[③] 天下以定 秦王之心 自以
爲關中[④]之固 金城[⑤]千里 子孫帝王萬世之業也 秦王既沒 餘威振於
殊俗

---

① 斬華참화

서광은 "참斬은 '천踐'으로 되어 있다."고 했다. 배인이 상고해 보니 복건은 "화산을 끊어서 성을 만들었다."라고 했다.

【集解】 徐廣曰 斬 一作踐 駰案 服虔曰 斷華山爲城

참斬은 또한 '천踐(밟다)'으로 되어 있는데 또한 가의賈誼의 본론에서 나왔다. 또 최호崔浩는 "천踐은 등登(오르다)이다."라고 했다.

【索隱】 斬 亦作踐 亦出賈本論 又崔浩云 踐 登也

② 據億丈之城臨不測之谿以爲固거억장지성임불측지계이위고

고관장성固關長城을 이른다. 성을 지을 때 지형을 이용한 것인데, 높은 곳은 성을 쌓고 낮은 골짜기에는 관문을 설치하여 군사들로 하여금 지키게 했다.

③ 何하

여순은 "하何는 묻는 것[問]과 같다."고 했다.

【集解】 如淳曰 何猶問也

최호崔浩는 "하何에 대해 어떤 이는 '가呵(꾸짖다)'라고 한다."라고 했다. 《한구의漢舊儀》는 '숙위宿衛하는 낭관郎官이 오야五夜를 분담

해서 검문하여 밤에 다니는 행인의 통행을 금지시키는 것이다.'라고 했다. 하何와 가呵는 같은 글자이다.

【索隱】 崔浩云 何或爲呵 漢舊儀 宿衛郎官分五夜誰呵 呵夜行者誰也 何呵字同

④ 關中관중

신주 장안長安과 함양咸陽이 위치한 곳으로 이 지역을 북쪽으로 소관蕭關, 남쪽으로 무관武關, 서쪽으로 대산관大散關, 동쪽으로 함곡관函谷關이 둘러싸고 있어 관중이라고 했다.

⑤ 金城금성

[색은] 금성金城은 그 성이 실實하고 또 견고한 것을 말한 것이다. 《한자韓子》는 '비록 금성이나 탕지湯池가 있을지라도……'라고 했다. 《한서》에 장량張良이 또한 "관중은 이른바 금성천리여서 천부天府의 국가이다."라고 했다.

【索隱】 金城 言其實且堅也 韓子曰 雖有金城湯池 漢書張良亦曰 關中所謂金城千里 天府之國

진섭陳涉은 아주 가난한 집안의 아들이고① 천한 백성으로② 떠돌아다니는 무리였다. 그의 재능은 보통 사람만도 못했으며 공자孔子나 묵적墨翟(墨子)의 현명함과 도주陶朱나③ 의돈猗頓의④ 부유함도 가지지 못했다. 병사들의 행렬에 발등을 살짝 밟아 귀띔을 주고⑤ 밭두둑 가운데에서 몸을 일으켜⑥ 지칠 대로 지친 병졸들을 인솔하고 수백 무리의 장수가 되어 가던 길을 돌려서 진秦나라를 공격했다. 나무를 베어서 무기를 만들고 장대에 깃발을 만들어 세우니 천하에서 구름같이 모여들어 메아리처럼 호응하면서 양식을 짊어지고 그림자처럼 따랐다. 산동의 호걸들도 마침내 함께 일어나⑦ 진秦나라의 족속들을 멸망시켰다.

陳涉 甕牖繩樞之子① 氓② 隸之人 而遷徙之徒 才能不及中人 非有仲尼 墨翟之賢 陶朱③ 猗頓④之富 躡足⑤行伍之閒 而倔起什伯⑥之中 率罷散之卒 將數百之衆 而轉攻秦 斬木爲兵 揭竿爲旗 天下雲集響應 贏糧而景從 山東豪俊逐並起⑦而亡秦族矣

① 甕牖繩樞之子 옹유승추지자

집해 복건은 "승추繩樞는 노끈으로 문의 지도리를 맨 것이다."라고 했다. 맹강은 "옹유甕牖는 기와 항아리 주둥이로 창문을 만든 것이다."라고 했다.

【集解】 服虔曰 以繩係戶樞也 孟康曰 瓦甕爲窗也

신주 　깨진 옹기로 창문을 만들고 노끈으로 문의 지도리를 만들어
사는 가난한 백성의 아들이라는 뜻이다.

② 甿맹

집해 　여순은 "맹甿(백성)은 옛날 '맹氓' 자이다. 맹氓은 백성이다."라
고 했다.
【集解】 如淳曰 甿 古氓字 氓 民也

③ 陶朱도주

신주 　월越나라 범려范蠡를 뜻한다. 월왕 구천句踐을 도와서 오吳나
라를 멸망시키고는 벼슬을 버리고 도陶 땅으로 은퇴해서 거부가 되었기
때문에 그를 도주공陶朱公이라고 불렀다.

④ 猗頓의돈

신주 　전국시대 대상인大商人이다. 의돈은 염지鹽池를 경영해서 큰 부
호가 되었다.

⑤ 躡足섭족

신주 　섭족부이躡足附耳'의 준말이다. 이 말은 "장량張良과 진평陳平

이 한나라 고조의 발을 밟고 귓속말을 하였다.[張良 陳平 躡漢王足 因附耳語]"고 〈회음후열전〉에도 나온다. 즉 진승이 일행에게 발을 밟아 봉기할 것을 귀띔한 것이다.

⑥ 屈起什伯굴기십맥

[집해] 《한서음의漢書音義》에는 '십장十長과 백장百長들 가운데에 두각을 나타냈다'라고 했다. 여순은 "당시에 모두 십백十百의 안에 피해서 엎드려 있었다."고 했다.

【集解】 漢書音義曰 首出十長百長之中 如淳曰 時皆辟屈在十百之中

[신주] 가의賈誼의 〈과진론過秦論〉에는 '굴기천백지중崛起阡百之中'으로 되어 있다. 밭두둑 가운데에 몸을 일으켰다는 뜻이다. 문장의 맥락으로 보아 '屈起'는 굴기崛起로 '반반畔(배반하다)'의 의미이며 '십맥什伯'은 '천맥阡伯'과 같다.

⑦ 山東豪俊遂並起산동호준수병기

[신주] 진승의 난이 일어나고 세상이 시끄러워지자 옛 6국의 땅에서 그곳의 호걸들이 반란을 일으켜 9국으로 분할되었다.

또 천하는 작고 약한 것이 아니어서 옹주 땅이나 효산과 함곡 관의[1] 견고함도 예전과 같았다. 진섭의 지위는 제齊, 초楚, 연燕, 조趙, 한韓, 위魏, 송宋, 위衛, 중산中山의 군주보다 높지 못했고, 호미와 곰방메로 만든 창과 창 자루는[2] 갈고리 창이나 긴 창보다 예리하지 못했으며,[3] 유배지에서 수자리 살던 무리들은 아홉 나라의 군사에 대항할 수 없었다. 심오한 계략과 원대한 생각, 행군하고 용병하는 방법도 하찮은 선비들에게 미치지 못했다. 그러나 성패에 이변이 일어나고 공업功業은 상반되었다. 시험 삼아 산동山東의 나라들로 하여금 진섭과 길이를 헤아리고 크기를 재어보며[4] 권세를 비교하고 역량을 헤아리게 한다면 같다고 말할 수 없다.

且夫天下非小弱也 雍州之地 殽函[1]之固自若也 陳涉之位 非尊於齊 楚 燕 趙 韓 魏 宋 衛 中山之君 鉏櫌棘矜[2] 非銛於句戟長鎩也[3] 適戍 之衆 非抗於九國之師 深謀遠慮 行軍用兵之道 非及鄕時之士也 然 而成敗異變 功業相反也 試使山東之國與陳涉度長絜[4]大 比權量力 則不可同年而語矣

① 殽函효함

집해 위소는 "효殽는 이효二殽를 이른다. 함函은 함곡관이다."라고 했다.

【集解】 韋昭曰 殽謂二殽 函 函谷關也

② 鉏檍棘矜서우극긍

집해 복건은 "호밋자루 나무와 가시나무는 창 자루를 만드는데 쓴다."
고 했다. 여순은 "곰방메의 뭉치는 흙덩이를 깨는 뭉치이다."라고 했다.
【集解】 服虔曰 以鉏柄及棘作矛槿也 如淳曰 檍椎 塊椎也

③ 鈠於句戟長鎩담어구극장쇄

집해 서광은 "담鈠은 한 곳에는 '섬銛'으로 되어 있다."고 했다. 배인
이 상고해보니 여순은 "날이 긴 창이다."라고 했다. 또 이르기를 "구극
鉤戟은 모矛(창)와 같고 날 아래에 쇠가 있으며 횡방橫方 위의 갈고리가
굽은 것이다. 鎩는 '쇄[所拜反]'로 발음한다."고 했다.
【集解】 徐廣曰 鈠 一作銛 駰案 如淳曰 長刃矛也 又曰 鉤戟似矛 刃下有鐵
橫方上鉤曲也 鎩音所拜反

④ 絜혈

집해 《한서음의》에는 "혈속絜束의 '혈絜'이다."라고 했다.
【集解】 漢書音義曰 絜束之絜

신주 잰다는 뜻이다.

그러나 진秦나라는 보잘 것 없는 땅과 천승千乘(제후)의 권력으로 팔주八州의① 제후들을 초청해서 같은 반열로 조회에 들게 한 것이 100여 년이었다. 그런 연후에 천지사방을 집으로 삼고 효산과 함곡관을 궁전으로 삼았지만 한 사내가 난을 일으키자 칠묘七廟(황제의 사당)가 무너지고 자신은 남의 손에 죽어② 천하의 웃음거리가 된 것은 무엇 때문이랴? 인의仁義가 베풀어 지지 않았고 공격할 때와 수비할 때의 형세가 달랐기 때문이다.

然秦以區區之地 千乘之權 招八州①而朝同列 百有餘年矣 然後以六合爲家 殽函爲宮 一夫作難而七廟墮 身死人手② 爲天下笑者 何也 仁義不施而攻守之勢異也

① 八州팔주

신주　하夏나라 우왕禹王이 치수治水와 관련하여 9주로 나누어 관리했다. 여기서는 진나라의 옹주雍州를 뺀 나머지 땅을 말한다.

② 身死人手신사인수

신주　진秦의 3세 왕 자영子嬰이 항우에게 죽음을 당한 것을 가리킨다.

진秦나라가 해내海內(온 천하)를 아우르고 제후들을 겸병해 남면南面을 하고 '제帝'로 칭하면서[①] 온 천하를 다스릴 때,[②] 천하의 선비들이 자연스레 좇는 풍조가 생겼던 것은 무슨 까닭이었는가?

秦并海內 兼諸侯 南面稱帝[①] 以養四海[②] 天下之士斐然鄉風 若是者何也

① 南面稱帝남면칭제

집해 서광은 "다른 판본에 이 편이 있는데 앞의 진효공秦孝公 이하는 없고 또 '진나라가 병합한 제후와 산동 30여 군'이라는 편이 끝에 이어졌다."고 했다.

【集解】 徐廣曰 一本有此篇 無前者秦孝公已下 而又以秦并兼諸侯山東三十餘郡繼此末也

색은 상고해보니 가의賈誼의 〈과진론過秦論〉은 '효공' 이하가 상편上篇이고, '진겸병제후산동삼십여군秦兼并諸候山東三十餘郡'이 하편으로 되어 있다. 추탄생鄒誕生은 "태사공이 가의의 〈과진론〉을 깎아서 이곳의 논론을 지어 그 뜻을 넉넉하게 하고 그 사辭는 생략했다. 저선생褚先生이 계속 더하고 섞어놓았는데 세속의 지혜가 적은 이들이 깎아내고 덜어낸 뜻을 이해하지 못하고 합사본合寫本으로 이를 논했다. 그래서 동일하지 않은 것이다. 지금 또한 분별하는 것은 자못 불가하다."라고 했다.

【索隱】 按 賈誼過秦論以孝公已下爲上篇 秦兼并諸侯山東三十餘郡爲下篇 鄒誕生云 太史公刪賈誼過秦篇著此論 富其義而省其辭 褚先生增續旣已混殽 而世俗小智不唯刪省之旨 合寫本論於此 故不同也 今頗亦不可分別

② 以養四海이양사해

왕숙민王叔岷(1914~2008)은 《주례》〈천관天官〉 편에서 인용했다고 했고, 중국 후한 말기의 학자 정현鄭玄(127년~200년)은 주註에 '양養은 치治다.'라고 했다.

이렇게 말할 수 있다. 근고近古 이래 왕자王者가 없었던 것이 오래 되었기 때문이다. 주나라 왕실이 낮고 쇠약해졌으며, 오패五霸도 이미 멸망해서 호령號令이 천하에 행해지지 않자 이 때문에 제후들이 무력으로 정치하고, 강자가 약자를 침략하고, 대국이 소국을 포악하게 대하여 전쟁이 그치지 않았으니 군사와 백성들이 피폐해졌다. 지금 진秦나라가 남면을 하고 천하에 왕 노릇한 것은 위로 천자가 있었기 때문이다. 이전에 선량한 백성들은[1] 자신들의 성명性命의 편안함을 얻기를 바라서 마음을 비우고 임금을 우러르지 않는 자가 없었다. 이때를 당하여 위엄을 지키고 공적을 바로 잡았으니 안위의 근본이 여기에 있었던 것이다.[2]

日 近古之無王者久矣 周室卑微 五霸既歿 令不行於天下 是以諸侯力政 彊侵弱 衆暴寡 兵革不休 士民罷敝 今秦南面而王天下 是上有天子也 既元元之民[1]冀得安其性命 莫不虛心而仰上 當此之時 守威定功 安危之本在於此矣[2]

① 元元之民원원지민

신주 창생의 근원인 선량한 백성을 뜻한다.

② 安危之本在於此矣안위지본재어차의

신주 마땅히 좋은 기회를 잡고 악책惡策을 개선하여 이를 확장해야 함을 뜻한다. 즉 어진 정치를 실행해야 함을 강조하는 말이다.

그러나 진나라 왕은 탐욕을 품고 비루한 마음으로 스스로 뽐내는 지식을 가져서 공신功臣들을 믿지 않았고, 선비나 백성들과 친하지 않았다. 왕도王道를 버리고 사사로운 권력을 세워 문서를 불사르고 형벌을 가혹하게 했으며, 사계詐計와 무력을 앞세우고 인의를 뒤로 삼아 포학으로써 천하 다스리기를 시작으로 삼았다. 대저 천하를 병합한 자는 사계와 무력을 높이 여기지만, 천하를 안정시킨 자는 권력에 순응하는 것을 귀하게 여기니 이것은 천하를 차지할 때와 지킬 때의 술책이 같지 않음을 말한 것이다. 진나라가 전국시대를 거쳐 천하의 왕 노릇하면서도 그 도를 바꾸지 않았고 그 정치도 개혁하지 않았으니 이것은 천하를 얻을 때와 지킬 때의 차이가 없었기 때문이다. 홀로 고독한 채로 천하를 소유하였으니 그래서 그의 멸망은 곧 서서 기다릴 만한 것이었다. 가령 진나라의 황제가 지난 세상의 일을 헤아려보고[2] 은나라와 주나라의 자취를 아우르며 그 정사를 제어했다면 그 뒤에 비록 음란하고 교만한 군주가 있었다 하더라도 나라가 기울고 위태로워지는 우환을 겪지 않았을 것이다. 그래서 삼왕三王이 천하를 세움에 명호名號가 아름답게 드러나고 공업이 장구하게 전했던 것이다.[3]

秦王懷貪鄙之心 行自奮之智 不信功臣 不親士民 廢王道 立私權 禁文書而酷刑法 先詐力而後仁義 以暴虐爲天下始 夫幷兼者高詐力 安定者貴順權 此言取與守不同術也 秦離戰國而王天下 其道不易 其政不改 是其所以取之守之者[無]異也 孤獨而有之 故其亡可立而 待 借使秦王計上世之事[2] 並殷周之跡 以制御其政 後雖有淫驕之主 而未有傾危之患也 故三王之建天下 名號顯美 功業長久[3]

① 借使차사

신주 만약, 가령의 뜻이다. 借使의 借는 '假假'와 같다.

② 計上世之事계상세지사

신주 전대前代 군주의 치적治積을 회상하여 경장更張으로 삼는 것을 말한다.

③ 名號顯美功業長久명호현미공업장구

신주 하, 은, 주의 삼왕이 명호名號가 현미顯美하고 공업功業이 장구長久한 까닭은 공격하고 수성守成하는 공로가 명백하기 때문임을 말한 것이다.

이제 진秦나라 2세가 왕위에 오르자 천하에서 목을 내밀고 그 정사를 관찰하지 않는 자가 없었다. "무릇 추운 자는 해진 갈옷도[①] 이롭게 여기고, 굶주린 자는 겨와 지게미도 달게 여기므로 천하가 시끄럽게 원망하는 것은 새 군주에게는 자산이 된다."고 했다. 이 말은 고달픈 백성에게는 인仁을 베풀기 쉽기 때문이다. 만약[②] 2세가 평범한 군주의 품행을 가지고 충현忠賢에게 일을 맡겼다면 신하와 임금이 한마음으로 세상의 우환을 걱정하고 상복을 입고서 선제先帝(진시황)의 과실을 바로 잡았을 것이다. 땅을 갈라서 백성들에게 나누어주고, 공신의 후예들에게 봉토를 주며 제후국을 세워주는 예禮로써 천하를 다스려 감옥을 비우고 형륙을 면하게 하고 가족까지 연좌시켜 죽이거나 노비로 삼는 더러운 죄명을 없애서 각각 그들의 고향으로 돌아가도록 해야 했다. 창고를 열어 재물을 골고루 나누어서 고아나 과부나 궁핍한 선비에게 진휼하고, 세금을 가볍게 하며 일을 줄여서 백성들의 위급한 일들을 도와야 했다. 법을 간략하게 하고 형벌을 덜어서 그 후손들을 유지하게 함으로써 천하 사람들에게 모두 스스로 새로운 것을 얻게 했어야 했다. 몸가짐을 바꾸고 행동을 닦으며 각자 그 몸을 삼가게 함으로써, 모든 백성의 바람을 만족하게 했어야 했다. 그렇게 했더라면 그 위엄과 덕망이 천하와 함께 하여[③] 천하의 백성들이 모두 모여 들었을 것이다.

今秦二世立 天下莫不引領而觀其政 夫寒者利裋褐^①而飢者甘糟糠 天下之嗷嗷 新主之資也 此言勞民之易爲仁也 鄕使^②二世有庸主之 行 而任忠賢 臣主一心而憂海內之患 縞素而正先帝之過 裂地分民 以封功臣之後 建國立君以禮天下 虛囹圄而免刑戮 除去收帑汙穢 之罪 使各反其鄕里 發倉廩 散財幣 以振孤獨窮困之士 輕賦少事 以 佐百姓之急 約法省刑以持其後 使天下之人皆得自新 更節修行 各 愼其身 塞萬民之望 而以威德與天下^③ 天下集矣

① 裋褐수갈

집해 서광은 "수裋(해진 옷)는 한곳에는 단短(짧은 옷)으로 되어 있는 데 소유小襦(속옷)이다. 裋는 '수竪'로 발음한다."고 했다.
【集解】 徐廣曰 一作短 小襦也 音竪

색은 조기趙岐는 "갈褐은 털로 짠 마의馬衣와 같다. 어떤 이는 갈편 의褐編衣이라고 했다."고 했다. 裋는 '수竪'로 발음한다. 갈포褐布는 짧게 재단한 노역을 위한 옷으로써 짧고 또 좁은 옷을 이른다. 그래서 수갈 裋褐, 또는 수갈竪褐이라고 이른다.
【索隱】 趙岐曰 褐以毛氀織之 若馬衣 或以褐編衣也 裋 一音竪 謂褐布竪 裁 爲勞役之衣 短而且狹 故謂之短褐 亦曰竪褐

② 鄉使향사

신주 만약, 가령의 뜻이다. 향鄕은 '향向'과 같다.

③ 以威德與天下이위덕여천하

신주 《사기지의史記志疑》의 저자 양옥승梁玉繩은 "《신서新書》에 의거하여 '위威'는 곧 '성盛' 자가 와전된 것이라."고 했다.

그러면 곧 사해四海 안은 모두 기쁜 마음으로 각자 스스로 자신이 처한 곳을 안락하게 여기면서 오직 변란이 발생할까 두려워했을 것이다. 비록 교활한 백성이 있을지라도 군주와 헤어지려는 마음이 없어진다면 궤도에서 벗어나려는 신하도① 그의 지략을 꾸밀 수 없게 되어 사납고 어지러운 간사함이 멈췄을 것이다. 2세는 이런 술책을 행하지 않고 무도無道한 짓을 거듭해서 종묘와 백성들을 무너뜨리고② 다시 아방궁을 짓기 시작했다. 형벌이 번잡했고 처벌도 엄했으며 관리를 다스리는 것도 심히 각박해서 상벌이 합당하지 않았고 세금을 거두는 것도 법도가 없었다. 천하에 일이 많았는데 관리들은 법도로써 하지 않았다. 백성들은 곤궁해졌지만 군주는 거두어 구휼하지 않았다. 그런 뒤에 간사하고 거짓된 것들이 함께 일어나니 위아래 사람들이 서로 책임을 회피하고, 죄를 받은 자들이 많아서 형벌로 죽는 자들이 길바닥에서 서로 바라볼 정도였으니 천하가 그러한 것들 때문에 고통스러워했다.

郎四海之內 皆讙各自安樂其處 唯恐有變 雖有狡猾之民 無離上之心 則不軌之臣①無以飾其智 而暴亂之姦止矣 二世不行此術 而重之以無道 壞宗廟與民② 更始作阿房宮 繁刑嚴誅 吏治刻深 賞罰不當 賦斂無度 天下多事 吏弗能紀 百姓困窮而主弗收恤 然後姦僞並起 而上下相遁 蒙罪者衆 刑戮相望於道 而天下苦之

① 不軌之臣불궤지신

신주 난亂을 일으킬 것을 도모하는 자를 가리킨다. 즉 진승陳勝이나 오광吳廣 같은 자들이다.

② 壞宗廟與民괴종묘여민

집해 서광은 "한 곳에는 '괴종묘여민壞宗廟與民'의 다섯 글자가 없다."고 했다.
【集解】 徐廣曰 一無此上五字

신주 서광, 양옥승 등은 모두 이 다섯 글자는 마땅히 삭제해야 한다고 했다. 그러나 2세 원년 이전에 장양공將襄公 이하 역대의 선군묘先君廟가 있다가 철훼轍毀되었는데, 가의賈誼는 대체로 이것을 일러 말한 것이다.

군후君侯와 경卿으로부터 아래로는 모든 백성들에 이르기까지 사람마다 스스로 위태로운 마음을 가졌으며, 몸은 고달프고 고통스러운 실상에 처하자 모두 자신들의 지위를 불안하게 여겨 쉽게 동요했다. 이 때문에 진섭陳涉이 탕湯임금이나 무왕武王의 현명함을 갖추지 못했고 공후公侯처럼 존귀함에 의지하지 않았음에도 대택大澤에서 팔뚝을 걷어붙이자[①] 천하가 메아리처럼 호응했던 것은 그 백성들이 위태함을 느꼈기 때문이다. 그래서 선왕들은 시작과 끝마침의 변화를 보고서 존망의 기미를 알았는데 이는 백성을 다스리는 방법으로써 백성을 편안하게 함에 힘쓸 뿐이었다. 천하에는 비록 역행하는 신하가 있을지라도 반드시 그들에게 호응해서 돕는 자가 있는 것은 아니다. 그래서 '편안한 백성들과 함께 의를 행할 수 있고, 위태한 백성들은 함께 그른 일을 행하기가 쉽다'라고 한 것은 이것을 이른 것이다. 귀해서 천자天子가 되었고 부유해서 천하를 가졌지만 그 몸이 살육됨을 면하지 못한 것은 기우는 것을 바로잡지 못했기 때문이다. 이것이 2세의 과오이다.

自君卿以下至于衆庶 人懷自危之心 親處窮苦之實 咸不安其位 故易動也 是以陳涉不用湯武之賢 不藉公侯之尊 奮臂於大澤[①]而天下響應者 其民危也 故先王見始終之變 知存亡之機 是以牧民之道 務在安之而已 天下雖有逆行之臣 必無響應之助矣 故曰 安民可與行義 而危民易與爲非 此之謂也 貴爲天子 富有天下 身不免於戮殺者 正傾非也 是二世之過也

① 奮臂於大澤분비어대택

신주　대택大澤은 지명地名으로 진승이 처음 난을 일으킨 곳이다. 2세 황제 호해는 이문里門 왼쪽에 살고 있는 빈민들을 변방 근처의 어양漁陽 땅에 옮기게 했는데, 대택향大澤鄕에서 큰비를 만나 기한 내에 갈 수 없었다. 이는 참수에 해당하는 중죄여서 진승은 장위將尉를 살해하고 빈민들과 더불어 봉기했다. '분비奮臂'는 팔을 높이 쳐들고 일어나는 모습을 말한 것이다.

제4장

진秦나라 군주들의 성쇠

진秦나라 군주들의 계보

양공襄公이[①] 제후국 세우고 12년간 제후의 지위를 누렸다. 처음으로 서치西畤를[②] 만들었다. 서수西垂에 장사 지냈다.[③] 문공을 낳았다.

문공文公이[④] 즉위해서 서수궁에서 살았다. 50년 만에 죽어서 서수에[⑤] 장사 지냈다. 정공을 낳았다.

정공靜公은 제후의 지위에 오르지 못하고 죽었다. 헌공을 낳았다.

襄公[①]立 享國十二年 初爲西畤[②] 葬西垂[③] 生文公

文公[④]立 居西垂宮 五十年死 葬西垂[⑤] 生靜公

靜公不享國而死 生憲公

① 양공襄公

신주 진나라는 순임금 때 영嬴을 성姓으로 하사받은 백예柏翳가 선조이다. 양공은 진중秦仲의 손자이고, 장공莊公의 아들이다. 그는 주나라 평왕平王이 호경에서 낙양으로 천도할 때 왕을 호송한 공로로 제후의 봉작을 받았다. 진나라는 이때 작위를 받음으로서 비로소 제후국이 되어 빙향聘享의 예를 행할 수 있었다.

② 西畤서치

신주 서수에 있는 부치鄜畤로 《사기지명고史記地名考》에 지금의 천수현 부근의 서견구로 비정하고 있다. 이곳 서치西畤의 사당祠堂에서 유구驑驑와 황소, 숫양을 각각 3마리씩을 희생물로 하여 백제白帝(소호少暤)에게 제사를 올렸다는 기록이 있다.

③ 葬西垂장서수

☐색은☐ 이하의 문장은 진나라 선군先君들이 즉위한 해와 장사 지낸 곳을 거듭 차로 서술한 것인데 모두 마땅히 진기秦紀를 근거해서 설명했기 때문에 정사正史와 조금은 같지 않은 것이 있어서 지금 이설異說도 취해서 다시 뒤에 나열했다. 양공襄公, 진 중손秦仲孫, 장 공자莊公子가 주나라를 구원해서 주나라에서 처음으로 제후로 명했다. 즉위한 지 13년에 서토西土에 장사 지냈다.

【索隱】 此已下重序列秦之先君立年及葬處 皆當據秦紀爲說 與正史小有不同 今取異說重列於後 襄公 秦仲孫 莊公子 救周 周始命爲諸侯 初爲西畤

祠白帝 立十三年 葬西土

④ 文公문공

서기전 765년부터 서기전 716년까지 재위했다.

⑤ 西垂서수

부치鄜畤를 세웠고 또 진보사陣寶祠를 세웠다.
【索隱】 作鄜畤 又作陳寶祠

지금의 감숙성甘肅省 천수현天水縣 부근에 위치한다.

헌공憲公은[①] 12년간 제후 지위에 있었는데 서신읍西新邑에서 살았다. 죽어서는 아衙에[②] 장사 지냈다. 무공과 덕공과 출자를[③] 낳았다.

출자出子는[③] 제후의 지위에 6년간 있었으며 서릉西陵에서[④] 살았다. 서장庶長인 불기弗忌와 위루威累와 삼보參父 등 세 사람이 도적들을 이끌고 출자를 비연鄙衍 땅에서 해치고 아衙에 장사 지냈다. 무공이 즉위했다.

憲公[①]享國十二年 居西新邑 死 葬衙[②] 生武公 德公 出子

出子[③]享國六年 居西陵[④] 庶長弗忌 威累 參父三人 率賊賊出子鄙衍

葬衙 武公立

① 憲公현공

신주 서기전 715년부터 서기전 704년까지 재위했다.

② 衙아

집해 〈지리지〉에는 풍익馮翊에 아현衙縣이 있다고 했다.

【集解】 地理志云馮翊有衙縣

색은 헌공이 탕사蕩社를 없애고 신읍新邑에 거처했으므로 아衙에 장사를 지냈다. 본기本紀에는 "헌공이 평양平陽으로 천도해서 거주했으며 서산西山에 장례를 치렀다."고 했다.

【索隱】 憲公滅蕩社 居新邑 葬衙 本紀憲公徙居平陽 葬西山

③ 出子출자

신주 서기전 703년부터 서기전 698년까지 재위했다. 출공出公이라고도 한다.

④ 西陵서릉

색은 일설에는 "서피西陂에 거처하고 아衙에 장례를 치렀다."고 했다. 본기本紀에서는 이렇게 말하지 않았다.

【索隱】 一云居西陂 葬衙 本紀不云

무공武公은① 20년간 제후의 자리에 있었는데 평양平陽 봉궁封宮에서 살았다.② 죽어서는 선양취宣陽聚③ 동남쪽에 장사 지냈다. 3명의 서장庶長들이 그들의 죄를 자복했다. 덕공이 즉위했다.

武公①享國二十年 居平陽封宮② 葬宣陽聚③東南 三庶長伏其罪 德公立

---

① 무공武公

서기전 697년부터 서기전 678년까지 재위在位했다. 헌공의 장자이다. 재위에 오른 후 화산 아래의 팽희씨彭戲氏, 남쪽의 융족戎族을 몰아내고, 사社 땅과 정鄭 땅에 현을 설치하였으며 소괵小虢을 멸망시켜 진나라의 영토를 확장하였다.

② 平陽封宮평양봉궁

서광은 "일설에는 평봉궁平封宮에 거처했다."고 했다.
【集解】 徐廣曰 一云居平封宮

중국사학자 전목錢穆은 "평양성平陽城 내에 있었다."고 했다.

③ 宣陽聚선양취

기紀에는 평양平陽에 장사지내고 처음으로 사람들을 따라 죽게 했다고 했다.
【索隱】 紀云葬平陽 初以人從死

덕공德公은 제후의 지위에 2년 동안 있었다. 옹雍의 대정궁大鄭宮에서 살았다. 선공과 목공을 낳았다. 양陽 땅에 장사 지냈다. 처음으로 초복初伏에 열독熱毒을 제어했다.①

德公享國二年 居雍大鄭宮 生宣公 成公 繆公 葬陽 初伏 以御蠱①

① 御蠱어고

색은 2년의 초복初伏이다. 본기本紀에는 이곳 이하는 거처한 곳과 장례지가 끊기고 언급하지 않았다.

【索隱】 二年初伏 本紀此已下居葬絕不言也

선공宣公은① 12년간 제후 자리에 있었다. 양궁陽宮에서 살았다. 양陽 땅에② 장사를 지냈다. 처음으로 윤월閏月을 기록했다.
성공成公은 제후 자리에 4년간 있었으며 옹雍의③ 궁宮에서 거처했다. 양陽에 장사를 지냈다. 제나라가 산융山戎과 고죽국孤竹國을④ 정벌했다.

宣公①享國十二年 居陽宮 葬陽② 初志閏月

成公享國四年 居雍之③宮 葬陽 齊伐山戎 孤竹④

① 宣公선공

서기전 675년부터 서기전 664년까지 재위在位했다. 덕공德公
의 장자이며. 성공成公과 목공穆公의 형이다. 진국晉國과 황하이북黃河
以北에서 싸워 이겼다.

② 陽양

4년 밀치密時를 만들었다.
【索隱】 四年 作密時

③ 之지

서광은 "지之는 다른 판본에는 '주走'로 되어 있다."고 했다.
【集解】 徐廣曰 之 一作走

④ 산융고죽山戎孤竹

산융과 고죽국을 말한다. 산융은 지금의 요서遼西 일대에 사는
소수민족이고, 고죽국孤竹國은 소국小國으로 지금의 하북성河北省 노룡
현盧龍縣 동남쪽에 위치하고 있었다. 모두 동이족 국가들이다.

목공繆公은① 39년간 제후 자리에 있었다. 천자가 패자霸者로 인정했다. 옹 땅에 장사 지냈다. 목공은 저인著人에게② 배웠다. 강공을 낳았다.

강공康公은 12년간 제후 자리에 있었다. 옹雍 땅의 고침高寢에서③ 살았다. 구사姁社에 장사를 지냈다. 공공을 낳았다.

공공共公은 5년간 제후 자리에 있었다. 옹 땅의 고침에 거처했다. 강공무덤의 남쪽에 장사를 지냈다. 환공을 낳았다.

繆公①享國三十九年 天子致霸 葬雍 繆公學著人② 生康公

康公享國十二年 居雍高寢③ 葬姁社 生共公

共公享國五年 居雍高寢 葬康公南 生桓公

① 繆公목공

신주 목공穆公이라고도 한다. 서기전 659년부터 서기전 621년까지 재위했다. 백리혜百里奚, 건숙蹇叔, 등을 등용하여 부국강병에 힘썼다. 진晉나라을 토벌하여 대파하고, 서융을 토벌함으로써 서융의 패자로 인정받았다고는 하나 당시의 역사를 다룬 책마다 춘추오패를 선정함에 제환공齊桓公, 진문공晉文公, 초장왕楚莊王 외에는 차이가 있다.

② 著저

著는 '저宁'로 발음하고 또 '저貯'로도 발음하는데 著는 곧 저 宁(뜰)란 뜻이다. 문과 병풍 사이를 저宁라고 하는데 저문宁門의 사람에 게 배우는 것을 이른 것이다. 그래서 《시경》에 이르기를 '사아어저호이 俟我於著乎而(나를 뜰에서 맞이하는데…)'라고 한 것이 이 뜻이다.

【索隱】 著音宁 又音貯 著卽宁也 門屛之閒曰宁 謂學於宁門之人 故詩云 俟我於著乎而是也

③ 高寢고침

진나라 도읍 옹성 내에 있었던 궁궐이다.

환공桓公은[1] 27년간 제후 자리에 있었다. 옹 땅의 태침太寢에 거처하고 죽어서는 구리丘里[2] 북쪽에 장사 지냈다. 경공을[3] 낳 았다.

경공景公은 40년간 제후 자리에 있었다. 옹 땅의 고침에서 거처 하고 죽어서는 구리의 남쪽에 묻혔다. 필공을[4] 낳았다.

桓公[1]享國二十七年 居雍太寢 葬義裏丘[2]北 生景公[3]

景公享國四十年 居雍高寢 葬丘裏南 生畢公[4]

① 桓公환공

서기전 603년부터 서기전 577년까지 재위했다. 《춘추좌씨전》에 '晉나라를 침략하여 군대를 보씨輔氏에 주둔시켰다.'고 하였다. 이때 진晉의 위과魏顆와 진秦의 두회杜回의 싸움에서 '결초보은結草報恩'이란 성어의 출처가 된다.

② 丘구

정의 구丘는 일설에는 '이二'로 되어 있다.

【正義】 丘 一作二也

③ 景公경공

색은 다른 판본에는 '희공僖公'으로 되어 있다. 《계본》에는 이름이 후백거后伯車라고 했다.

【索隱】 一作僖公 系本云名后伯車

신주 서기전 576년부터 서기전 537년까지 재위했다.

④ 畢公필공

집해 서광은 "《춘추》에는 '애공哀公'으로 되어 있다"고 했다.

【集解】 徐廣曰 春秋作哀公

신주 양옥승梁玉繩은 "시법에는 '필畢'이 없다. 마땅히《춘추春秋》에 의거해서 '애공哀公'이라고 해야 된다고 했으나 〈진본기秦本紀〉가 확실하다."고 했다.

신주 서기전 536년부터 서기전 501년까지 재위했다.

필공畢公은 36년간① 제후의 자리에 있었다. 죽어서는 거리車里 북쪽에 묻혔다. 이공을 낳았다.

이공夷公은 제후의 자리에 오르지 못하고 죽었다. 죽어서 좌궁左宮에 묻혔다. 혜공을② 낳았다.

혜공惠公은 10년간 제후의 자리에 있었다. 죽어서는 거리車里에 묻혔다. 도공을③ 낳았다.

도공悼公은 제후의 자리에 15년간④ 있었다. 죽어서는 희공僖公의⑤ 무덤 서쪽에 묻혔다. 옹雍에 성을 쌓았다. 나공공을⑥ 낳았다.

畢公享國三十六年① 葬車裏北 生夷公

夷公不享國 死 葬左宮 生惠公②

惠公享國十年 葬車里 生悼公③

悼公享國十五年④ 葬僖公⑤西 城雍 生刺⑥龔公

---

① 三十六年삼십육년

정의 일설에는 '37년으로 되어 있다.'고 했다.

【正義】 一作三十七年

② 惠公혜공

정의 10년에 거리車里에 장사를 지냈다. 원년에 공자孔子가 노魯나라의 재상 일을 행했다.

【正義】 十年 葬車里 元年 孔子行魯相事

신주 서기전 500년부터 서기전 491년까지 재위했다. 《춘추》에 의하면 "무릇 9년을 재위하고 서기전 492년에 죽었다."고 했다.

③ 悼公도공

신주 서기전 490년부터 서기전 477년까지 재위했다.

④ 十五年십오년

정의 본기本紀에는 '14년'으로 되어 있다.

【正義】 本紀作十四年

⑤ 僖公희공

신주 경공을 가리킨다.《색은索隱》에서 "다른 판본에는 '희공僖公'으로 되어 있다."고 했다.

⑥ 刺나

정의 다른 판본에는 '리利'로 되어 있다.
【正義】 一作利

나공공刺龔公은① 34년간 제후 자리에 있었다. 죽어서는 입리入里에② 묻혔다. 조공과③ 회공을④ 낳았다. 나공공 10년에 혜성이 나타났다.

조공躁公은 제후 자리에 14년간 있었다. 수침受寢에서 거처했다. 죽어서는 도공悼公의 무덤 남쪽에 묻혔다. 그가 즉위한 원년에 혜성이 나타났다.⑤

刺龔公①享國三十四年 葬入②里 生躁公③ 懷公④ 其十年 彗星見

躁公享國十四年 居受寢 葬悼公南 其元年 彗星見⑤

---

① 刺龔公나공공

색은 다른 판본에는 '여공공厲共公'으로 되어 있다.
【索隱】 一作厲共公

신주 《후한서》〈서강전西羌傳〉에는 '진여공秦厲公'으로 기록하였는데, "秦厲公이 대려大荔(북융)를 멸망시키고 그 땅을 빼앗았다."는 내용이다.

신주 서기전 476년부터 서기전 443년까지 재위在位했다. 양옥승은 "'공龔'과 '공共'은 고대에는 통했고 '나剌'와 '려厲'는 같은 음이다."라고 했다.

② 入입

집해 서광은 "다른 판본에는 '인人'으로 되어 있다."고 했다.

【集解】 徐廣曰 一作人

③ 躁公조공

색은 또 '조공趮公'으로도 되어 있다고 했다.

【索隱】 又作趮公

정의 14년에 수침受寢에 거처하고 도공悼公의 무덤 남쪽에 장사를 치렀다고 했다.

【正義】 十四年 居受寢 葬悼公南也

신주 서기전 442년부터 서기전 429년까지 재위했다. 남정에서 반란이 일어나고, 의거義渠[강족羌族 혹은 적족狄族이라는 설과 국명이라는 설이 있다.]가 쳐들어오는 혼란한 시기였다.

④ 懷公회공

정의   4년 역어씨櫟圉氏에 장사를 지냈다고 했다.
【正義】 四年 葬櫟圉氏

신주   서기전 428년부터 서기전 425년까지 재위했다. 서장庶長 조鼂
가 대신들과 규합하여 회공을 포위하니 회공은 스스로 목숨을 끊었다.

⑤ 彗星見혜성현

집해   서광은 "〈연표年表〉에 별이 낮에 나타났다."고 했다.
【集解】 徐廣曰 年表云 星晝見

회공懷公은 진晉나라에서 돌아왔다. 제후 자리에 4년간 있었다. 죽어서 역櫟 땅의 어씨圉氏에 묻혔다. 영공을 낳았다. 여러 신하들이 회공을 포위하자 회공은 자살했다.

숙령공肅靈公은 소자昭子의 아들이다.[1] 경양涇陽에 거처했다. 제후의 자리에 10년간 있었다. 도공의 무덤 서쪽에 묻혔다. 간공을 낳았다. 간공簡公은 진晉나라에서 왔다. 제후 자리에 15년간 있었다. 죽어서는 희공僖公의 무덤 서쪽에 묻혔다. 혜공을 낳았다. 즉위한 7년에 백성에게 처음으로 검劍을 차도록 했다.

懷公從晉來 享國四年 葬櫟圉氏 生靈公 諸臣圍懷公 懷公自殺

肅靈公 昭子子也[1] 居涇陽 享國十年 葬悼公西 生簡公

簡公從晉來 享國十五年 葬僖公西 生惠公 其七年 百姓初帶劍

① 肅靈公昭子子也숙영공소자자야

집해 서광은 "회공懷公은 소자昭子를 낳고 소자는 영공靈公을 낳았다."고 했다.

【集解】 徐廣曰 懷公生昭子 昭子生靈公

색은 《기년紀年》과 《계본》에는 "'숙肅' 자가 없다. 10년에 즉위했다는 것은 〈표表〉와 동일한데 기紀에는 12년에 즉위했다."고 했다.

【索隱】 紀年及系本無肅字 立十年 表同 紀十二年

영공[숙령공]은 서기전 424년부터 서기전 415년까지 재위했다. 오양吳陽(지금의 섬서성 보계시 오산현)에 상치上畤를 세워 황제黃帝에게 제사하였고, 하치下畤를 세워 염제炎帝에게 제사하였다.

② 簡公從晉來~葬僖公西간공종진래~장희공서

색은 상고해보니 본기本紀에는 간공의 이름은 도자悼子인데, 곧 나공공剌龔公의 아들이고 회공의 아우이다. 또 기紀와 《계본》에는 모두 그러하다고 여겼는데 지금 이 문장에서는 "영공靈公이라고 한 것은 잘못된 것이다. 16년에 즉위했고 희공僖公의 무덤 서쪽에 묻혔다.

【索隱】 按 本紀簡公名悼子 卽剌龔公之子 懷公弟也 且紀及系本皆以爲然 今此文云 靈公 謬也 立十六年 葬僖公西

신주 간공은 서기전 414년부터 서기전 400년까지 재위했다.

혜공惠公은 제후의 자리에 13년간이나 있었다. 죽어서는 능어陵
園에 묻혔다.[①] 출공을 낳았다.

출공出公은[②] 제후의 자리에 2년간 있었다. 출공은 자살했는데
옹 땅에 묻혔다.

헌공獻公은[③] 제후의 자리에 23년간 있었다. 죽어서는 효어囂園
에 묻혔다. 효공을 낳았다.

惠公享國十三年 葬陵園[①] 生出公

出公[②]享國二年 出公自殺 葬雍

獻公[③]享國二十三年 葬囂園 生孝公

① 惠公享國十三年葬陵園혜공향국십삼년장릉어

색은 왕소가 상고해보니 《기년》에 이르기를 '간공簡公의 다음 차례
는 경공敬公인데 경공이 즉위한지 13년에 혜공惠公에 이르렀다'고 했는
데, 이 말을 곧 믿기가 어려우니 때때로 다른 이설들이 섞여있다.

【索隱】 王劭按紀年云 簡公後次敬公 敬公立十三年 乃至惠公 辭卽難憑
時參異說

신주 혜공은 서기전 399년부터 서기전 387년까지 재위했다. 의거
를 쳐서 욱질郁郅(지금의 甘肅省 慶陽縣)을 취하였으며 도경徒涇(한나라 때
서하군西河郡에 속한 현)의 25성을 취하였다.

② 出公출공

《계본》에는 '소주少主'라고 일렀다.

【索隱】 系本謂 少主

신주 출공이 자살했다고 했으나 〈진본기秦本紀〉에 의하면 그의 어머니와 서장에게 죽임을 당했다고 기록하고 있다.

③ 獻公헌공

집해 서광은 "영공靈公의 아들이다"라고 했다.

【集解】 徐廣曰 靈公子

색은 《계본》에는 "원헌공元獻公이다."라고 했다. 즉위한 지 22년이라는 것은 〈표表〉와 동일한데 기紀에는 24년이다.

【索隱】 系本稱元獻公 立二十二年 表同 紀二十四年

신주 서기전 384년부터 서기전 362년까지 재위했다. 나라를 개혁하여 국력을 확대하는 기틀을 마련했다.

효공孝公은[1] 제후의 자리에 24년간[2] 있었다. 죽어서 제어弟圉에 묻혔다. 혜문왕을 낳았다. 효공이 즉위한 지 13년에 처음으로 함양에 도읍했다.[3]

혜문왕惠文王은[4] 왕의 자리에 27년간[5] 있었다. 죽어서는 공릉公陵에[6] 묻혔다. 도무왕을 낳았다.

孝公[1]享國二十四年[2] 葬弟圉 生惠文王 其十三年 始都咸陽[3]

惠文王[4]享國二十七年[5] 葬公陵[6] 生悼武王

① 孝公효공

신주 서기전 361년부터 서기전 338년까지 재위했다. 상앙商鞅을 등용하여 개혁정책을 실시한 결과 부유해지고 국력이 강해져 주현왕으로부터 패자로 인정을 받았다.

② 二十四年이십사년

색은 본기本紀에는 12년이다.

【索隱】 本紀十二年

③ 十三年始都咸陽십삼년시도함양

집해 〈본기〉에는 '12년 함양에 기궐冀闕을 쌓았다고 했다. 이는 13 년에 비로소 도읍했다는 말이다.

【正義】 本紀云 十二年作咸陽 築冀闕 是十三年始都之

④ 惠文王혜문왕

신주 서기전 337년부터 서기전 311년까지 재위했다. 파촉巴蜀을 정 복하여 진나라의 국력이 더욱 높아졌다. 소진蘇秦의 합종책으로 6국의 연합군대가 쳐들어와서 함곡관에서 물리쳤다. 재위 때 처음으로 왕호 를 사용했다.

⑤ 二十七年이십칠년

색은 19세에 즉위했다.

【索隱】 十九而立

⑥ 公陵공릉

정의 《괄지지》에는 "진혜문왕릉秦惠文王陵은 옹주 함양현 서북쪽 14리에 있다."고 했다.

【正義】 括地志云 秦惠文王陵在雍州咸陽縣西北一十四里

도무왕悼武王은 왕의 자리에 4년간 있었다. 죽어서 영릉永陵에[1] 묻혔다.

소양왕昭襄王은[2] 왕의 자리에 56년간 있었다. 죽어서는 채양茝陽에[3] 묻혔다. 효문왕을 낳았다.

효문왕孝文王은 왕의 자리에 1년간 있었다. 죽어서는 수릉壽陵에 묻혔다. 장양왕을 낳았다.

悼武王享國四年 葬永陵[1]

昭襄王[2]享國五十六年 葬茝陽[3] 生孝文王

孝文王享國一年 葬壽陵 生莊襄王

① 永陵영릉

집해 서광은 "황보밀은 필畢에 장사를 치렀다고 했는데 지금 상고해 보니 능陵의 서쪽 필맥畢陌이다."라고 했다.

【集解】 徐廣曰 皇甫謐曰葬畢 今按陵西畢陌

색은 《계본》에는 "무열왕武烈王으로 되어 있다. 19세에 즉위해 3년간 다스렸다. 본기에는 4년이다."라고 했다.

【索隱】 系本作 武烈王 十九而立 立三年 本紀四年

정의 《괄지지》에는 "진도무왕릉秦悼武王陵은 옹주雍州 함양현 서쪽

10리인데 세속에서는 주무왕릉이라고 부르는 것은 그릇된 것이다."라고 했다.

【正義】 括地志云 秦悼武王陵在雍州咸陽縣西十里 俗名周武王陵 非也

② 昭襄王소양왕

신주 서기전 306년부터 서기전 251년까지 재위했다. 무왕에게 적자가 없어서 이복형 무왕의 뒤를 이어 즉위했다. 즉위 초 승상 저리질樗里疾이 5년간 섭정했으며, 군사를 내어 위기에 빠진 한韓나라를 도왔다. 그의 업적 중 특기할 만한 것이 장평대전이다. 조나라 진성晉城에서 벌어진 장평대전長平大戰(서기전 262년~서기전 260년)에서 조나라 군사 40만을 묻는 대승을 거두어 전국 시대 판도를 바꿔 놓았다. 이는 진나라 중원통일의 기반이자 조나라 몰락의 단초가 되었다.

③ 芷陽채양

색은 19세에 즉위해 지양芷陽에 장사 지냈다.
【索隱】 十九年而立 葬芷陵也

정의 《괄지지》에는 '진장양왕릉秦莊襄王陵은 옹주 신풍현新豐縣 서남쪽 35리에 있는데, 세속에서는 또한 자초子楚라고 이른다. 시황릉이 북쪽에 있다. 그래서 또한 견자릉見子陵이라고 이른다.'라고 했다.
【正義】 括地志云 秦莊襄王陵在雍州新豐縣西南三十五里 俗亦謂爲子楚

始皇陵在北 故亦謂爲見子陵

장양왕莊襄王은① 왕의 자리에 3년간 있었다. 죽어서 채양에 묻혔다. 시황제를 낳았다. 여불위가 재상이 되었다.

莊襄王①享國三年 葬芷陽 生始皇帝 呂不韋相

① 장양왕莊襄王

서기전 249년부터 서기전 246년까지 재위했다. 조나라에 볼모로 갔다가 여불위의 도움으로 왕위에 올랐다.

진秦나라 역대 주요 사적

헌공獻公이[1] 제후의 자리에 오른 지 7년에 처음으로 시장을 만들었다.[2] 10년에 호적戶籍을 만들어서 다섯 가구를 오伍로 삼았다.[3]

효공孝公이 즉위한 지 16년에 복숭아꽃과 오얏 꽃이 겨울에 피었다.

혜문왕惠文王이 태어난 지 19년 만에 즉위했다. 즉위 2년에 처음으로 전폐錢幣를 발행했다. 새로 태어난 어린아이가 있었는데 말하길 '진나라의 장차 왕이다.'라고 말했다.

도무왕悼武王이 태어난 지 19년 만에 즉위했다. 즉위 3년에 위수渭水가 3일 동안 붉었다.

소양왕昭襄王이 태어난 지 19년 만에 즉위했다. 4년에 처음으로 전답의 경계를 텄다.[4]

효문왕孝文王이 태어난 지 53년 만에 즉위했다.

獻公[1]立七年 初行爲市[2] 十年 爲戶籍相伍[3]

孝公立十六年 時桃李冬華

惠文王生十九年而立 立二年 初行錢 有新生嬰兒曰秦且王

悼武王生十九年而立 立三年 渭水赤三日

昭襄王生十九年而立 立四年 初爲田開阡陌[4]

孝文王生五十三年而立

① 獻公헌공

신주 순사殉死의 습속을 금지시켰다.

② 初行爲市초행위시

신주 헌공 7년(서기전 378年) 진나라 국내에 처음으로 실시한 시장 정책을 말한다. 그러나 축중희祝中熹는 《논진헌공(농우문박, 2004)》에서 "진나라의 국내에 일찍이 출현한 상업 활동인데, '初行爲市'는 시장규모를 확대한 것이며, 시장질서 규범을 제정한 정책이다."고 했다.

③ 爲戶籍相伍위호적상오

신주 축중희祝中熹는 《논진헌공(농우문박, 2004)》에서 "헌공의 호적상오의 제도는 부락공동체를 분여지分與地할 계획으로 호적을 통일 편제한 것이다. 간공 때의 '초조화初租禾(지주 토지를 사유제화하고 부세 제도를 개혁함)'와 효공 때의 '제원전, 개천맥制轅田(開阡陌)'의 정책에 전후로 상통한다."고 했다.

④ 初爲田開阡陌초위전개천맥

신주 〈상군열전〉에 '폐정전개천맥廢井田開阡陌'이란 기록으로 보아 효공 때 상앙이 주장한 개천맥開阡陌의 제도가 채용되어 시행했음을 추측할 수 있다. 그 후 폐지되었다가 이 때 다시 시행되었을 것으로 여겨진다.

장양왕莊襄王은 태어난 지 32년 만에 즉위했다. 즉위 2년에 태원太原 땅을 빼앗았다. 장양왕 원년에 대사면을 시행하고 선왕의 공신들을 챙기고 덕을 베풀고 친척들에게 후하게 베풀었으며 백성들에게도 은혜를 베풀었다. 동주東周가 제후들과 함께 진秦나라를 공격하려 하자 진나라는 상국 여불위를 보내서 동주의 천자를 처단하고① 그 나라를 없애버렸다. 진나라는 동주의 제사는 단절시키지 않고 양인陽人 땅을 주군周君에게 주어서 그 선조의 제사를 받들게 했다.

莊襄王生三十二年而立 立二年 取太原地 莊襄王元年 大赦 脩先王功臣 施德厚骨肉 布惠於民 東周與諸侯謀秦 秦使相國不韋誅之① 盡入其國 秦不絶其祀 以陽人地賜周君 奉其祭祀

---

① 東周與諸侯謀秦秦使相國不韋誅之동주여제후모진진사상국불위주지

신주 소양왕과 효문왕이 연이어 붕어崩御해 혼란에 빠졌다고 판단한 동주東周의 임금이 제후국들에게 합종하여 진나라를 정벌할 것을 주창하니 장양왕이 이를 알고 여불위에게 10만의 병사를 주어 정벌한 사건을 말한다.

시황제는 황제의 자리에 37년간 있었다. 붕어해서는 이읍酈邑에[1] 묻혔다. 2세 황제를 낳았다. 시황제는 태어난 지 13년 만에 즉위했다.

2세 황제는 3년 동안 왕위에 있었다. 죽어서 의춘宜春에[2] 묻혔다. 조고가 승상이 되고 무안후武安侯가 되었다. 2세는 태어난 지 12년 만에 즉위했다.[3]

여기까지 진秦나라 양공襄公에서부터 2세 황제에 이르기까지 총 610년이다.[4]

始皇享國三十七年 葬酈邑[1] 生二世皇帝 始皇生十三年而立

二世皇帝享國三年 葬宜春[2] 趙高爲丞相安武侯 二世生十二年而立[3]

右秦襄公至二世 六百一十歲[4]

① 酈邑이읍

정의　酈는 '리[力知反]'로 발음한다.

【正義】　酈 力知反

② 宜春의춘

정의　《괄지지》에는 "진秦나라의 옛날 호해릉胡亥陵은 옹주雍州 만년현萬年縣 남쪽 35리에 있다."라고 했다. 앞의 글에서는 "검수黔首에 장사 지냈다."라고 했다.

【正義】 括地志云 秦故胡亥陵在雍州萬年縣南三十四里 上文 葬以黔首也

③ 十二年而立십이년이립

집해 　서광은 "본기本紀에는 21세라고 일렀다."라고 했다.
【集解】 徐廣曰 本紀云二十一

④ 六百一十歲육백일십세

정의 　〈진본기〉에는 양공襄公으로부터 2세二世에 이르기까지 576년
이라고 했다. 〈연표〉에는 양공襄公으로부터 2세까지는 561년이라고 했
다. 세 설명이 모두 같지 않은데 누가 옳은지 알 수 없다.
【正義】 秦本紀自襄公至二世 五百七十六年矣 年表自襄公至二世
五百六十一年 三說並不同 未知孰是

> 후한後漢 효명황제孝明皇帝 17년[①] 10월 15일 을축乙丑일에 말했
> 다.[②]
> "주나라의 역수曆數는 이미 지나갔고[③] 주나라의 어머니 같은 인
> 仁한 목木을 한漢나라의 화火가 대신할 수가 없어서 진秦나라가
> 그 위치를 차지했다.[④]
> 孝明皇帝十七年[①] 十月十五日乙丑 曰[②] 周歷已移[③] 仁不代母 秦直
> 其位[④]

① 孝明黃帝十七年효명황제십칠년

정의　반고의 《전인典引》에 이르기를 후한의 명제明帝 영평永平 17년
(서기 17)에 반고班固에게 조서를 내려, "태사천(사마천)이 찬술贊述한 말
속에 어찌 잘못된 것이 있겠는가?"라고 묻자 반고가 표表를 올려서 진
秦나라의 과실을 가의賈誼가 말한 것으로 대답했다.
【正義】　班固典引云後漢明帝永平十七年 詔問班固 太史遷贊語中寧有非
邪 班固上表陳秦過失及賈誼言答之

② 十月十五日乙丑曰시월십오일을축왈

색은　이 문장 이하는 한漢나라 명제明帝가 반고에게 상의해서 가의
와 마융이 찬술한 글 중에 진 2세의 멸망과 천하의 득실을 평한 것인

데, 후세 사람이 그 설명을 취해서 이 끝에 첨가한 것이다.

【索隱】 此已下是漢孝明帝訪班固評賈馬贊中論秦二世亡天下之得失 後人因取其說附之此末

③ 周曆已移주력이이

[정의] 주나라 초에 30세世 후에 대해서 점을 쳤는데 그 점에는 700년에 오서五序가 그 도를 얻는다. 그래서 왕이 37대代에 이르고 그 세歲가 867년에 이른다고 했다. 역수曆數가 이미 지나서 진秦나라가 천하를 겸병했는데, 이것은 주周의 역력이 이미 옮겨진 것이다.

【正義】 周初卜世三十 卜年七百 以五序得其道 故王至三十七 歲至八百六十七 曆數既過 秦并天下 是周曆已移也

④ 仁不代母秦直其位인부대모진직기위

[색은] 주력周曆이 이미 지나갔으니 주나라가 망한 것이다. '인불대모仁不代母'는 주나라가 목덕木德으로 천하를 얻었는데, 목木은 화火를 낳으니 주나라가 한漢나라의 어머니가 된다고 이른 것이다. 역운曆運의 도道와 인은仁恩의 정情은 자식이 어머니를 대신해 왕이 되지 못한다고 말한 것이며, 화火가 목木을 대신하지 못한다는 것은 한나라가 곧 주나라를 대신해 합하지 못한다고 말한 것이다. 진秦나라는 윤달의 지위에 있었으니 천하를 얻은 것이 목화木火의 사이에 있다고 이른 것이다. 이것은 의논하는 자들의 말이다.

【索隱】 周曆已移 周亡也 仁不代母 謂周得木德 木生火 周爲漢母也 言曆運之道 仁恩之情 子不代母而王 謂火不代木 言漢不合即代周也 秦值其閏位 得在木火之閒也 此論者之辭也

정의　시황이 주나라를 화덕火德으로 여겼으니 진秦나라가 주나라를 대신하면 이기지 못하는 것을 따라야 하므로 수덕水德을 시작으로 삼았다. 상고해보니 주나라는 목덕木德이고 진나라는 수덕水德이었다. 오행五行의 운수는 수水는 목木을 낳고, 목木은 화火를 낳고, 화火는 토土를 낳고, 토土는 금金을 낳고, 금金은 수水를 낳는다. 낳는 것은 모母가 되고 나오는 것은 자子가 된다. 제왕의 차례는 자子가 모母를 대신한다. 진나라가 수水를 칭한 것은 어머니가 자식을 대신하는 것이다. 그래서 만약 유덕有德한 군주가 서로 대신했어도 어머니가 그 자식을 승계하지는 못하는 것이라고 말했다. 直은 '치値'로 발음한다. 진나라가 천하를 겸병하고 제라고 칭한 것은 진나라의 덕이 제왕의 지위를 차지할 만하다고 말한 것이다.

【正義】 始皇以爲周火德 秦代周從所不勝 爲水德之始也 按 周木德也 秦水德也 五行之運 水生木 木生火 火生土 土生金 金生水 所生者爲母 出者爲子 帝王之次 子代母 秦稱水是母代子 故言若有德之君相代 不母承其子 直音値 言秦并天下稱帝 是秦德値帝王之位

여정呂政은 잔악한 정치를 했지만 그는 13세에 제후가 되어① 천하를 겸병하고, 하고 싶은 대로 다하면서 종친들을 양육했다. 37년 동안 군사로 침략하지 않은 곳이 없었고 정령政令을 제정하여 후세의 제왕에까지 이어지게 했다.② 이는 의심컨대 성인聖人의 위세를 얻고 하신河神(황하의 신)의 도록을 받은 것인가.③ 낭성狼星, 호성狐星에 의지하고 삼성參星, 벌성伐星의 기운에 따라서 세상을 다스려 제후들을 몰아냈기 때문일 것이다.④ 이에 이르러서⑤ 시황제라고 일컬었다.

呂政殘虐 然以諸侯十三① 并兼天下 極情縱欲 養育宗親 三十七年 兵無所不加 制作政令 施於後王② 蓋得聖人之威 河神授圖③ 據狼 狐 蹈參 伐 佐政驅除④ 距之⑤稱始皇

① 呂政殘虐然以諸侯十三여정잔학연이제후십삼

집해 시황이 처음으로 진왕秦王이 되었을 때는 나이가 13세였다.
【集解】 始皇初爲秦王 年十三也

색은 여정呂政이란 것은 진시황의 이름이 정政인데, 이는 여불위呂不韋가 총애하는 여인이 임신하자 진나라 장양왕莊襄王에게 바쳐 시황을 낳았으므로 '여정'이라고 한 것이다.
【索隱】 呂政者 始皇名政 是呂不韋幸姬有娠 獻莊襄王而生始皇 故云呂政

② 制作政令施於後王제작정령시어후왕

[정의] 군현을 설치하고 정전법井田法을 폐지하고 밭에 천맥阡陌(동서남북의 길)을 개척하고 후왕侯王을 세우지 않고 처음으로 삼복三伏과 납일臘日을 만들었다. 또 승상, 태위, 어사대부, 봉상奉常, 낭중령, 복야僕射, 정위, 전객典客, 종정宗正, 소부少府, 중위中尉, 장작將作, 첨사詹事, 수형도위水衡都尉, 감監, 수守, 현령, 승丞 등을 설치했는데 모두 후세의 왕들이 따라 시행해서 수隋와 당唐에도 이 직제가 시행되었다.

【正義】 謂置郡縣 壞井田 開阡陌 不立侯王 始爲伏臘 又置丞相 太尉 御史大夫 奉常 郎中令 僕射 廷尉 典客 宗正 少府 中尉 將作 詹事 水衡都尉 監守 縣令 丞等 皆施於後王 至于隋 唐矣

③ 蓋得聖人之威河神授圖개득성인지위하신수도

[정의] 개蓋는 의문사이다. 진시황제의 위세가 천하를 병탄하고 제帝라고 일컬었는데, 성인의 위령威靈과 하신河神의 도록圖錄을 얻었다는 것은 의심스럽다고 했다.

【正義】 蓋者 疑辭也 言始皇之威 能吞并天下稱帝 疑得聖人之威靈 河神之圖錄

[신주] 하신수도河神授圖는 복희씨 때 하수에서 마룡馬龍이 지고 나왔다는 하도河圖를 얻었다는 뜻이다. 하도는 복희황제가 만든 팔괘八卦의 근원이었으며, 천하를 다스리는데 대법이 되었다고 한다.

④ 據狼狐蹈參伐佐政驅除거랑호도삼벌좌정구제

[정의] 狼은 '랑郞'으로 발음한다. 낭狼과 호狐는 활과 화살을 주관하는 별이다. 〈천관서天官書〉에는 삼參과 벌伐은 처벌하는 일을 주관한다고 일렀다. 진나라가 낭狼과 호狐와 삼參과 벌伐과 성星의 기氣를 의지하고 따라서 천하의 제후국들을 몰아내고 멸망시켰음을 말한 것이다.

【正義】 狼音郞 狼 狐 主弓矢星 天官書云參伐主斬艾事 言秦據蹈狼 狐 參 伐之氣 驅滅天下

⑤ 距之거지

[정의] 距는 '거巨'로 발음한다. 지之는 '이르다(至)'는 뜻이다.

【正義】 上音巨 之 至也

시황제가 이미 죽자 호해는 너무도 어리석어서 여산麗山의 장례도 마치지 않았는데 다시 아방궁을 일으켜 지난날의 계책을 완수하려 했다.[1] 호해는 '무릇 천하를 가진 자가 귀하다는 것은 자기 뜻대로 하고, 하고 싶은 것을 다하는 것인데 대신들은 선왕께서 하려고 하셨던 것을 그만두라고 하는 것인가?'라고 말했다. 이에 이사와 풍거질을 죽이고 조고를 중용했다. 슬프도다! 사람의 머리를 가지고 짐승의 소리를 냈구나.[2] 위세를 잃고 악을 정벌하지 않았으며,[3] 돈독하지 못했으니 망한 것이 허망하지 않도다.[4] 황제의 자리에 오래도록 머물지 못하고 잔악함으로써 망하는 날짜를 재촉했으니[5] 비록 지형이 편리한 나라를 차지했더라도 보존하지 못했을 것이다.

始皇旣歿 胡亥極愚 酈山未畢 復作阿房 以遂前策[1] 云 凡所爲貴有天下者 肆意極欲 大臣至欲罷先君所爲 誅斯 去疾 任用趙高 痛哉言乎 人頭畜鳴[2] 不威不伐惡[3] 不篤不虛亡[4] 距之不得留 殘虐以促期[5] 雖居形便之國 猶不得存

① 以遂前策이수전책

신주 진시황이 완성하지 못한 계획을 이루려는 것을 말한다.

② 人頭畜鳴인두축명

畜은 '후[許又反]'로 발음한다. 호해는 사람의 몸에 머리와 얼굴이 있고 입으로는 말하고 글을 쓸 수 있지만 좋고 나쁜 것을 구별하지 못하니 육축六畜(소, 말, 양, 돼지, 개, 닭)이 울부짖는 소리와 같다고 말한 것이다.

【正義】 畜 許又反 言胡亥人身有頭面 口能言語 不辨好惡 若六畜之鳴

③ 不威不伐惡불위불벌악

정의 이 다섯 자가 한 구절이 된다.

【正義】 此五字爲一句也

④ 不篤不虛亡부독불허망

정의 호해가 제왕帝王의 위기威器를 빙자해서 잔혹하고 포학하게 자기의 악을 불려서 악이 이미 심했으니 멸망에 이른 것을 어찌 허망하다 하겠는가?

【正義】 言胡亥藉帝王之威器 殘酷暴虐滋己惡 惡既深篤 以至滅亡 豈其虛哉

⑤ 殘虐以促期잔학이촉기

신주 호해는 형 부소를 죽게 하고 즉위한 후 시황제의 공자公子들을 대부분 죽였고 조고에게 정치를 맡기고 자신은 사치와 향락에 빠졌다.

또한 이사, 풍거질, 풍겁을 죄에 빠뜨려 자결하게 하거나 죽였다. 이때 대택大澤에서 진승과 오광이 난을 일으킨 것을 시작으로 전국 곳곳에서 봉기가 일어나게 하여 결국 진나라가 망하게 되었다는 뜻이다.

자영子嬰은 순서를 건너뛰어 황위를 계승해① 옥관玉冠을 쓰고② 화불華紱(화려한 인끈)을 차고는 황옥黃屋을 타고③ 모든 관리들을 거느리고서 칠묘七廟를 배알했다. 소인小人들은 자신의 자리가 아닌 곳에 올라 황홀함에 지켜야 할 바를 잃지 않음이 없었으며, 구차하게 하루하루 편하게 지내려고만 했다. 자영은 홀로 오랫동안 생각하다가 걱정을 물리치고 부자간④ 권도를 써서⑤ 남면위하고⑥ 가까운 사람들을 취해서 마침내 교활한 신하를⑦ 주벌하였으니 선군先君을⑧ 위해서 역적을 토벌한 것이다.

子嬰度次得嗣① 冠② 玉冠 佩華紱 車黃屋③ 從百司 謁七廟 小人乘非位 莫不怳忽失守 偷安日日 獨能長念卻慮 父子④作權⑤ 近取於戶牖之間⑥ 竟誅猾臣⑦ 爲君⑧討賊

---

① 子嬰度次得嗣자영도차득사

신주 이때의 황제즉위 절차는 전 황제의 장례를 마친 1년 후에 즉위하는 것이 예법禮法이었는데, 자영은 호해가 죽은 지 얼마 지나지 않아 등극하는 절차를 밟지 않고 즉위한 것을 말하는 것이다.

② 冠관

정의 앞의 冠은 '관縮'으로 발음한다.

【正義】 上冠音縮

③ 車黃屋거황옥

집해 채옹은 "황옥黃屋이란 대개 황금색으로 안을 장식한 것이다."
라고 했다.

【集解】 蔡邕曰 黃屋者 蓋以黃爲裏

④ 父子부자

신주 자영子嬰과 그의 두 아들을 가리킨다.

⑤ 作權작권

신주 권도權道를 짠다는 뜻이다. 권도는 변통의 도로써 특수한 상황
에서 행하는 것이다. 맹자는 "남녀가 물건을 주고받을 대 친하지 않게
여기는 것을 예禮라 하고, 형수가 물에 빠졌을 때 손을 잡아서 건져주
는 것을 권權이라고 한다."고 했다. 자영이 칠묘七廟에 배알하기 전 권신
조고의 전횡으로 나라가 위태로운 지경에 이르자 "조고를 주벌하는 것
이 나라를 구하는 길이다."라는 생각에서 두 아들과 권도로써 작전을

도모한 일을 말한다.

⑥ 戶牖之閒호유지간

신주 집의 문과 창문 사이인데,《맹자》〈공손추 장구 상〉에 "《시경》에 이르기를 '하늘이 구름이 끼거나 비가 오지 않을 때에 미쳐서 저 뽕나무 뿌리를 거두다가 호유戶牖를 얽어 감싼다면 지금 이 아래에 있는 백성들이 혹 감히 나를 모욕할 수 있겠는가.'라고 하자 공자가 '이 시를 지은 자는 도를 아는 자일 것이다. 남면위南面位하고 자기 국가를 잘 다스린다면 누가 감히 업신여기겠는가.'라고 했다."고 말했다. 여기에서 호유지간戶牖之閒은 황제가 앉는 자리라는 뜻이다. 참고로 새들이 장마에 대비해서 뽕나무 뿌리를 가져다가 둥지를 비샐 틈 없이 얽어 대비하는 것을 상두주무桑土綢繆라고 한다.

⑦ 猾臣활신

신주 조고이다. 이때 거열형車裂刑을 당했다.

⑧ 君군

신주 2세 황제 호해이다. 조고의 핍박으로 자결했다.

조고가 죽은 후 빈객과 친지들이 서로의 노고를 다 위로하지 못했고, 잔치 음식이 목구멍 안으로 채 내려가지도 않았는데 초나라 군사들이 벌써 관중關中을 도륙하고 진인眞人(유방)이 패상에 이르니 흰 수레에 자영이 인수를 매고 부절符節과 옥새를 받들어 제왕이 될 자에게 넘겨주었다. 춘추시대 정나라의 백작이 모정茅旌과 난도鸞刀로 초나라의 장왕莊王을 맞이하자 장왕이 군사를 밖으로 퇴각시킨 것과 같았다.[1] 하수河水가 터지면 다시 막을 수 없고 생선이 썩어 문드러지면 다시 온전해질 수 없는 것이다.[2]

高死之後 賓婚未得盡相勞 餐未及下咽 酒未及濡脣 楚兵已屠關中 真人翔霸上 素車嬰組 奉其符璽 以歸帝者 鄭伯茅旌鸞刀 嚴王退舍[1] 河決不可復壅 魚爛不可復全[2]

[1] 鄭伯茅旌鸞刀嚴王退舍정백모정난도엄왕퇴사

집해 《공양전共羊傳》에 '초 장왕楚莊王이 정鄭나라를 정벌하자 정백鄭伯이 육단肉袒(웃통을 벗어 항복의 뜻을 표시하는 것)하고 왼손에는 모정茅旌을 가지고 오른손에는 난도를 가지고 장왕을 맞이하자 장왕이 주둔한 군사들을 7리 뒤로 후퇴시켰다'고 했다. 하휴何休가 이르기를 "모정茅旌과 난도鸞刀는 종묘의 제사에 사용하는 것이다. 종묘의 기물을 가지고 종묘의 혈식血食(국가 제사의 그릇)을 보이니 스스로 돌아간 것이다."라고 했다.

【集解】 公羊傳曰 楚莊王伐鄭 鄭伯肉袒 左執茅旌 右執鸞刀 以逆莊王 莊王退舍七里 何休曰 茅旌 鸞刀 祭祀宗廟所用也 執宗廟器者 示以宗廟血食自歸

정의 旌은 '정精'으로 발음하고 嚴은 '장莊'으로 발음한다.
【正義】 旌音精 嚴音莊

② 魚爛不可復全어란불가부전

색은 송균宋均은 "생선이 썩어 문드러지는 것이 안에서부터 나오는 것과 같다고 말한 것이다."라고 했다.
【索隱】 宋均曰 言如魚之爛 從內而出

가의賈誼와 사마천은 '지난날 자영이 평범한 군주의 재능을 지니고 있고 거의 중간 정도의 보좌만 받았더라면 산동에 비록 난리가 났어도 진나라의 국토는 온전히 보전할 수 있으며, 종묘의 제사도 마땅히 끊어지지 않았을 것이다.'라고 말했다. 진나라는 쇠약함이 쌓여서 천하에 흙이 무너지고 기왓장이 깨지듯 했으니[1] 비록 주공단周公旦의 재주가 있을지라도 다시는 그의 교묘한 지략을 펼칠 수 없을 것인데도 가의와 사마천이 하루살이 군주[一日之孤]로 책망한 것은[2] 잘못이다.

賈誼 司馬遷曰 向使嬰有庸主之才 僅得中佐 山東雖亂 秦之地可全而有 宗廟之祀未當絕也 秦之積衰 天下土崩瓦解[1] 雖有周旦之材 無所復陳其巧 而以責一日之孤[2] 誤哉

① 天下土崩瓦解천하토붕와해

정의 진나라가 패해서 무너진 것은 집이 무너지면 모든 기와가 깨져서 흐트러지는 것과 같다고 말한 것이다.
【正義】 言秦國敗壞 若屋宇崩穨 衆瓦解散也

② 一日之孤일일지고

정의 日의 발음은 '일馹'이다. 일일지고一日之孤는 자영子嬰을 이른 것이다.

【正義】 日音駒 一日之孤謂子嬰

세속에서 전하기를 진시황은 죄악을 일으켰고 호해는 죄악이 극
심해서 멸망했다고 하는데 그 말이 이치를 얻었다고 할 것이다.
그런데 다시 소자小子인[1] 자영을 책망하고 진나라의 국토를 보
존했을 것이라고 이르는 것은 이른바 시대의 변화에 통달하지
못한 것이라고 할 것이다. 춘추시대 기계紀季가 휴酅 땅을 제나
라에 바쳤지만 《춘추》에서는 그의 이름을 거론하지 않았다.[2] 나
는 진기秦紀를 읽다가 자영이 조고를 거열형에 처했다는 대목에
이르러서는 그의 결단이 굳세고 그 뜻을 어여삐 여기지 않을 수
없었다. 자영은 죽고 사는 의義를 갖추었다고 할 것이다."[3]

俗傳秦始皇起罪惡 胡亥極 得其理矣 復責小子[1] 云秦地可全 所謂
不通時變者也 紀季以酅 春秋不名[2] 吾讀秦紀 至於子嬰車裂趙高
未嘗不健其決 憐其志 嬰死生之義備矣[3]

---

① 小子소자

정의　또한 자영子嬰을 이른 것이다.

【正義】 亦謂子嬰

② 紀季以酅春秋不名기계이휴춘추불명

<u>집해</u> 《춘추》에 "기계紀季(기나라 임금의 아우)가 휴酅 땅을 가지고 제나라에 들어갔다."고 했다. 《춘추공양전》에는 "왜 이름을 거론하지 않았는가? 어진 이였기 때문이다. 그는 오묘五廟를 설치해서 고자매姑姊妹를 보존했다고 이른다."라고 했다.

【集解】 春秋曰 紀季以酅入于齊 公羊傳曰 何以不名 賢之也 謂設五廟以存姑姊妹也

<u>정의</u> 酅는 '휴[戸圭反]'로 발음한다. 《괄지지》에는 "안평성安平城은 청주青州 임치현臨淄縣 동쪽 19리에 있는데 옛날 기紀나라의 휴읍酅邑이다."라고 했다. 《제왕기》에는 "주나라의 기국紀國은 강성姜姓이다. 기후紀侯가 들어가 주사周士가 되었다."고 했다. 《죽서竹書》에는 "제 양공齊襄公이 기紀·병邴·자鄑·오郚를 멸망시켰다."고 했다. 또 《괄지지》에는 "병성邴城은 청주青州 임구현臨朐縣의 동쪽 30리에 있다. 자성鄑城은 북해현 동북쪽 70리에 있다. 오성郚城은 밀주密州 안구현安丘縣의 경계에 있다."고 했다. 상고해보니 진시황이 죄악을 일으키고 호해가 극심했다고 한 것은 그 이치를 얻은 것이다. 국가는 이미 무너져 끊어졌는데도 기자箕子와 왕자王子 비간比干이 오히려 은나라를 존속시키지 못했는데, 용주庸主인 자영子嬰이 어찌 진나라를 패배에서 구할 수 있었겠는가? 가의와 사마천이 당시의 변화를 통달하지 못했으니 기계紀季가 깊이 인식한 것만도 같지 못하다. 계季는 기후紀侯의 막내아우인데 이름을 기록하지 않았다. 그래서 '기계紀季'라고 한 것이다.

【正義】 酅音戶圭反 括地志云 安平城在青州臨淄縣東十九里 古紀之酅邑

帝王紀云周之紀國 姜姓也 紀侯譖齊哀公於周懿王 王烹之 外傳曰紀侯入

爲周士 竹書云齊襄公滅紀 邢 鄑 郚 又括地志云 邢城在青州臨朐縣東三十

里 鄑城在北海縣東北七十里 郚城在密州安丘縣界 邢音邢 鄑音訾 按 秦始

皇起罪惡 胡亥極 得其理 國既崩絕 箕子 比干尚不能存殷 庸主子嬰焉能救

秦之敗 以賈誼 史遷不通時變 不如紀季之深識也 季 紀侯少弟 不書名 故曰

紀季

③ 嬰死生之義備矣영사생지의비의

[집해]　서광은 반고班固가 《전인典引》에서 말하기를 "영평永平 17년에

조서를 내려 신 반고에게, '태사 사마천이 찬술한 글 중에 어찌 그른 것

이 있겠는가?'라고 물으셨는데, 신은 '가의賈誼가 자영子嬰이 중간 정도

의 보좌만 받았더라도 진나라는 단절되지 않았을 것이라고 한 이 말이

옳지 않다는 것은 신이 평소 알고 있었을 뿐입니다.'라고 했다.

【集解】　徐廣曰 班固典引曰 永平十七年 詔問臣固 太史遷贊語中寧有非邪

臣對 賈誼言子嬰得中佐 秦未絕也 此言非是 臣素知之耳

[색은술찬]　사마정이 펼쳐서 밝히다.

6국은 뭉개져 없어지고 두 주실周室은 쇠망했다. 천하를 하나로 합치

고 시황始皇이라 불렀다. 아방궁과 구름다리가 지어지고 적인狄人의 금

상金像을 길거리에 만들었다. 남쪽에서 유람하며 돌에 새기고 동쪽에

서 부교를 놓아 물고기를 잠들지 못하게 했다. 호지滈池는 남긴 말대로

운명을 만나 사구沙丘에서 죽음을 고했다. 2세 황제는 조령을 위조했고 조고가 이에 관여했다. 사슴을 가리켜 말이라고 사기 치고 재앙이 생겨 호랑이에게 씹혔다. 자영子嬰은 천거되었지만 군주와 부친에게 은혜를 갚았다. 아랫사람은 모자라서 중간사람이 도와도 윗사람은 평범한 군주였다. 떨치려 해도 기강이 무너졌으니 누구더러 물리치고 돕게 하라고 말할 것인가?

【索隱述贊】 六國陵替 二周淪亡 幷一天下 號爲始皇 阿房雲構 金狄成行 南遊勒石 東瞰浮梁 鎬池見遺 沙丘告喪 二世矯制 趙高是與 詐因指鹿 災生噬虎 子嬰見推 恩報君父 下乏中佐 上乃庸主 欲振頹綱 云誰克補